貨幣金融學

主　編○秦　洋、黃　滔
副主編○伍雯、劉婧、李倩芸、龍欣

財經錢線

前言

本教材力求「厚基礎、重理論、寬口徑」，在詳細介紹金融學基礎知識和金融理論的同時，通過設置各章關鍵詞、復習思考題、拓展閱讀等欄目，將發展中的金融理論與實踐以及大眾關心的金融熱點整合到教材之中，能激發學生的求知慾望，拓展學生的知識面。

全書共有十一章，主要結構大致如下：

第一章貨幣與貨幣制度，是研究貨幣金融學的前提。在現代經濟條件下，貨幣運行的主要方式是以信用形式出現的，貨幣經濟從某種意義上說也是信用經濟，進而引出了第二章信用與信用工具。第二章主要介紹和比較了信用的不同形式。第三章利息與利率，全面介紹了利率體系及利率決定、利率期限結構理論。利率是金融市場上金融工具定價的基礎，瞭解利率後，我們就可以進行金融產品的交易了，進而引出第四章，即金融市場及其構成。第四章主要介紹金融市場的內涵以及傳統的股票市場、債券市場等。隨著金融市場的發展，出現了大量的衍生工具產品，金融衍生產品的出現不僅豐富了金融市場交易品種，而且由於其交易結構設計的複雜性，還推動了金融產品定價方式及理論的發展。相關內容也一併在第四章進行介紹。

在介紹完金融市場和市場上交易的主要金融工具後，全書用了三章介紹金融市場的主要金融機構——商業銀行、中央銀行和非銀行金融機構，即第五章至第七章。這也是貨幣金融學的重要內容。其中，第五章商業銀行經營管理及監管，介紹了金融體系的主體和骨幹——商業銀行的主要業務和經營管理，並且簡單介紹了對銀行業的監管要求及現狀。第六章中央銀行介紹了金融體系的主導和權威——中央銀行的產生及主要業務。在金融體系中有很多非銀行金融機構，它們和商業銀行在業務範圍和功能上有著明顯的不同。市場中的主要非銀行金融機構包括政策性金融機構、投資銀行（又稱證券公司）、保險公司和信託投資基金等。在第七章中分別介紹了它們的主要業務和在中國發展的情況。

全書的最後四章從宏觀經濟學的角度審視了金融和貨幣政策在宏觀調控中發揮的作用，包括第八章至第十一章。第八章貨幣需求主要介紹貨幣需求理論，回答了「為什麼需要貨幣」「需要多少貨幣」等基礎性問題。第九章貨幣供給，主要介紹貨幣的

供給過程及貨幣供給模型，回答了「如何投放貨幣」的問題。而貨幣供給與貨幣需求的不均衡導致通貨膨脹或通貨緊縮，就有了第十章通貨膨脹與通貨緊縮。為了應對通貨膨脹和失業問題，減少經濟波動對一國經濟的不利影響，國家普遍使用貨幣政策進行宏觀調控。這些問題在第十一章貨幣政策裡進行了探討。

總體來說，本書通過探討貨幣的相關理論及考察金融市場和金融機構如何運行，來回答貨幣、信用、銀行及金融市場、金融機構和監管、貨幣政策方面許多令人關注的問題。

本書劉婧老師負責編寫了第一章和第二章，秦洋副教授負責編寫了第三章和第八章，李倩蕓和伍雯老師分別編寫了本書的第四章、第六章和第五章，邱琳妲老師負責編寫了第九章，龍欣老師編寫了本書的第十章和十一章，黃滔老師編寫了第六章並負責全書的統稿工作。在本書編寫過程中，李思捷、田思琪、丁泓丹、楊星語等在資料收集及文字錄入方面提供了幫助。此外，本書的出版過程中，出版社的田園編輯給予了熱情支持和幫助。對此，我們一併表示衷心的感謝。

本教材可供經濟類、管理類專業層次的金融學課程教學使用，也可供從事經濟、金融管理工作的人員閱讀。

由於作者所學有限及時間倉促，且貨幣金融學是一門仍在發展的學科，書中難免有錯漏和不盡如人意之處，敬請讀者指正。

秦洋　黃滔

目錄

第一章 貨幣與貨幣制度 (1)
 第一節 貨幣的概念 (2)
 第二節 貨幣的職能 (3)
 第三節 貨幣的演變 (5)
 第四節 貨幣的計量 (9)
 第五節 貨幣制度 (11)

第二章 信用與信用工具 (17)
 第一節 信用概述 (18)
 第二節 信用形式 (19)
 第三節 信用工具 (23)

第三章 利息與利率 (29)
 第一節 利息的本質及來源 (30)
 第二節 利率的種類與利息的計算 (33)
 第三節 利率的決定和影響因素 (39)
 第四節 利率對經濟活動的調節 (41)
 第五節 利率理論 (42)
 第六節 中國的利率體制及其改革 (47)

第四章 金融市場及其構成 (51)
 第一節 金融市場概述 (52)
 第二節 貨幣市場 (56)

第三節　資本市場 …………………………………………………… (62)
　　第四節　金融衍生工具市場 ………………………………………… (68)

第五章　商業銀行經營管理及監管 …………………………………… (77)
　　第一節　商業銀行的經營模式與組織制度 ………………………… (78)
　　第二節　商業銀行的資產負債表業務 ……………………………… (83)
　　第三節　商業銀行的經營管理 ……………………………………… (89)
　　第四節　銀行監管的主要內容 ……………………………………… (95)
　　第五節　銀行監管的國際合作：巴塞爾協議 ……………………… (103)

第六章　中央銀行 ……………………………………………………… (109)
　　第一節　中央銀行的產生與發展 …………………………………… (110)
　　第二節　中央銀行制度 ……………………………………………… (114)
　　第三節　中央銀行的性質與職能 …………………………………… (116)
　　第四節　中央銀行的業務 …………………………………………… (119)

第七章　非銀行金融機構 ……………………………………………… (123)
　　第一節　政策性金融機構 …………………………………………… (124)
　　第二節　投資銀行 …………………………………………………… (125)
　　第三節　保險公司 …………………………………………………… (127)
　　第四節　信託 ………………………………………………………… (129)
　　第五節　融資租賃金融機構 ………………………………………… (131)
　　第六節　投資基金 …………………………………………………… (133)
　　第七節　其他非銀行金融機構 ……………………………………… (134)

第八章　貨幣需求 ……………………………………………………… (137)
　　第一節　貨幣需求及其決定因素 …………………………………… (138)
　　第二節　傳統貨幣數量論的貨幣需求理論 ………………………… (142)
　　第三節　凱恩斯貨幣需求理論及其發展 …………………………… (144)
　　第四節　現代貨幣數量論 …………………………………………… (147)

第九章　貨幣供給 ……………………………………………（151）

第一節　商業銀行的貨幣創造 ……………………………（152）
第二節　中央銀行與基礎貨幣 ……………………………（157）
第三節　貨幣乘數與貨幣供給 ……………………………（162）
第四節　貨幣供給理論 ……………………………………（164）

第十章　通貨膨脹與通貨緊縮 ………………………………（169）

第一節　通貨膨脹的定義及其度量 ………………………（170）
第二節　通貨膨脹形成的原因 ……………………………（172）
第三節　通貨膨脹的經濟效應 ……………………………（174）
第四節　通貨緊縮的含義及成因 …………………………（178）
第五節　治理通貨膨脹和通貨緊縮的對策 ………………（181）

第十一章　貨幣政策 …………………………………………（185）

第一節　貨幣政策目標 ……………………………………（186）
第二節　貨幣政策工具 ……………………………………（191）
第三節　貨幣政策的傳導機制 ……………………………（196）
第四節　貨幣政策的效應 …………………………………（198）

第一章 貨幣與貨幣制度

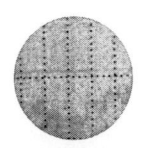
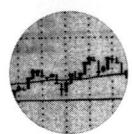
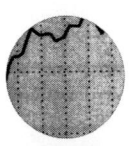

在現代經濟社會中，到處都有貨幣的身影，貨幣對經濟運行有著重要影響。要理解貨幣對經濟運行產生的重要作用，就必須正確理解什麼是貨幣。通過本章的學習，大家應該掌握貨幣的含義和基本職能，理解貨幣形式的演變歷史和貨幣層次劃分的依據與方法，瞭解貨幣制度演進的過程。

第一節　貨幣的概念

一、貨幣的定義

貨幣與人們的日常社會經濟生活息息相關，它在日常生活中可能意味著多樣東西，因此想對貨幣做精準定義非常困難。很多西方經濟學家從貨幣的功能角度來對其進行界定，貨幣（也稱貨幣供給）是任何一種被普遍接受的，可以用於購買商品、服務支付行為的，或者償付債務的物品。[1]

二、貨幣與類似概念的區別

由貨幣的定義可知，「貨幣」一詞與人們在日常生活中使用的一些概念，如收入、財富等有明確的區別，為防止出現概念混淆，我們必須明確它們之間的區別。

（一）貨幣與收入

收入（Income）是指在一段時期內新增的收益數額。「一段時間」通常以月或年為單位。收入是一個流量概念，而貨幣剛好相反，貨幣是一個存量概念，是指在某一特定時點上的貨幣總量。比如某人年薪 10 萬元，那麼工作一年後新增的這 10 萬元是他的收入，但當他說現在有 20 萬元，那這 20 萬元則是他在當下的貨幣存量。我們還需要指出，人們的收入雖然大多表現為貨幣形式，但是在當下也存在其他形式的收入，如股份制企業向員工發放的股權。

（二）貨幣與通貨

通貨（Currency）是指流通中的貨幣，包括紙幣和硬幣。人們在日常交談中提到的貨幣，大多數時候就是指通貨。比如遭遇搶劫時，歹徒持槍恐嚇你「要錢還是要命」的時候，你肯定會立刻掏出身上的通貨給他以求保命。顯然，貨幣是一個比通貨更廣的概念。

（三）貨幣與財富

財富（Wealth）是指可以用於價值儲藏的各種資產的總和，包括金融資產和實物資產。當我們說某人很有錢時，實際上是說他擁有大量的財富，他可能不僅擁有大量的通貨，還可能擁有大量的房產、股票、債券、古董、藝術品等有價資產。貨幣只是財富的一部分，而不是全部。

---

[1] FREDERIC MISHKIN. The Economics of Money, Banking and Financial Market [M]. 6th ed. 北京：中國人民大學出版社，2005.

第二節　貨幣的職能

貨幣的職能是在商品經濟發展中逐漸形成的，馬克思把貨幣的職能概括為價值尺度、流通手段、貯藏手段、支付手段和世界貨幣五種職能，其中價值尺度和流通手段是貨幣最基本的職能。

一、價值尺度

價值尺度是指貨幣是衡量和計算其他一切商品與勞務價值大小的工具。貨幣在表現商品的價值、衡量商品價值量的大小時就發揮了價值尺度的職能。這是貨幣最基本、最重要的職能。

商品的價值由凝結在其中的社會必要勞動時間決定，而貨幣則是商品外在價值的尺度。由於商品價值大小不同，其需要表現的貨幣量就不同。為了比較不同的貨幣量，就需要確定貨幣本身的計量單位。作為價值尺度，貨幣把一切商品的價值表現為同名的量，使它們在質的方面相同、在量的方面可以比較，用一定量的貨幣單位來衡量和表現商品的價值，就形成了價格。

價值尺度是衡量一種物品是不是貨幣的最重要的標誌。在中國，我們用「元」作為標準。一件商品＝1,000元人民幣。這個等式包含的信息是：人民幣是貨幣，價格標準是「元」。一切商品和勞務都必須經由人民幣「元」來表現其價值，而其他財富，如房產、股票、古玩等不是貨幣，不能發揮價值尺度的職能。

價值尺度能有效提高商品交換效率，進而推動商品經濟的發展。在原始社會的物物交換制下，交換價格的數目為 $C_n^2 = n(n-1)/2$。隨著需要交易的商品的數量的增加，商品交換價格的數目和次數將變成一個非常驚人的數字。當存在發揮價值尺度職能的貨幣時，交換的過程變得輕鬆而簡單，大大降低了交易成本，提高了交易效率。

貨幣執行價值尺度職能時，可以是想像中的貨幣或觀念上的貨幣，因為貨幣表現商品的價值只是給商品標價，而不是實現價值。比如櫥窗中待售的某件商品只需一個表明其價格的價格標籤即可，並不需要擺一堆真實的貨幣在旁邊表明其價格。但是，這種觀念上的貨幣必須以現實貨幣為基礎。

貨幣在執行價值尺度時，具有完全的排他性、獨占性。充當價值尺度的貨幣只能有一種，商品的價值才能得到統一的表現。

二、流通手段

流通手段是指貨幣在商品流通中充當交換媒介的職能。人們將自己的商品轉換成貨幣，再用貨幣去換回所需的商品。貨幣在執行流通手段職能時，必須是現實的貨幣。作為價值尺度，貨幣表明商品有沒有價值以及有多大價值；作為流通手段，貨幣則通過貨幣媒介實現這種價值。

貨幣出現以前，在物物交易過程中，每種商品的交易個體都需要尋找和自己的需求在時間、空間上完全吻合的交易對象，即滿足「需求的雙重巧合」才能完成交易，

這一過程可能非常漫長。比如一個哲學教授的專長是講授哲學課程，如果他需要食物時，他需要找到一個既能生產食物又想要學習哲學的農夫。顯然，這是一個非常困難和費時的事情，很有可能這個哲學教授不得不放棄講授課程而自己去做農夫，甚至他還有可能被餓死。

貨幣出現以後，在交易過程中貨幣發揮著交易媒介的作用，大大降低了商品交易的成本，促進了專業分工，提高了經濟效率。所以之前那位哲學教授為例，如果在他的世界中出現了貨幣，他就可以向任何願意付費的人講授哲學課程，然後再用賺到的貨幣去購買食物。這樣，他節約了大量交易時間，可以專心從事自己擅長的工作。但也必須指出，這一過程打破了商品直接交換中買賣雙方在時間和空間上的統一，使得商品的交易被分解成買和賣兩個過程，在提高經濟效率的同時也埋下了經濟危機的可能性。如果有部分人在賣出商品後不馬上去購買其他商品，就會導致另一部分人的商品賣不出去，買賣的脫節孕育了危機的可能性。

三、儲藏手段

儲藏手段是指貨幣退出流通領域，被人們當成社會財富的一般代表而持有的職能。

人們在取得收入時，不會將所有收入一次性全部花光，而會根據消費需求分期花費不同數量的貨幣，使得經常保持一定數量的貨幣在手中。正如弗里德曼所說的，貨幣是「能夠使購買行為從售賣行為中分離出來的購買力的暫棲所」。在人們獲得收入與支出之間的這段時間間隔中，貨幣就是在執行儲藏手段職能。

貨幣並不是唯一的價值儲藏手段，任何財富或資產都可以作為價值儲藏手段，如債券、珠寶、地產、藝術品等。一般財富作為價值儲藏手段，其目的在於保值增值，通過利息、租金、漲價等收益為所有者謀利。相對於其他資產，貨幣是直接的購買手段，隨時可以進入流通。人們之所以喜歡以貨幣的形式保存價值，其中一個很重要的原因就在於貨幣是直接的交易媒介。

作為儲藏手段的貨幣不能是想像中或觀念上的貨幣。貯藏金銀是貨幣貯藏的典型形態，因為金銀本身有價值。隨著現代貨幣流通的發展，紙幣被普遍當成通貨使用，而進入銀行存儲的貨幣到底執不執行貨幣的儲藏手段職能，這一問題目前學術界存在不同的觀點。本書作者認為，雖然紙幣不能作為一般財富執行儲藏手段職能，但紙幣有國家信譽作為保證，具有儲蓄手段的職能。紙幣作為儲蓄手段實質上是人們將價值符號形式的貨幣代表對社會財富的現期索取權轉變為未來財富的索取權。

四、支付手段

支付手段是指在延期支付的情況下，貨幣作為獨立價值形式單方面運動執行的職能。支付手段隨著商品交換過程中賒帳買賣的出現而產生，比如貨幣用於清償債務、租金、工資等。

在經濟生活中，「一手交錢一手交貨」是貨幣在發揮流通手段職能。但除了這種交易形式外，還存在大量「一手交錢，另一手沒拿到貨」或「一手交貨，另一手得不到錢」的情況，「另一手」得到的只是延期支付的承諾。在這種情況下，貨幣不是在

充當交易媒介，而是作為一個獨立的支付手段存在，貨幣充當了延期支付或未來支付的工具。

貨幣執行支付手段職能，是以信用關係為基礎的。隨著延期支付方式等商業信用的出現，商品讓渡與貨幣支付在時間上分離，使貨幣作為支付手段的職能擴展到商品流通領域之外，用來支付工資、租金等。由於貨幣的支付手段職能的存在，當某些商品賣出時，相應的貨幣並沒有真正進入流通，而是在支付日期到來的時候，貨幣才會從買者手裡轉到賣者手中。因此，貨幣執行支付手段的職能會影響貨幣流通。必須指出，在貨幣作為支付手段影響貨幣量的同時，由於許多商品生產者之間形成債權債務關係，形成一系列支付關係鏈條，如果其中一個環節的人到期不能支付，就會引起連鎖反應，導致正常的經濟運行秩序混亂。

發揮支付手段職能的貨幣與發揮流通手段職能的貨幣，都是處於流通中的現實貨幣。所謂的「流通中的貨幣」，實際上就是指發揮支付手段職能和發揮流通手段職能的貨幣的總和。發揮流通手段職能的貨幣可用於支付，經過支付後的貨幣又有可能被再次用於流通，流通中的貨幣往往交替發揮著這兩種職能。

五、世界貨幣

世界貨幣是指隨著國際貿易的發展，貨幣在世界市場充當一般等價物的職能。當經濟活動不再局限於一國，出現跨國貿易和結算時，貨幣的價值尺度、流通手段和支付手段也就延伸到了世界範圍。

在貴金屬貨幣流通時，足值的金和銀起著世界貨幣的作用，隨著金屬貨幣時代的結束，一些幣值穩定的經濟發達國家的貨幣在國際經濟交往中被普遍接受，代替黃金執行世界貨幣的職能。但黃金並沒有完全退出歷史舞臺，它有時候仍然被當成國與國之間最後的清償支付手段、購買手段和社會財富的貯藏與轉移形式。

貨幣的五種職能有機地聯繫在一起，它們都體現了貨幣作為一般等價物的本質。[①]在五種職能中，價值尺度和流通手段是貨幣最基本的兩個職能。一般等價物區別於普通商品的兩個基本特點是：貨幣能表現一切商品的價值，具有和一切商品直接交換的能力。正是因為貨幣能表現一切商品的價值，因此它具有價值尺度職能；正因為貨幣能與一切商品相交換，因此它具有流通手段職能。只有貨幣的這兩個基本職能進一步發展以後，才會依次出現貯藏手段職能、支付手段職能。世界貨幣職能是以貨幣的前四個職能在國內的發展為基礎的繼續和延伸。

第三節　貨幣的演變

在商品經濟的發展中，貨幣的形式隨著商品經濟和信用制度的發展、技術的進步而不斷地演變。從其發展歷程來看，貨幣經歷實物貨幣、金屬貨幣、紙幣、支票貨幣、電子貨幣幾個形態，逐步從商品貨幣演變為信用貨幣，呈現逐漸去物質化的過程。這

---

① 馬克思，恩格斯. 馬克思恩格斯全集：第23卷［M］. 北京：人民出版社，1972：163.

些不同形式的貨幣，在不同時期發揮著貨幣的各種職能。從整體上看，貨幣形式的演變可以分成兩個階段：商品貨幣和信用貨幣。

一、商品貨幣

（一）實物貨幣

實物貨幣是指作為貨幣用途的價值和作為非貨幣用途的價值相等的實物商品，即作為貨幣價值與作為普通商品的價值相等的貨幣。實物貨幣是貨幣最原始的形式。它是兼具貨幣和商品雙重身分的貨幣。在人類經濟發展史上，各種商品，如貝殼、家畜、米、布等，都曾在不同時期扮演過貨幣的角色。

實物貨幣有明顯的缺點，主要表現為：第一，許多實物體積笨重，不能分割為較小的單位，攜帶和運輸均極為不便；第二，同種實物質量不一，有些容易腐爛磨損，不適合作為價值標準和用來價值貯藏；第三，實物數量受到自然條件的限制，不能滿足日益擴大的交易的需要。實物貨幣與原始的、落後的生產方式相適應，隨著商品生產和商品流通規模的擴大以及商品交換的發展，貨幣材料逐漸轉到那些適合充當一般等價物的金屬身上，出現了金屬貨幣。

（二）金屬貨幣

金屬貨幣是指以金屬尤其是貴金屬為材質的貨幣形式。

一般而言，擔任貨幣的物體，必須具備以下幾個特徵：一是被普遍接受，二是價值穩定，三是便於攜帶，四是具有耐久性，五是價值統一和可分。金、銀等主要金屬都具備了這些條件和特徵，與實物貨幣相比，金屬貨幣可以人為製造，更容易控制和評估質量，並且可以實現貨幣單位的分割。因此，馬克思曾說過：「金銀天然不是貨幣，但貨幣天然是金銀。」這句話體現了同其他實物貨幣相比，金屬貨幣更能有效發揮貨幣的性能。金屬貨幣經歷了由稱重貨幣向鑄幣演變的過程。

1. 稱重貨幣

金屬材料充當貨幣流通的初期，是以金屬條塊流通的，這帶來諸多不變，因為每筆交易都需要稱重、鑑定成色，還需要按交易額的大小對金屬塊進行分割。隨著商品生產和交換的發展，一些富裕、有民望的商人在貨幣金屬上打上自己的印記，標明重量和成色，以便於流通。雖然隨著交易過程會造成一定程度的自然磨損和人為磨損，但這種磨損卻並不妨礙人們接受它。於是國家便開始有意識地製造與面值不相符的鑄幣。

2. 鑄幣

鑄幣是指由國家鑄造，打上印記表明其重量和面值的金屬貨幣。最初的鑄幣形狀多樣，後來逐步過渡到圓形，因為圓形不易磨損且便於攜帶。

雖然貴金屬貨幣具有質地均勻、便於分割、便於攜帶等優點，但隨著商品經濟的日益發達，金屬貨幣逐漸暴露出其不足：一是由於流通造成的磨損和人為削刮使鑄幣的名義價值與實際價值經常背離；二是世界範圍內貴金屬的數量有限，很難滿足商品流通對貨幣的需要；三是金屬貨幣流通費用較高，無法適應大宗交易的需要。隨著商品流通的不斷擴張，貴金屬貨幣已不能滿足經濟發展的需要，逐漸出現了各種代用貨幣。

二、信用貨幣

信用貨幣是指以信用作為保證、以國家權力作為後盾，不以任何貴金屬為基礎獨立發揮貨幣職能的貨幣。信用貨幣本身的價值低於貨幣面值，其作為一種信用憑證，完全依靠政府信用和銀行信用在流通領域充當流通手段和支付手段。信用貨幣是目前世界上幾乎所有國家都採用的貨幣形態。

信用貨幣的存在形式多樣，主要分為通貨貨幣和存款貨幣兩大類。通貨是由國家貨幣當局發行的信用貨幣，是一國金融體系中流通現金的來源，具有最高的流動性，其基本形態為不兌現紙幣。存款貨幣是商業銀行體系以部分準備金為基礎進行資產擴張形成的貨幣，這部分貨幣由商業銀行存款帳戶進行管理，體現為銀行向貨幣擁有者發放的支票和存折。具體而言，現實中的信用貨幣包括有實際形式的紙幣和支票、基於電子載體的電子貨幣。

（一）紙幣

紙幣是指由國家發行並強制流通的價值符號，以紙張為幣材印製，具有一定的形狀和面值。紙幣經歷了從兌現紙幣向不兌現紙幣的發展過程。

1. 兌現紙幣

兌現紙幣主要指由政府或銀行發行，代替金屬貨幣執行流通手段和支付手段的紙質貨幣。兌現紙幣又稱代用貨幣，其代表的是金屬貨幣。因此，紙幣在市面上流通需要有十足的金銀準備，持有者可以憑兌現紙幣自由向發行機構兌現金銀。

代用貨幣代表金屬貨幣在市場流通，與金屬貨幣相比具有避免磨損、攜帶方便等優點。由於其具有十足的金銀準備，可以保證隨時兌現，因此具有較好穩定性。但是，對交易者來講，其關心的不是流通手段本身的價值有無和價值量的大小，而是能否起到交換媒介的作用，因此兌現紙幣逐漸被不兌現紙幣替代。

2. 不兌現紙幣

不兌現紙幣是兌現紙幣隨著商品經濟發展的產物，也是目前世界上幾乎所有國家都採用的貨幣形式。20世紀20年代末30年代初，世界範圍內的經濟危機和金融危機爆發，世界主要國家放棄了金本位和銀本位，其發行的紙幣不能再兌現。

不兌現紙幣不再代表任何貴金屬，僅以國家信用作為擔保。不兌現紙幣還包括輔幣，即以賤金屬鑄造的劣金屬鑄幣，其本身包含的金屬價值低於其貨幣價值。世界各國的鑄幣權都由政府獨占。

不兌現紙幣在帶來方便、促進經濟發展的同時，又由於其購買力水準的波動受到批評。紙幣也有不足，主要表現在防偽和保管方面。隨著信息技術的進步和現代銀行體系的發展，支票和電子貨幣逐漸彌補了紙幣的不足。

（二）支票

支票是銀行的活期存款客戶向銀行簽發的無條件支付命令書。支票本身只是一種票據，活期存款才是真正的交換媒介或支付手段，因此這種可簽發支票的存款通常又稱為支票貨幣或存款貨幣。

與紙幣不一樣的是，支票沒有政府作為擔保，它是在銀行信用的基礎上產生的。

支票的付款人是銀行，比商業票據有更強的信用保證，因此流通範圍比較廣泛。當支票被存款人用來從銀行提取現金時，它只是作為一種普通的信用憑證發揮作用；但當支票被存款人用來向第三者履行支付義務時，其性質發生了變化，從一般的信用憑證變成了信用流通工具，代替貨幣發揮流通手段和支付手段職能。

支票在使用中表現出幾個優點：一是便攜性，支票使人們無須攜帶大量通貨便可以從事交易；二是便捷性，支票的使用大大提高了支付效率；三是運送便利，在支票流通的基礎上產生的非現金結算，即轉帳結算，不但可以減少因使用現金而遭受損失的風險，而且也減少了支付制度的交易成本，提高經濟的效率；四是流通性，支票收訖後可以在一定範圍內流通。

(三) 電子貨幣

隨著電子科技在金融業的廣泛應用，為金融業的業務擴張提供了新的電子化技術手段，催生了電子貨幣。但電子貨幣出現的歷史較短，其概念並不統一。巴塞爾銀行監管委員會認為，電子貨幣是指「儲值」或「預付」類電子支付工具，其中存放著消費者可以使用的資金或幣值，通過銷售終端、不同電子設備以及在互聯網上執行支付功能的儲值和預付支付機制。所謂「儲值」，是指保存在物理介質中用來支付的價值，這種介質又被稱為「電子錢包」，當其儲存的價值被使用後，可以通過特定電子設備向其儲存價值。所謂「預付」，是指存在特定軟件或網絡中的一組可以傳輸並可以用於支付的電子數據，通常被稱為「數字現金」。

1. 電子貨幣的類型

(1) 儲值卡型電子貨幣。儲值卡型電子貨幣簡稱儲值卡，一般以磁卡或集成電路卡 (IC 卡) 形式出現，其發行主體有商業銀行、電信部門、商業零售企業、政府機關、學校等。發行主體在預收客戶資金後，發行等值儲值卡，使儲值卡成為獨立於銀行存款之外的新型「存款帳戶」。儲值卡在消費時以扣減方式支付費用，也就相當於存款帳戶支付貨幣。

(2) 信用卡應用型電子貨幣。信用卡應用型電子貨幣簡稱信用卡，指商業銀行、信用卡公司等發行主體發行的貸記卡或準貸記卡。用戶可以在發行主體規定的信用額度內貸款消費，之後在規定時間還款。信用卡的普及使用可以擴大消費信貸，影響貨幣供給量。

(3) 存款利用型電子貨幣。存款利用型電子貨幣主要有借記卡、電子支票等，用於對銀行存款以電子化方式支取現金、轉帳結算、劃撥資金。該類電子化支付方法的普及使用能減少消費者往返於銀行的費用，致使現金需求餘額減少，並可以加快貨幣的流通速度。

(4) 現金模擬型電子貨幣。現金模擬型電子貨幣主要有兩種：一種是基於互聯網網絡環境使用的且將代表貨幣價值的二進制數據保存在微機終端硬盤內的電子現金；另一種是將貨幣價值保存在 IC 卡內並可以脫離銀行支付系統流通的電子錢包。該類電子貨幣具備現金的匿名性、可用於個人間支付、可多次轉手等特性，是以代替實體現金為目的而開發的。該類電子貨幣的擴大使用，能影響通貨的發行機制，減少中央銀行的鑄幣稅收入，縮減中央銀行的資產負債規模等。

2. 電子貨幣的特徵

（1）發行主體多元化。商業銀行、電信公司、大型商戶和各類俱樂部等都可以成為發行主體，其數量規模基本由市場決定。

（2）貨幣形態的無紙化。電子貨幣是一種電子符號或電子指令，不再以實物、貴金屬或紙幣的形式出現，其存在形式隨處理的媒體（磁盤、電磁波或光波、電脈衝）而不斷變化。現階段電子貨幣的使用通常以借記卡、貸記卡、磁卡和智能卡等為媒體。

（3）技術先進。電子貨幣採用先進的密碼技術、生物統計識別裝置、智能卡技術等，並且進行多層加密，提供支付過程的全部安全保障，克服了紙幣易偽造、在運輸和保存過程中會面臨安全問題的缺陷。

（4）貨幣流通的國際化和網絡化。電子貨幣打破了傳統貨幣在流通上的區域界限。隨著經濟的國際化和全球化，電子貨幣逐漸成為未來貨幣的主要表現形式。

第四節　貨幣的計量

隨著經濟的發展，貨幣的形式變得多樣化，除了金銀、紙幣，還有很多新的金融工具發揮著貨幣的職能，使得貨幣流通的範圍不斷擴大。在這種情況下，必須對貨幣資產進行層次劃分，並對貨幣的供給量進行統計分析，掌握不同層次貨幣的分佈和變化規律以及由此引起的市場總供求和供求結構的變化，為決策者進行宏觀金融調控提供決策的參考依據。

一、劃分貨幣層次的依據

貨幣層次是指根據不同的貨幣定義和各種信用工具與流動資產不同程度的貨幣性對貨幣做的層次分析。一種資產之所以稱為貨幣，是因為人們相信在用它進行支付時別人會普遍接受。這一行為現象促使經濟學家根據金融資產的流動性來定義貨幣，並以此為依據對貨幣供應量的層次進行劃分。

金融資產的流動性是指不同的信用工具在市場上轉化為直接支付能力的能力，又稱為變現能力。流動性高，即變現能力強；流動性低，即變現能力弱。例如，現金能夠直接支付流通，作為購買力很方便；定期存款一般要到後期才能形成市場購買力，轉化為購買力不夠方便，因此我們就可以說現金比定期存款流動性高。

二、貨幣層次的劃分

根據各種金融工具的流動性對貨幣供給層次進行劃分，已為各國政府和大多數經濟學家所接受。各國中央銀行用多層次的辦法來計算和定期公布貨幣供應量，再根據本國經濟和金融發展變化的實際情況不斷加以修正。

（一）貨幣層次的一般劃分

1. 第一層次：狹義貨幣 $M1 = C + D$

等式中 C（Currency）代表通貨，D（Demand Deposits）代表活期存款。這一層次由流通中的貨幣和可以簽發支票的存款構成，可見 M1 代表了現實購買力，是經濟週

期波動先行指標。

2. 第二層次：廣義貨幣 M2＝M1＋S＋T

等式中 S（Saving）代表銀行儲蓄存款，T（Time Deposits）代表定期存款。M2 擴大了貨幣的範圍，由現實購買力和潛在購買力構成，但其流動性與 M1 比起來更低，反應社會總需求的變化和通貨膨脹的壓力。

3. 第三層次：M3＝M2＋Dn

等式中 Dn（Non-bank Financial Institution's Deposits）代表非銀行金融機構的存款。除了商業銀行外，還存在很多能接受儲蓄存款和定期存款的機構，如信用合作社、郵政儲蓄機構，這些機構的存款除了在流動性上比商業銀行的定期存款和儲蓄存款差一些之外幾乎沒有本質區別。

4. 第四層次：M4＝M3＋L

等式中 L 代表銀行與非銀行金融機構以外的所有短期信用工具，如國庫券、承兌票據等，這些金融工具在市場上變現機會很多，具有一定的流動性。

（二）中國貨幣層次的劃分

根據 1994 年的《中國人民銀行貨幣供應量統計和公布暫行辦法》的規定，中國人民銀行對貨幣供應層次的劃分如下：

M0＝流通中的現金

M1＝M0＋企業活期存款＋機關團體及部隊存款＋農村存款＋個人持有的信用卡類存款

M2＝M1＋城鄉居民儲蓄存款＋企業存款中具有定期性質的存款＋外幣存款＋信託類存款＋證券公司客戶保證金

M3＝M2＋金融債券＋商業票據＋大額可轉讓定期存單等

從 1994 年第三季度起，中國人民銀行正式推出貨幣供應量統計監測指標，並按季公布中國的貨幣供應量指標。2001 年 6 月，中國人民銀行第一次修訂貨幣供應量指標，將證券公司客戶保證金納入 M2。2002 年年初，中國人民銀行第二次修訂貨幣供應量指標，將在中國的外資銀行、合資銀行、外國銀行分行、外資財務公司以及外資企業集團財務公司有關的人民幣存款業務納入 M2。2011 年 10 月，中國人民銀行再次對 M2 進行了調整，將住房公積金中心存款和非存款類金融機構在存款類金融機構的存款納入 M2。

中國的貨幣層次劃分與西方國家主要存在以下兩個方面的差別：一是在貨幣層次的劃分上，單獨設置了流通中現金 M0 這個指標。中國習慣將 M0 稱為流通中的現金，即公眾手中的現金和企業的備用金，這部分貨幣流動性最強，隨時可以作為交易媒介。英國編製過 M0，但表示的是基礎貨幣。二是在各層次貨幣供應量的統計上，雖然原理一樣，但統計的內容不完全一樣。

（三）各國中央銀行貨幣層次的劃分

各國經濟發展狀況不同，金融工具的種類和創新程度也存在差異，而且各國中央銀行對金融調控的重點和技術要求也有差距，因此對貨幣層次劃分的口徑並不統一，各國中央銀行會根據本國經濟金融發展實際情況不斷進行修正。

1. 美國聯邦儲備系統對貨幣層次的劃分

M1＝通貨+活期存款+其他支票存款

M2＝M1+小額定期存款+儲蓄存款+貨幣市場存款帳戶+貨幣市場基金份額（非機構所有）+隔日回購協議+隔日歐洲美元+合併調整

M3＝M2+大面額定期存款+貨幣市場基金份額（機構所有）+定期回購協議+定期歐洲美元+合併調整

L＝M3+短期財政部證券+商業票據+儲蓄債券+銀行承兌票據

2. 英格蘭銀行對貨幣層次的劃分

M1＝現金+私人部門持有的英鎊活期存款

M2＝現金+英國居民（公共及私人部門）持有的英鎊存款

M3＝M2+英國居民持有的各種外幣存款

3. 國際貨幣基金組織對貨幣層次的劃分

M0＝現金

M1＝M0+活期存款（私人活期存款、郵政匯劃、企業活期存款）

M2＝M1+儲蓄存款+定期存款+政府債券

第五節　貨幣制度

貨幣制度簡稱幣制，是一個國家以法律形式確定的該國貨幣流通準則和規範。貨幣制度是隨著商品經濟的發展逐步形成和完善的，典型的貨幣制度包括規定本位貨幣和輔幣的材料，貨幣單位，貨幣的鑄造、發行和流通程序，準備制度。

一、貨幣制度的構成要素

（一）貨幣材料

貨幣材料是指規一國的貨幣用哪種材料制成。不同的貨幣材料形成不同的貨幣制度。例如，以白銀作為幣材，就是銀本位制；以黃金作為幣材，就是金本位制；以黃金和白銀同時作為幣材，就是金銀復本位制；以紙張印製的貨幣，就是紙幣本位制。貨幣材料雖然表現為國家規定，但實際上要受到客觀經濟發展限制。

（二）貨幣單位

貨幣單位是指貨幣本身的計量單位，包括規定貨幣名稱和貨幣單位的值，在金屬貨幣制度下，貨幣單位的值是貨幣單位含的金屬重量。例如，英國規定其貨幣單位為「鎊」，美國規定其貨幣單位為「圓」。《中華人民共和國人民幣管理條例》規定：人民幣的單位為元，人民幣輔幣的單位為角、分。人們熟悉的「元」「角」「分」就是人民幣的貨幣單位，它們構成了人民幣的價格標準，標明了人民幣代表的價值。

（三）通貨的鑄造、發行和流通程序

一個國家的通貨，通常分為主幣（即本位幣）和輔幣，它們各有不同的鑄造、發行和流通程序。

1. 本位幣

本位幣是一國貨幣制度規定的計算和結算貨幣。在金屬貨幣制度下，本位幣是指用貨幣金屬按照國家規定的貨幣單位和標準鑄成的鑄幣，它的面值和實際價值相等，是足值貨幣。在紙幣制度下，紙幣只是由國家貨幣制度規定的流通中商品價值的符號。

本位幣具有以下特點：

（1）無限法償，即用本位幣作為流通手段和支付手段時，債權人不得拒絕接受，因此本位幣被稱為無限法償幣。

（2）在金屬貨幣制度下，無論國家還是私人，只需要向鑄幣廠支付一定的費用，可以自由鑄造和融化。

（3）對磨損公差的規定。鑄幣流通會有自然磨損和人為磨損，為保證本位幣的名義價值與實際價值相一致，以保證本位幣的無限法償能力，各國貨幣制度中通常都規定了每枚鑄幣的實際重量低於法定重量的最大限度，即鑄幣的磨損公差。

2. 輔幣

輔幣是本位幣貨幣單位以下的小額貨幣，供日常零星交易和找零之用。

輔幣具有以下特點：

（1）輔幣用較賤的金屬鑄造。因為輔幣的面額較小，因此使用賤金屬鑄造輔幣，可以節省流通費用。

（2）輔幣是不足值的鑄幣。

（3）輔幣可以與本位幣自由兌換。輔幣的實際價值雖然低於名義價值，但法律規定，輔幣可以按固定比例與本位幣自由兌換，保證了輔幣可以按名義價值流通。

（4）輔幣實行限制鑄造。所謂限制鑄造，即只能由國家來鑄造。由於輔幣的實際價值低於其名義價值，鑄造輔幣就會得到一部分鑄造收入，因此鑄造權由國家壟斷，其收入歸國家所有。同時，因為輔幣是不足值的，限制鑄造也可以防止輔幣排擠本位幣。

（5）輔幣是有限法償貨幣。在金屬貨幣制度下，國家對輔幣規定了有限的支付能力，即在每一次支付行為中，使用輔幣的數量將受到限制，超過限額的部分，受款人可以拒絕接受。但在紙幣時代，無論是主幣還是輔幣，都是不兌現的信用貨幣，是依靠國家信用發行而強制流通的價值符號。因此，因貴金屬足不足值而產生的無限法償沒有太大意義。《中華人民共和國人民幣管理條例》未提及輔幣的法償問題。

（四）準備制度

準備制度是指為約束保障貨幣的發行，維護貨幣信用，要求貨幣發行者在發行貨幣時必須以某種貴金屬或資產，集中於中央銀行或國庫作為發行準備。準備制度是貨幣制度的重要內容之一，也是一國貨幣穩定的必要條件。

在金本位制度下，金準備的主要作用表現為：第一，作為國際支付的準備金。第二，作為國內金屬貨幣流通的準備金。第三，作為支付存款和兌換銀行券的準備金。

在當代紙幣流通的條件下，金、銀已退出貨幣流通領域，金準備制度的後兩項作用已失去存在的意義，只有第一項作用得以保留下來。黃金作為國際支付準備金的作用依然存在，但形式卻發生了變化，已不再像金本位制度下按貨幣含金量用黃金作為

最後彌補國際收支逆差的手段，而是當出現國際收支逆差時，國家可以在國際市場上拋售黃金換取自由外匯，以平衡國際收支。

二、貨幣制度的演變

貨幣制度的演變主要經歷了多個階段，從世界各國的貨幣制度發展歷程看，曾先後經歷了銀本位制、金銀復本位制、金本位制和不兌現的信用貨幣制度四個階段。前三個階段都屬於金屬貨幣制度，因此貨幣制度主要經歷了金屬貨幣制度和不兌現信用貨幣制度兩個階段。

（一）銀本位制

銀本位制是指以白銀作為本位幣幣材的貨幣制度。按兌換白銀方式的不同，銀本位制又分為銀兩本位制、銀幣本位制和銀匯兌本位制。銀本位制的基本特徵是：白銀作為本位幣的價值與其所含的白銀的實際價值相等；銀幣可以自由鑄造和熔化；銀幣具有無限法償能力；輔幣和其他貨幣可以自由兌現銀幣；白銀可以自由輸出、輸入國境。

銀本位制是最早實行的貨幣制度之一，而且持續的時間也比較長，但在19世紀後期，世界白銀產量猛增，使銀價波動強烈，長期呈下跌趨勢，許多實行銀本位制的國家先後放棄了這種貨幣制度。

（二）金銀復本位制

金銀復本位制是指由國家法律規定同時以黃金和白銀兩種金屬同時作為本位幣材，均可以自由鑄造、輸出、輸入，同為無限法償的貨幣制度。金銀復本位制是資本主義發展初期最典型的貨幣制度，先後經歷了平行本位制、雙本位制和跛行本位制三種類型。

1. 平行本位制

平行本位制是指金、銀兩種貨幣各自按實際價值流通的復本位貨幣制度。國家不規定金幣和銀幣的兌換比例，完全由市場決定。

貨幣作為價值尺度，要求其本身價值穩定，但是在金銀平行本位制下，流通中的商品具有金幣和銀幣表示的雙重價格，商品雙重價格隨金、銀市場價格的波動而波動造成交易秩序紊亂。

2. 雙本位制

為了克服平行本位制極不穩定的缺點，一些國家以法律形式規定了金與銀的比價，即實行雙本位制。但是，用法律規定金與銀的比價，這與價值規律的自發作用相矛盾，於是就出現了「劣幣驅逐良幣」的現象。

「劣幣驅逐良幣」又稱「格雷欣法則」，是指在兩種實際價值不同而面額價值相同的通貨同時流通的情況下，實際價值高於法定價值的貨幣（即良幣）必然會被人們熔化而退出流通領域；實際價值低於法定價值的貨幣（即劣幣）反而會充斥市場的現象。貨幣作為一般等價物具有排他性、獨占性特性，而這與法律規定金、銀兩種金屬同時作為貨幣相衝突，這一矛盾最終導致出現「劣幣驅逐良幣」的現象。

在金、銀兩種貨幣各按其本身所包含的價值同時流通（平行本位制）的條件下，

13

市場上的每一種商品都必然會出現兩種價格，一種是金幣價格，另一種是銀幣價格。而且這兩種價格又必然會隨著金、銀市場比價的變化而變化。這樣就必然使市場上的各種交換處於非常混亂和困難的境地。為了克服這種困難，資本主義國家用法律規定了金與銀的比價（雙本位制）。但是，這種規定又與價值規律的自發作用發生矛盾，因而不可避免地出現「劣幣驅逐良幣」的現象。

3. 跛行本位制

跛行本位制在金銀復本位制向金本位制過渡中產生，在該制度下，法律規定金和銀都可以成為本位幣，都具有無限法償能力，兩者之間比價固定，但只有金幣可以自由鑄造，銀幣卻不能。

這種貨幣制度下的銀幣實際上已成了輔幣，其實際價值與其名義價值無法保持一致，其名義價值取決於銀幣和金幣之間的兌換比率。這是一種不完整的金銀復本位制度，因此被形象地稱為跛行本位制，是復本位制向金本位制的過渡形式。

（三）金本位制

金本位制是指以黃金作為本位幣幣材的貨幣制度。金本位制包括金幣本位制、金塊本位制和金匯兌本位制三種類型。

1. 金幣本位制

金幣本位制是指以黃金作為貨幣制度的基礎，實行金幣流通的一種貨幣制度。金幣本位制是典型的金本位制。在這種制度下，金幣具有無限法償能力。金幣本位制的主要特點有：一是金幣可以自由鑄造和自由熔化；二是流通中的價值符號（輔幣和銀行券）可以自由無限地兌換金幣；三是黃金可以自由輸出和輸入國境。

金幣本位制自身具有的特點決定了它是一種相對穩定的貨幣制度，對資本主義國家經濟和對外貿易的發展起了積極作用。但隨著資本主義經濟的發展，這種貨幣制度的穩定性日益受到削弱。第一次世界大戰後，除美國之外，其他國家根據本國的經濟狀況和黃金儲備數量，分別實行了沒有金幣流通的金塊本位制和金匯兌本位制。

2. 金塊本位制

金塊本位制又稱生金本位制，是指不鑄造和流通金幣，只由中央銀行發行以金塊為準備的紙幣流通的貨幣制度。

金塊本位制沒有金幣流通，並對貨幣規定有含金量，但不能自由兌換成黃金。只有達到規定數額才能兌換金塊。例如，英國在 1925 年規定銀行券 1,700 英鎊以上才能兌換金塊。因此，有人稱這種貨幣制度是「富人本位制」。1930 年以後，英國、法國、比利時、荷蘭、瑞士等國在世界性經濟危機衝擊下，先後放棄了這一制度。

3. 金匯兌本位制

金匯兌本位制又稱虛金本位制，是指不鑄造和流通金鑄幣，只流通央行發行的紙幣或銀行券，銀行券可以兌換外匯，而外匯可以兌換黃金的貨幣制度。

金匯兌本位制和金塊本位制一樣，沒有流通金幣，但都對流通中的貨幣規定有含金量。兩者的區別在於：金塊本位制下紙幣可以有限制地兌換黃金；金匯兌本位制下紙幣不能直接兌換黃金，只能通過兌換外匯間接兌換黃金。

實施金匯兌本位制的國家實際上是將本國貨幣依附於經濟實力雄厚的外國貨幣上，

是一種附庸貨幣制度。實施該貨幣制度的國家將黃金和外匯存放在某一實行金幣本位制或金塊本位制國家，允許以外匯兌換黃金，規定本國貨幣與該國貨幣的法定比率。

（四）不兌現的信用貨幣制度

1929—1933 年爆發了世界性經濟危機，世界各國放棄金本位制，實行不兌現的信用貨幣制度。不兌現的信用貨幣制度是以不兌換的紙幣作為本位貨幣的貨幣制度，是當今世界各國普遍實行的一種貨幣制度。

不兌現的信用貨幣制度有以下幾個基本特點：

（1）由國家授權中央銀行發行、依靠國家法律強制流通的無限法償貨幣。

（2）貨幣不與任何金屬保持等價關係，也不能兌換黃金。

（3）貨幣通過信用程序投入流通領域，貨幣流通通過銀行的信用活動進行調節，而不像金屬貨幣制度那樣由鑄幣自身進行自發調節。

（4）這是一種管理貨幣制度，靠國家管理來調節和控制貨幣量，以保持貨幣流通穩定。

在信用貨幣制度下，貨幣發行一般不以金銀為保證，也不受金銀數量限制，紙幣作為貨幣符號無實際的內在價值，紙幣代表的價值量只能是流通中貨幣需要量代表的價值量。一國中央銀行或貨幣管理當局通過公開市場政策、存款準備金率等手段調節貨幣供應量，保持貨幣穩定；通過公開買賣黃金、外匯，管理外匯市場等手段，保持匯率穩定。貨幣流通的調節構成了國家對宏觀經濟進行控制的一個重要手段，但流通中究竟能夠容納多少貨幣量，則取決於貨幣流通規律。當紙幣的發行量超過流通對貨幣需要量時，就會導致物價上漲，紙幣貶值，出現通貨膨脹，這是不兌現的信用貨幣流通特有的經濟現象。

習題

概念解釋：

　　貨幣　貨幣制度　價值尺度　流通手段　信用貨幣　電子貨幣　本位幣　格雷欣法則

思考題：

（1）怎麼理解貨幣的定義？它與收入、財富、通貨的概念有什麼區別？

（2）貨幣的基本職能有哪些？

（3）劃分貨幣層次的依據是什麼？貨幣可以劃分成哪幾個層次？

（4）解釋劣幣驅逐良幣現象。

（5）根據貨幣制度的演變歷程，分析中國當前人民幣制度面臨的主要挑戰。

第二章　信用與信用工具

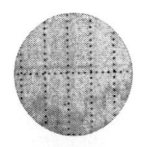
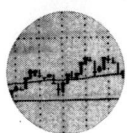
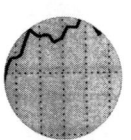
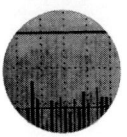

信用是商品經濟發展到一定歷史階段的產物，是從屬於商品貨幣關係的一個經濟範疇，隨著商品貨幣關係的發展而發展，信用活動構成了整個金融活動的基礎。通過本章的學習，大家應該瞭解信用的本質、特徵、作用以及信用的產生與發展，掌握現代信用工具的幾種基本形式，掌握主要信用工具的特徵及其功能。

第一節　信用概述

一、信用的含義

「信用」起源於拉丁文的「credo」，其意為「信任」「相信」「聲譽」等。從道德角度而言，信用是指人與人之間的相互相信、信任以及履行承諾等，即我們所說的誠實守信、誠信，是從廣義社會信用角度評價一個人的標準。

從經濟角度而言，信用是一種能體現特定經濟關係的借貸行為，以還本和付息為條件，體現一定的債權債務關係。這種借貸行為有兩個基本特徵：一是到期還本，二是支付利息。在借貸行為中，貸出時價值單方面轉移，貸出者讓渡價值，保留了所有權；歸還時價值也是單方面轉移，借入者除歸還本金外還需要支付利息。由此可見，信用是價值運動的特殊形式，它不發生所有權變化，僅僅是價值單方面的暫時讓渡或轉移，這使得它既區別於一般商品貨幣交換價值運動形式，又區別於財政分配等特殊的價值運動形式。

二、信用的產生和發展

（一）信用的產生以私有制為前提

信用的產生的基本前提條件是私有制條件下的社會分工和剩餘產品的出現，沒有私有制的存在，貸出的貨幣無需歸還，相應的利息更無從談起。在公有制經濟中，信用關係仍然存在，其存在的前提條件是不同經濟主體存在各自的經濟利益目標。

（二）信用產生的直接原因是經濟主體調劑資金的需要

在商品經濟中，各個經濟主體的經濟活動都伴隨著貨幣收支，而貨幣收支有可能會相等，也有可能不相等。貨幣收入大於支出的主體為盈餘單位，可以將剩餘的資金貸放出去；貨幣收入小於支出的單位為赤字單位，需要將資金缺口補足。在商品經濟條件下，經濟主體間經濟利益相互獨立，資金的調劑不能無償進行，當盈餘單位把剩餘資金有償借給赤字單位後，信用關係由此產生。

（三）最初的信用活動表現為商品賒銷

隨著商品生產和交換的發展，商品流通時可能會出現商品生產者出售商品時，購買者因為自己的商品未賣出而無錢購買的情況。於是賒銷，即延期支付的方式出現。賣方讓渡商品的時候得到的是買方未來付款的承諾，商品的讓渡和貨幣的取得在時間上分離，這使得買賣雙方除了商品交換關係外又多了債權債務關係，即信用關係。

（四）信用活動發展為廣泛的貨幣放貸活動

信用活動最初表現為商品賒銷，但隨著經濟的發展，貨幣本身進入交易過程，出

現借貸活動，信用交易超出了商品買賣的範圍，貨幣的運動和信用關係聯繫在一起。貨幣流動和信用關係以及與之關聯的經濟活動就是金融，經濟和金融的發展，都根植於社會信用中。

三、信用的特徵

(一) 標示性

信用就像人的身分證、企業組織機構代碼一樣有著明確的歸屬。信用的標示性使得各類市場主體必須珍視自身的信用，努力維護自己的信用。

(二) 可流通性

除了貨幣、商業票據、有價證券這些信用產品都可以流通和交換外，信用還作為一種資源，代表市場主體具備一定的經濟能力，具有無形資產的性質，同樣有價值、能交換、可延續。現代社會正是利用信用的可流通性，借助先進的信息傳播技術，廣泛記錄、徵集、擴散信用信息，從而形成有效的守信激勵和失信懲戒機制。

(三) 時間間隔性

信用的兩個重要環節——承諾與兌現，二者要經過一個約定的時間週期才能完成，先承諾後兌現，存在著時間上的間隔。

(四) 收益性

信用關係是建立在有價的基礎上的，債權人在讓渡實物或貨幣的使用權時，要求在歸還時有一定的增值或附加額。因為信用關係屬於一種特殊的經濟關係，各信用主體有著自身的經濟利益，無償地讓渡實物或貨幣是不可能的。

(五) 風險性

借貸不同於普通商品買賣關係。在信用交易中，債務人到期能否收回讓渡物在很大程度上取決於債務人的信譽和能力、國家法律的完善程度以及社會道德規範。因此，債務人能否到期償還本金和按期支付利息事前並不確定，信用關係具有一定的風險性。

第二節　信用形式

信用作為一種借貸行為，通過一定方式具體表現出來。表現信用關係特徵的形式稱為信用形式，它是信用活動的外在表現。隨著商品貨幣關係的發展，信用形式日趨多樣化。信用的主要表現形式有商業信用、銀行信用、國家信用、消費信用、國際信用。

一、商業信用

(一) 商業信用的定義

商業信用是指企業之間在進行商品和勞務交易時，以延期支付和預付貨款的形式提供的信用。其形式有很多，比如商品賒銷、分期付款、委託代銷或預付貨款等。

(二) 商業信用的特點

1. 商業信用的主體是廠商

商業信用是直接信用，是廠商之間互相提供的信用，提供信用的過程就是買賣的

過程，債權人和債務人都是廠商。

2. 商業信用的客體是商品資本

商業信用提供的不是暫時閒置的資本貨幣，而是處於再生產過程中的商品資本。因此，處於再生產循環中的商品資本是產業資本的一部分。

3. 商業信用和產業資本的動態一致

由於商業信用與處於再生產過程中的商品資本運動結合在一起，使得它與產業資本的動態一致。增長繁榮時期生產擴大，商品增加，商業信用的供應和需求隨之增加。衰退蕭條時期生產縮減，商品滯銷，商業信用供應和需求隨之減少，整個商業信用規模縮減。

(三) 商業信用的局限性

1. 信用的規模和數量有一定限制

商業信用以商品交易為基礎，是企業之間相互提供的，因此商業信用的規模受限於提供信用的企業的信貸能力及其實際經營情況。商業信用能以延期付款方式出售商品，但企業不可能超出自己擁有的商品量向對方提供商業信用。

2. 商業信用受商品流轉方向的限制

商業信用是以商品形態提供的，商業信用的需求者是該商品的直接需要者，因此就決定了商業信用的方向只能由商品的生產者提供給需求者，而不能相反。

3. 信用鏈條的不穩定性

商業信用是分散在企業之間自發產生的，企業數量越多也就意味著信用關係環節越多。多而分散的特點也導致了國家的經濟調節機制對商業信用的控制能力有限，如果某個環節出現問題，那就可能導致整條債務鏈條中斷，甚至引發債務危機。

二、銀行信用

(一) 銀行信用的定義

銀行信用是指銀行或其他金融機構以貨幣形式提供的信用。銀行信用是現代經濟關係中的重要形式，也是一國信用制度發達程度的標誌。

(二) 銀行信用的特點

1. 銀行信用是間接信用

銀行信用與企業之間直接提供信用的商業信用不同，銀行信用的借貸雙方，一方是金融機構，另一方是從事生產經營活動的企業。但銀行和其他金融機構借出的貨幣規模不受自有資本的限制，其聚集的資金不僅有從產業資本循環過程中分離出來的暫時閒置的貨幣資本，還有社會各階層的貨幣儲蓄。因此，銀行在信用活動中只扮演了信用仲介人的角色，銀行信用是一種間接信用。

2. 銀行信用的客體是貨幣資金

銀行信用的客體是單一形態的貨幣資本，是從產業資本循環過程中分離出來的暫時閒置的貨幣資本，還有社會各階層的貨幣儲蓄。而貨幣作為一般等價物的身分使得銀行信用可以不受商品流轉方向的限制，克服了商業信用在規模和方向上的局限性。

3. 銀行信用和產業資本的動態不完全一致

由於商業信用是獨立的借貸資本運動，銀行貸出的貨幣不處於產業循環中，使其有可能與產業資本的動態不一致。例如，當經濟危機發生時，可能會有大量產業資本不能用於生產而轉化為借貸資本，導致借貸資本量大幅上漲。

三、國家信用

(一) 國家信用的定義

國家信用是指國家以債務人的身分，從社會上籌集資金以滿足財政需要的一種信用形式。國家信用的債務人是國家，債權人包含國內外的金融機構、企業和居民家庭。國家信用分為國內信用和國外信用兩種。國內信用是國家以債務人身分向國內居民、企業、團體籌措資金，國外信用則是國家以債務人身分向國外居民、企業、團體和政府籌措資金。

(二) 國家信用的主要形式

國家信用的形式主要是發行公債，包括短期國庫券和中長期公債券。由於發行主體是國家，因此具有最高的信用度，風險較小，被認為是安全的投資工具。

國庫券一般用來調劑財政年度內暫時性的收支不平衡，期限大多在1年以下，以1個月、3個月以及6個月居多。國庫券也是中央銀行操作公開市場業務買賣的主要對象。

中長期公債券一般用於彌補財政預算赤字，進行基礎設施建設、公用事業建設等非生產性支出、軍費支出、福利支出等，期限一般在1年以上。

四、消費信用

(一) 消費信用的定義

消費信用是指企業、銀行或其他金融機構向消費者提供用以滿足其生活消費目的的信用。

(二) 消費信用的主要形式

1. 分期付款

分期付款是零售企業向顧客提供的以分期付款方式購買所需消費品的一種消費信用形式。這種信用方式最初多用於消費者購買高檔耐用消費品，如汽車、房屋、家用電器等商品。隨著經濟的發展，特別是互聯網經濟的發展，消費信用越來越普及，大量網購商品都可以選擇延期付款或分期付款形式。

2. 消費貸款

消費貸款是由商業銀行和其他金融機構以貨幣形式，通過信用貸款或抵押放款的方式向個人提供用於消費目的的貸款。例如，房屋抵押貸、汽車抵押貸等，消費者按規定期限償還本息，期限有的可長達20~30年，屬於長期信用。消費貸款按照直接接受貸款的對象不同，可以分為買方信貸和賣方信貸。買方信貸是指銀行直接對消費品的購買者發放的貸款；賣方信貸是指以分期付款單證作為抵押，對銷售企業發放的貸款。

3. 信用卡

信用卡是由銀行或信用卡公司根據用戶的信用度和經濟收入狀況，對信用合格者發行的信用證明。持有該卡的消費者到有關的商業服務部門消費時無須支付現金，待結帳日時再進行還款。信用卡可以在規定的額度內進行透支。

五、國際信用

（一）國際信用的定義

國際信用是指國與國之間的借貸行為。國際信用隨著商品經濟發展和國際貿易擴大而不斷發展，成為國際結算、擴大進出口貿易的主要手段之一。

（二）國際信用的主要形式

根據信用關係主客體的不同，國際信用的主要形式有國際商業信用、國際銀行信用、國際政府間信用等。

1. 國際商業信用

國際商業信用是由出口方用商品形式提供的信用，有來料加工、補償貿易和延期付款等形式。

（1）來料加工。來料加工是指出口國企業提供原料、設備零部件或部分設備，在進口國企業加工，成品歸出口國企業所有，進口國企業從原料和設備中扣留一部分作為加工費。

（2）補償貿易。補償貿易是指出口國企業向進口國企業提供機器設備、專利、技術、人員培訓等，待項目完成或竣工投產後，進口國企業以該項目的產品或按合同規定的收入分配比例清償債務的信用方式。

（3）延期付款。延期付款是指出口國企業和進口國企業協定在貨物出口後一定時期內支付款項的信用形式。進口企業一般支付合同金額的一定比例，剩餘部分貨款則延期支付。延期付款一般發生在關係密切的進出口商之間或出口商得到出口國銀行出口信貸支持的情況下。

2. 國際銀行信用

國際銀行信用是以國際銀行為授信主體提供的國際信用形式。國際銀行信用可以分為進口信貸和出口信貸。在國際銀行信用的操作上，由於國際貿易一般要求進口商預付15%定金，因此銀行提供的資金一般都只占進出口貿易額的85%。

（1）出口信貸。出口信貸是一國政府為了促進本國出口，增強國際競爭能力，對本國出口企業給予利息補貼和提供信用擔保的信用形式，是一種中長期貸款形式。在進出口貿易中，由於交易規模一般都比較大，買方常會沒有足夠的資金償還貨款，如果此時以賒銷的方式進行交易，則會造成出口方資金週轉的困難。在這種情況下，出口國為了支持和鼓勵本國出口，就會向出口方或進口方提供貸款。因此，根據補貼和貸款的對象不同，出口信貸又可分為賣方信貸和買方信貸兩種。

（2）進口信貸。進口信貸是進口方銀行提供貸款以滿足買方資金需求，支持本國進口所需商品或技術等。

3. 國際政府間信用

國際政府間信用是各國政府之間發生的信用關係，一般由政府財政部出面借款，以政府貸款的形式存在。政府貸款是一國政府利用本國財政資金向另一國政府提供的優惠性貸款，期限較長，利率較低，條件較為優惠，帶有經濟援助的性質。但政府貸款用途受到限制，通常用於非生產性支出。

第三節　信用工具

一、信用工具概述

（一）信用工具的含義

信用工具是指在金融活動中，能夠證明金融交易金額、交易期限、交易價格的合法憑證，又稱為金融工具，是一種具有法律效力的契約。

（二）信用工具的基本特徵

1. 償還性

償還性是指信用工具的發行者或債務人必須按期歸還全部本金和利息的特性。信用工具一般都註明期限，債務人到期必須償還信用憑證上記載的應償付的債務。

2. 收益性

收益性是指信用工具能定期或不定期為其持有人帶來收益的特徵。信用工具的收益有三種：第一種是固定收益，是投資者按事先規定好的利息率獲得的收益，如債券和存單到期時，投資者即可領取約定利息。固定收益在一定程度上就是名義收益，是信用工具票面收益與本金的比例。第二種是即期收益，又叫當期收益，是按市場價格出賣信用工具時獲得的收益，如股票買賣價格之差即為一種即期收益。第三種是實際收益，是指名義收益或當期收益扣除由物價變動引起的貨幣購買力下降後的真實收益。在現實生活中，投資者所能接觸到的是名義收益和當期收益。

3. 流動性

流動性指金融資產可以迅速變現而不遭受損失的能力。金融工具可以買賣和交易變現，即為具有變現力或流通性。在短期內，在不遭受損失的情況下，金融資產能夠迅速出賣並換回貨幣，稱其流動性強，反之則稱其流動性弱。

4. 風險性

風險性是指信用工具不能充分履約或價格不穩定的程度，包括市場風險和違約風險等。風險相對於安全而言，因此風險性從另一個角度講就是安全性。為了獲得收益提供信用，同時必須承擔風險，任何信用工具都有風險，只是程度不同而已。市場風險是指由於市場各種經濟因素發生變化，如市場利率變動、匯率變動、物價波動等各種情況造成信用憑證價格下跌，遭受損失的可能性。違約風險一般稱為信用風險，是指發行者不按合同履約或公司破產等因素造成信用憑證持有者遭受損失的可能性。

二、信用工具的種類

信用工具種類繁多，這裡介紹幾種常用信用工具：票據、股票和債券。

（一）票據

票據是指具有一定格式並載明金額和日期，到期由付款人對持票人或指定人無條件支付一定款項的信用憑證。按票據的性質劃分，票據主要有匯票、本票和支票等幾類。

1. 匯票

匯票是出票人簽發的，委託付款人在見票時，或者在指定日期無條件支付確定的金額給收款人或持票人的票據。按付款人的不同，匯票可以分為銀行匯票、商業匯票；按有無附屬單據的不同，匯票可以分為光票匯票、跟單匯票；按付款時間的不同，匯票可以分為即期匯票、遠期匯票。匯票具有以下幾個基本特徵。

（1）匯票有三方當事人：出票人、付款人和收款人。出票人是簽發匯票的人，付款人是受出票人委託支付票據金額的人，收款人是憑匯票向付款人請求支付票據金額的人。

（2）匯票是委付證券，是一種無條件支付命令。匯票是出票人簽發的無條件支付命令，要求匯票的出票人和付款人之間必須具有真實的委託付款關係，並具有支付匯票金額的可靠的資金來源。

（3）匯票必須承兌。承兌是匯票獨有的法律行為，是指付款人承諾在匯票到期日支付匯票金額的一種票據行為。付款人承兌前，匯票上所載付款人沒有絕對的付款義務，但一經承兌，付款人就取代出票人而成為票據的主債務人。

2. 本票

本票是由出票人簽發，保證即期或定期，或者在可以確定的將來時間向收款人無條件支付一定金額的票據。本票具有的基本特徵如下：

（1）本票是自付證券。本票是由出票人自己對收款人支付並承擔絕對付款責任的票據。這是本票和匯票、支票最重要的區別。在本票法律關係中，基本當事人只有出票人和收款人，債權債務關係相對簡單。

（2）本票無須承兌。本票在很多方面可以適用匯票法律制度，但是由於本票是由出票人本人承擔付款責任，無須委託他人付款，因此本票無須承兌就能保證付款。

3. 支票

支票是銀行存款戶對銀行簽發的要求於見票時對收款人或持票人無條件支付一定金額的票據。支票出票人簽發的支票金額，不得超出其在付款人處的存款金額。如果存款低於支票金額，銀行將拒付給持票人，這種支票稱為空頭支票，出票人要負法律責任。支票一經背書即可流通轉讓，具有通貨作用，成為替代貨幣發揮流通手段職能和支付手段職能的信用流通工具。支票主要分為以下幾類：

（1）記名支票。記名支票是在支票的收款人一欄寫明收款人姓名，如「限付某甲」或「指定人」，取款時須由收款人簽章方可支取。

（2）不記名支票。不記名支票又稱空白支票，支票上不記載收款人姓名，只寫「付來人」。取款時持票人無須在支票背後簽章，即可支取，此類支票僅憑交付而轉讓。

（3）劃線支票。劃線支票是在支票正面劃兩道平行線的支票。劃線支票與一般支

票不同，劃線支票非由銀行不得領取票款，因此只能委託銀行代收票款入帳。使用劃線支票的目的是在支票遺失或被人冒領時，有可能通過銀行代收的線索追回票款。

（4）保付支票。保付支票是指為了避免出票人開出空頭支票，保證支票提示時付款，支票的收款人或持票人可要求銀行對支票「保付」。保付是由付款銀行在支票上加蓋「保付」戳記，以表明在支票提示時一定付款。支票一經保付，付款責任即由銀行承擔。出票人、背書人都可免於追索。付款銀行對支票保付後，即將票款從出票人的帳戶轉入一個專用帳戶，以備付款，因此保付支票提示時，不會退票。

（5）現金支票。現金支票是專門製作的用於支取現金的一種支票。現金支票是當客戶需要使用現金時，隨時簽發現金支票，向開戶銀行提取現金，銀行在見票時無條件支付給收款人確定金額的現金的票據。

（6）銀行支票。銀行支票是由銀行簽發，並由銀行付款的支票，也是銀行即期匯票。銀行代顧客辦理票匯匯款時，可以開立銀行支票。

（7）旅行支票。旅行支票是銀行或旅行社為旅遊者發行的一種固定金額的支付工具，是旅遊者從出票機構用現金購買的一種支付手段。

（二）股票

股票是股份公司為籌集資金發行的，用以證明投資者股東身分並借以取得股息的一種所有權憑證。股票是股份公司資本的構成部分，可以轉讓、買賣，是資本市場的主要長期信用工具，但不能要求公司返還其出資。股票主要分為普通股和優先股兩類。

1. 普通股

普通股構成股份公司資本的基礎，是股票的一種基本形式，其收益隨著企業利潤變動而變動。擁有者在對企業的經營管理和盈利以及財產的分配上享有普通權利的股份，代表滿足所有債權償付要求及優先股股東的收益權與求償權要求後對企業盈利和剩餘財產的索取權。普通股具有以下特徵：

（1）收益不穩定。公司支付了債息和優先股股息後才會分配普通股股利，因此普通股的收益是不穩定的，企業經營業績好，淨利潤高，收益就高；反之，收益就低。

（2）公司決策參與權。普通股股東有權參與股東大會，並有建議權、表決權和選舉權，也可以委託他人代表其行使股東權利，但要遵循「一股一票」的原則。

（3）對公司剩餘財產的分配權。當公司破產或清算時，若公司的資產在償還欠債後還有剩餘，其剩餘部分按先優先股股東、後普通股股東的順序進行分配。

（4）優先認股權。當公司增發新普通股時，現有普通股股東有權按其持股比例，以低於市價的某一特定價格優先購買一定數量的新發行股票，從而保持其對企業所有權的原有比例。

2. 優先股

優先股是指公司成立後為籌集新的追加資本而發行的證券。優先股具有以下特徵：

（1）股息固定。優先股的收益不收企業經營狀況影響，領取固定股利。

（2）優先分配權。在公司分配利潤時，優先股股東比普通股股東分配在先。

（3）優先求償權。公司若破產，在分配剩餘財產時，優先股股東在普通股股東之前分配，但須排在債權人之後。

（三）債券

債券是債務人發行的承諾按約償還本金並支付利息的債務憑證。債券是一種金融契約，是當政府、企業、金融機構向社會借債籌措資金時證明債權債務關係的契約。按發行主體分類，債券可以分為政府債券、金融債券和公司債券。

1. 政府債券

政府債券是政府為籌集資金而發行的債券，主要包括中央政府債券和地方政府債券。

（1）中央政府債券。中央政府債券主要指國庫券和公債券。中央政府債券因其信譽好、利率優、風險小而被稱為「金邊債券」。中央政府債券包括為籌措戰爭費用為目的的戰爭債券、為彌補財政赤字而發行的財政債券等。除了政府部門直接發行的債券外，有些國家把政府擔保的債券也劃歸為政府債券體系，稱為政府保證債券。這種債券由一些與政府有直接關係的公司或金融機構發行，並由政府提供擔保。

（2）地方政府債券。地方政府債券又稱市政債券，是地方政府為發展當地經濟，進行公共事業建設而發行的債券。其信用度略低於國債，但利率通常高於國債。

2. 金融債券

金融債券是由銀行和非銀行金融機構按照法定程序發行，並約定在一定期限內償付本息的債務憑證。中國金融債券主要由國家開發銀行、進出口銀行等政策性銀行發行。金融機構一般有雄厚的資金實力，信用度較高，因此金融債券往往有良好的信譽。金融債券一般為中長期債券，發行量大，因為其信用度較高、利率不低，所以交易活躍。

3. 公司債券

公司債券是公司依照法定程序發行、約定在一定期限內還本付息的債務憑證。在實踐中，中國存在的一種特殊法律規定的債券形式，即企業債券。企業債券和公司債券除了發行主體外，沒有本質區別。

企業債券發債主體為中央政府部門所屬機構、國有獨資企業或國有控股企業，是根據《企業債券管理條例》的規定發行與交易，很大程度上體現了政府信用。公司債券發債主體為根據《中華人民共和國公司法》的規定設立的公司法人，在實踐中，其發行主體為上市公司，發行主體管理機構為中國證券監督管理委員會，其信用保障是發債公司的資產質量、經營狀況、盈利水準和持續贏利能力等。

2008年4月15日起施行的《銀行間債券市場非金融企業債務融資工具管理辦法》進一步促進了企業債券在銀行間債券市場的發行，企業債券和公司債券成為中國商業銀行越來越重要的投資對象。

習題

概念解釋：

信用　商業信用　銀行信用　消費信用　國家信用　匯票　本票　股票　債券

思考題：

（1）簡述商業信用的特點與其局限性。
（2）比較商業信用與銀行信用的區別。
（3）為什麼銀行信用會取代商業信用成為現代信用的主要形式？
（4）簡述信用工具的基本特徵。
（5）比較股票與債券二者之間的區別和聯繫。

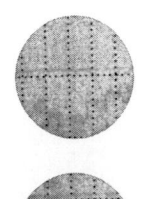

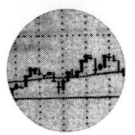

第三章　利息與利率

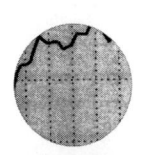

利息和利率是金融市場上最重要的金融資產價格之一。對其他金融資產價格和整個國民經濟活動有著極為重要的影響。同時，利率是連接金融市場和商品市場的主要仲介變量之一，是調節經濟活動的重要經濟槓桿。因此，利率理論也是貨幣理論中的一個重要部分。

第一節　利息的本質及來源

一、利息的概念

西方經濟學的觀點認為，利息是借款人支付給貸款人的報酬，是貸款人讓渡資本使用權的代價。利息是伴隨著信用關係的發展而產生的經濟範疇，並構成了信用的基礎，償還是現代信用關係的一個重要特徵。利息有實物形式和貨幣形式。早在遠古時代，就有了借貸行為，利息作為一種佔有使用權的報酬就已出現了。但是真正意義上的利息是資本主義的利息。在資本主義社會，資本家分為貨幣資本家和產業資本家。利潤的一部分轉化為利息。利息的多少受這兩類資本家競爭的影響，於是產生了利息率。隨著商品經濟的發展，人們也越來越能正視利息的存在，利息不是貸款人對借款人的剝削，而是借款人使用資金的成本。早在17世紀，英國古典政治經濟學家威廉‧配第指出，利息是同地租一樣公道、合理、符合自然要求的東西。他認為，利息是對貨幣貸出者由於貸出貨幣而帶來的不便的補償。

二、馬克思關於利息的來源和本質的理論

利息的本質決定於利息的來源。由於不同社會條件下利息的來源不同，因此利息的本質也不同。由於資本主義的利息才成為真正的利息，這裡僅就資本主義利息加以分析。

利息的存在，使人們對貨幣產生了一種神祕的感覺，貨幣似乎可以自行增值。要理解這個問題，需要從利息的來源和利息的本質兩方面來說明。

在資本主義制度下，剩餘價值被劃分為兩部分：一是產業資本家的利潤，二是借貸資本家的利息。可見，借貸資本的利息只是剩餘價值的一部分，而不是全部。

馬克思認為，借貸資本的利息是勞動者創造的剩餘價值的一部分。在資本主義制度下，隨著商品貨幣經濟的不斷發展，因為所有者不同，使得貨幣資本產生了閒置和需求。又由於信用的發展，使得資本的所有權和使用權相分離，貨幣資本家就將其閒置的貨幣資本貸給職能資本家，經過一段時間，職能資本家將所借資本歸還給貨幣資本家。貸出的資本作為資本商品，不斷運動，而且帶來了利潤。產業資本家使用貸款追加投資進行生產，因此產業資本家要將工人創造的剩餘價值中拿出一部分給借貸資本家，作為使用貸款的代價。在借貸資本的回流中，職能資本家除了償還本金之外，還要將增殖的一部分作為利息支付給貨幣資本家。利息也就成為借貸資本的價格。由此可以看出，利息實際是部分平均利潤，是剩餘價值的特殊轉化形式。

在資本主義條件下，貨幣轉化為資本，借貸資本成為資本商品，資本所有權和使用權的分離，形成貨幣資本家與職能資本家的對立，構成了利息產生的經濟基礎。

馬克思認為，把利息視為資本的價格，是不合理的。從這個角度，馬克思再次論證了利息是剩餘價值的轉化形式——利潤的一部分。從表面上看，職能資本家支付給貨幣資本家的利息是資本商品的價格。但資本的價格和商品的價格截然不同。普通商品的價格是商品價值的貨幣表現，它與使用價值無關。而資本商品本身是一定的貨幣額，代表一定量商品的價值。那麼，一個價值額，怎麼能夠在它本身價格之處，還有一個價格？因此，利息是資本的價格的說法是不合理的，表現的不是借貸資本商品的價值，而是其特殊使用價值的報酬。同一貨幣具有雙重資本，借貸資本家和職能資本家按各自資本執行職能，雙重資本並不會使利潤增加一倍，雙方可以按一定比例參與利潤的分割。職能資本家獲得部分利潤，借貸資本家也獲得部分利潤，借貸資本家獲得的利潤就是利息。因此，利息是利潤的一部分，是剩餘價值的轉化形式。

綜上所述，可以概括為三點內容：第一，利息來源於勞動者創造的剩餘價值；第二，利潤分割為兩部分，即企業主收入——資本使用權的報酬和利息——資本所有權的報酬，二者按一定比例分割剩餘價值；第三，利息的形式與利息的內容之間存在一定的關係，利息表現為借貸資本商品的價格，實際上則是借貸資本商品特殊使用價值的價格。

回到前面的問題，貨幣可以自行增值嗎？借貸資本家不必自己開辦工廠和經營商業，單憑資本的所有權就可以得到利息，這就造成一種假象：好像借貸資本本身就能夠生出利息，或者說，貨幣本身就能夠生出更多的貨幣。利息是對貨幣所有者的「忍欲犧牲」的報酬，是由貨幣自身產生出來的，等等。這完全是荒誕無稽的謬論。如果借貸資本家不是把他的貨幣貸放給職能資本家去組織生產，發揮生產職能，而是把貨幣窖藏起來，那麼即使他「忍欲犧牲」到臨死前的最後一秒鐘，這些貨幣也不會為他生出一分錢的利息來。

三、西方學者對利息本質的認識

關於利息的性質，古典經濟學家、近現代西方經濟學家和馬克思主義經濟學家的觀點是不一致的。

（一）早期的利息性質理論

1. 利息報酬論

利息報酬論認為，利息就是因暫時放棄貨幣或貨幣資本的使用權而獲得的報酬。這種觀點最早是由配第提出的，後來在洛克、休謨的著作中也有涉及。

2. 利息貨幣價格論

利息貨幣價格論認為，貨幣同商品一樣，在買賣或借貸中，利息是貨幣或貨幣資本的交易價格。最先提出利息是貨幣的價格的是坎蒂隆。

3. 利息租金論

利息租金論認為，利息是資本出租收取的租金。這種理論最早是由諾思在他的代表作《貿易論》一書中提出的。

4. 利息利潤論

利息利潤論認為，利息來源於利潤，而且是利潤的一部分。第一個提出利息利潤論的是馬西。利息直接來源於利潤，這是馬西的一個偉大發現，也是利息學說史上的一大進步。

5. 利息剩餘價值論

利息剩餘價值論認為，利息來源於剩餘價值，而且是剩餘價值的一種特殊表現形式。明確地說明利息是剩餘價值一部分的是亞當・斯密。

亞當・斯密認為，利息不完全來源於利潤，還會來自「動用別人的收入」。亞當・斯密在其代表作《國民財富的性質和原因的研究》一書中明確指出，一個人借錢以後，如果用作資本，即用來維護生產性勞動者，可再生產價值，並提供利潤。在這種場合，他無需割讓或侵蝕任何其他收入的資源，便能償還資本及其利息。如果用作目前消費的資財，他就成為浪費者，他奪取了維持勤勞階級的基金，來維持遊蕩階級。在這種場合，除非它侵蝕某種收入的資源（如地產或地租），他就無法償還資本並支付利息。即在斯密看來，利息具有雙重來源：當借貸的貨幣作為資本進行生產時，利息來源於利潤；而當借貸的貨幣用於直接消費時，利息來源於別的收入（如地租）。這在對利息的認識上顯然又進了一步。

（二）現代西方經濟學利息性質理論

現代西方經濟學的利息理論派別較多，主要有以下幾種：

1. 資本生產力論

資本生產力論認為，利息是資本自身生產力的產物。這種觀點最早由薩伊提出。

薩伊認為，利息是指借用資本所付的代價。為什麼要借用他人資本要支付報酬呢？薩伊說，資本具有像自然力一樣的生產力；資本的生產力經常與自然的生產力混在一起，共同產生對生產的貢獻；不論借出的是自然力、資本還是土地，由於它們協同創造價值，因此它們的使用是有價值的，而且是有報酬。對借用勞動力所付的代價叫作工資，對借用資本所付的代價叫作利息，對借用土地所付出的代價叫作地租。因此，當借款人借用了資本的生產力從事商品生產後，其生產價值的一部分必須用來作為資本的生產力的報酬。

2. 節欲等待論

節欲等待論認為，利息是資本持有者對眼前享樂和滿足的犧牲，是對自己的慾望和消費節制等待的報酬。英國資產階級經濟學家納思・威廉・西尼爾認為，工資是工人勞動的報酬，利潤則是資本家節欲的報酬，而利息是總利潤的一部分，因此利息就是借貸資本家節欲的結果。

3. 利息時差論

利息時差論也稱為時間偏好論，該理論認為，利息的產生和水準高低都取決於人們對同一等量商品在現在和將來的兩個不同時間內主觀評價的差異。儘管利息時差論起源較早，但系統的論證並使之成為一種學說的是奧地利著名經濟學家龐巴維克。

後來，美國的經濟學家費雪又將這一理論發展為時間偏好論，他把利息看成期待將來幸福和延期消費而獲得的公正報酬。他發現人性具有現在即可提供收入的資本財

富的心理，這就是所謂的「人性不耐心等待」或「時間偏好心理」。費雪進一步指出，龐巴維克的時差論忽視了未來和現在供應不足是利息形成的重要原因，有了這些差別，即人性不耐心的時間偏好心理，才引起了借貸行為，才產生了利息。

4. 購買力使用論

購買力使用論認為，利息來源於購買力的使用。這種理論是由熊彼特所創立的。

5. 靈活偏好論

靈活偏好論也稱流動偏好論，該理論認為，利息是人們在特定時期內放棄貨幣週轉靈活性（或流動性）的報酬。這個理論是由凱恩斯在攻擊古典學派利息理論時首先提出的。

凱恩斯在他的《就業、利息與貨幣通論》一書中指出，個人心理上的時間偏好分別由兩組決定來完成。第一組決定是指在既定收入水準時，多少用於消費或儲蓄；第二組決定是指在預定的儲蓄中，用多少購買生息的債券，多少以現金形式保留。在債券和貨幣兩種資產形式中，債券形式的資產能獲一定受益，但持有者要在一定時期內放棄對貨幣的使用權，這既不便，也可能蒙受損失。貨幣形式的資產雖不能帶來收入，但具有高度的靈活性，因此是一種被人們普遍接受的特殊資產。企業和商人要想取得一定的貨幣，就必須支付一定的報酬來誘使公眾放棄對貨幣靈活偏好的控制權。

凱恩斯進一步指出，利息就是在一定時期內放棄週轉靈活性的報酬，而對應的週轉靈活性的大小便決定了經濟運行中貨幣需求量的大小，貨幣需求量又與貨幣供給量一起決定利率水準的高低。

6. 可貸資金論

可貸資金論又稱利息非完全貨幣論或新古典綜合利息論，該理論認為，利息起源於證券的不完全貨幣性和借貸資金的供求。這一理論是由英國劍橋學派的羅伯遜提出的。

第二節　利率的種類與利息的計算

一、利率的概念、表現形式與基本特徵

（一）利率的概念

利率即利息率，是指一定時期內利息額同貸出資本額（本金）的比率。它體現著借貸資本或生息資本增殖的程度，是衡量利息的量的尺度。西方的經濟論述中也稱之為到期的回報率、報酬率等。

（二）利率的表現形式

利率的表現形式有以下兩種：

第一種是一般表現形式，利率等於利息與本金的比率，即年利息額/本金額。例如，存入本金 100 元，一年後連本帶利收回 108 元，則年利率為（108－100）/100＝8%。在中國民間傳統上，一般以分、厘、毫、絲來表示利率。它們之間的換算是十進位，即 1 分＝10 厘，1 厘＝10 毫，1 毫＝10 絲。當年利率為 4 厘時，則表明年利率為 4%；當月利率為 4 厘時，則表明月利率為 4‰。

第二種表現形式為利潤率一定，利息占利潤的比例關係。例如，年利潤率為30%，利息占利潤的比例為1/3，則年利率＝年利潤率×利息占利潤的比例＝30%×1/3＝10%

這兩種利率的表示方法有著不同的意義，第一種形式表明本金的增殖程度；第二種表示方法反應了利息的來源，即利潤的分割，由此我們可以看出，利率的高低取決於利潤率的高低和分割比例（利息占利潤的比例）。因此，既然利息是利潤的一部分，利息率的上限不會超過利潤率，就整個社會而言，不會超過社會平均利潤率。利潤是利息的最高界限，達到這個界限，職能資本家所得就為零。而利息的最低界限則無法界定，一般認為，不會低於零，因為借貸資本家不可能在沒有任何所得的情況下貸出資本。利率的理論上限是社會平均利潤率，理論下限為零。除此之外，利率還取決於分割比例，這個比例取決於資本貸出者（借貸資本家）與借入者（職能資本家）之間的競爭。

(三) 利率的基本特徵

1. 可變性

利率是一個變量以，利率是在不斷變化之中的。

2. 有限性

利率的變化和波動不是任意的、無限的，利率在平均利潤率與零之間變動。

3. 可調節性

利率決定的客觀內容可以表現為主觀約定，尤其是分割比例。因此，在一定限度內可以主觀調節利率。例如，國家調節利率，實質上是企業與銀行之間的一次利益再分配（調整）。

4. 平均利息率有一定穩定性

由於生產力水準決定平均利潤率，而在一段時期內生產力水準又是比較穩定的，因此平均利息率在一定時期內也表現為一個穩定的變量。

二、利率的種類

(一) 官定利率、市場利率、公定利率

官定利率又稱計劃利率，是由政府金融管理部門或中央銀行確定的利率。官定利率反應了非市場的強制力量對利率形成的干預，是國家實行宏觀調控目標的一種政策手段。凡是建有中央銀行制度的國家——無論是計劃經濟國家，還是市場經濟國家——都有一種重要的官定利率，即中央銀行利率，西方國家稱之為再貼現利率或中央銀行貼現率，中國則包括再貸款利率和再貼現利率。在現代經濟生活中，利率作為國家調節經濟的重要槓桿，利率水準不再是完全隨資金供求狀況自由波動，國家通過中央銀行確定的利率調節資金供求狀況，進而調節市場利率水準，因此官定利率在整個利率體系中處於主導地位。除中央銀行利率外，由計劃決定的各種存貸款利率也屬於官定利率範疇。例如，中國在計劃經濟體制下，一直實行計劃利率。改革開放以來，中國逐漸引入了市場利率機制。隨著社會主義市場經濟體制的建立和完善，市場利率將成為利率體系的主體。

市場利率就是在借貸貨幣市場上由借貸雙方通過競爭而形成的利率，隨著借貸資

金供求狀況而自由變化。官定利率代表了貨幣當局貨幣政策的意向，對市場利率有著重要影響，市場利率往往隨官定利率的變化而變化。但市場利率又要受借貸資金供求關係等一系列因素的影響，因此並不一定與官方利率保持絕對一致。

公定利率是由非政府部門的民間金融組織，如銀行公會等為了維護公平競爭環境所確定利率，屬於行業自律性質，對會員銀行有一定約束作用。例如，香港銀行公會就定期調整並公布各種存款利率、貸款利率，會員銀行必須執行公定利率反應了非市場的強制力量對利率形成的干預。通常，發展中國家公定利率的範圍較大，而發達的市場經濟國家公定利率的範圍則較小。

(二) 固定利率與浮動利率、

根據在借貸期內利率是否調整，利率可以分為固定利率和浮動利率。

固定利率是指利率在借貸期內不隨借貸資金的供求狀況而波動，不隨市場利率的變化而變化。因此，固定利率計算簡便，是傳統的計算利息的方法，適用於短期、市場利率變化不大的情況。

浮動利率是一種隨市場利率的變化而定期調整的利率，調整期和作為調整基礎的市場利率由借款時議定。浮動利率因為手續繁雜、計算麻煩而增加費用，但是借貸雙方承擔的利率變化的風險較小，利息負擔同資金供求情況緊密結合在一起，一般適用於中長期貸款。但隨著通貨膨脹的普通，實行固定利率，對債權人，尤其是對長期放款的債權人會帶來較大的損失。因此，在越來越多的借貸中開始使用浮動利率。

(三) 差別利率與優惠利率

差別利率是指銀行等金融機構針對不同部門、不同期限、不同種類、不同用途和不同借貸能力的客戶的貸款實行不同的利率。由於利率水準的高低直接決定利潤在借貸雙方的分配比例，影響借款者的經濟利益，因此金融機構對國家支持發展的行業、地區和貸款項目實行低利率貸款；對國民經濟發展中的長線和經濟效益不好、經營管理水準差的企業實行高利率貸款，有利於支持產業結構的調整和經濟協調發展。因此，實行差別利率是動用利率槓桿調節經濟的一個重要手段。

優惠利率是指銀行等金融機構在發放貸款時，向客戶提供低於一般貸款利率水準的利率。在中國，優惠利率對於實現國家的產業政策有著重要的推動作用。國家對重點扶植或照顧的企業、行業或部門、技術改造、重點行業基本建設，貧困地區經濟建設，外貿出口，實行優惠利率。

(四) 名義利率與實際利率

名義利率是以名義貨幣表示的利息率，是指不考慮物價上漲率而計算出來的利率。名義利率通俗地說就是票面利率或銀行掛牌利率。名義利率是包含物價上漲風險的利率。

實際利率是指名義利率剔除通脹因素後的真實利率，是以實物為標準計算的利率。判斷利率水準的高低，不能只看名義利率，必須以實際利率為依據。

如果以 i 代表實際利率，以 r 代表名義利率，以 p 代表借貸期內的通貨膨脹率，則名義利率和實際利率的關係可以有以下兩種表示方法：

$i = r - p$

$i = (r-p) / (1+p)$

第一種表示方法僅考慮本金的保值。舉例來說，假如名義利率不變，而通貨膨脹率上升5%，那麼根據公式，實際利率就下降了5%。這說明本金貶值，購買力下降，相同的貨幣現在只能購買到過去95%的實物。

通貨膨脹對於利息也有貶值的影響，第二種表示方法不僅考慮到本金還考慮到利息的保值，是較為精確的計算公式，也是目前國際上通用的計算實際利率的公式。

劃分名義利率和實際利率的理論意義在於：提供了分析通貨膨脹下的利率變動的工具。在經濟調控中，能操作的是名義利率，對經濟關係產生實質性影響的則是實際利率，而實際利率的高低又決定於貨幣利率與通貨膨脹率之差。因此，考察名義利率具有重要的意義。

當名義利率小於通貨膨脹率，即實際利率小於零時，就出現了負利率。負利率對經濟以及社會公眾的儲蓄和投資都會產生重大影響。

（五）基準利率

基準利率這個概念在談及利率水準問題時，經常可以看到。基準利率就是指在多種利率並存的條件下起決定作用的利率，即這種利率發生變動，其他利率也會相應變動。在中國，中國人民銀行對商業銀行等金融機構的存款利率、貸款利率和再貼現率叫作基準利率，市場利率受基準利率的影響較大。例如，中國人民銀行決定從2004年10月29日起上調金融機構存貸款基準利率，一年期存款基準利率上調0.27個百分點，為2.25%，一年期貸款基準利率上調0.27個百分點，為5.58%，其他各檔次商業銀行存貸款利率也相應調整，中長期上調幅度大於短期。

（六）存款利率和貸款利率

存款利率是銀行等金融機構吸收存款時付給存款人的利率。貸款利率則是銀行等金融機構發放貸款時向借款人收取的利率。存貸款利率依期限不同而有所差別，一般長期利率大於短期利率，因為根據金融資產的「三性」分析，長期存貸款的流動性差，時間越長，借款者面臨的風險就越大；另外，時間越長，貸款者所能賺取的利潤也就越多，貸款者的利息也應該越多。對於同一期限的貸款利率要大於存款利率，其中的利差收入就是商業銀行獲利的主要來源之一。

（七）同業拆借利率

同業拆借利率是指在同業拆借市場上，各金融機構之間提供的短期融資時使用的利率。這種融資一般僅僅是為了彌補頭寸的不足，因此期限較短，短至隔夜，一般是幾天。同業拆借利率是市場上波動最為劇烈，同時又最能反應貨幣市場資金供求情況的指標。

同業拆借利率是拆借市場上的資金價格，其確定和變化要受制於銀根鬆緊、中央銀行的貨幣政策意圖、貨幣市場其他金融工具的收益率水準、拆借期限、拆入方的資信程度等多方面因素。在國際貨幣市場上，比較典型的，有代表性的同業拆借利率有三種，即倫敦銀行同業拆放利率（LIBOR）、新加坡銀行同業拆借利率和香港銀行同業拆借利率。

三、利息的計算

(一) 單利與複利

1. 單利

單利的特點就是對已經計提的利息不計利息。其計算公式為：

$$I = P \cdot r \cdot n$$

$$S = P(1 + r \cdot n)$$

其中，I 為利息，P 為本金，r 為利率，n 為利率相對應的借貸期限，S 為本利和。例如，一筆為期 5 年，年利率為 6% 的 10 萬元貸款，按單利計算，其利息總額為：

$$I = 100,000 \times 6\% \times 5 = 30,000 (元)$$

其本利之和為：

$$S = 100,000 \times (1 + 6\% \times 5) = 130,000 (元)$$

單利的計息方法簡便，由於利息不再滾入本金再次計息，因此有利於減輕借款人的利息負擔，一般適用短期借貸。

2. 複利

以複利方法計算利息時，按一定期限（如一年），將所生利息加入本金再計算利息，逐期滾算。例如，按年計息的話，第一年按本金計息，第二年按第一年本金與所生利息之和計息，第三年按第二年年末本利和計息，以此類推。其計算公式：

$$S = P \cdot (1 + r)^n$$

$$I = S - P$$

上例按複利計算如下：

$$S = 100,000 \times (1 + 6\%)^5 = 133,822.56 (元)$$

$$I = 133,822.56 - 100,000 = 33,822.56 (元)$$

$$\triangle I = 33,822.56 - 30,000 = 3,822.56 (元)$$

複利的計息方法較之單利，更符合生活實際的計算利息的觀點，這種計算方法強化了資金的時間觀念，促進資金使用效益提高，一般適用於長期、大額借貸。

(二) 終值與現值

由於貸出貨幣具有收益（獲得利息），持有貨幣具有成本（需要支付或損失利息），因此在不同時間獲得的貨幣，其價值是不同的。現在獲得的一定量的貨幣比未來獲得的等量貨幣具有更高的價值。這就是貨幣的時間價值。這種貨幣的時間價值可以通過計算現金的現值或終值來反應。

1. 終值

終值是用複利計息方法計算的一筆投資在未來某個時間獲得的本利和。其計算公式為：

$$FV_n = (1 + i)^n PV$$

其中，FV_n 為第 n 年的本利和，即以複利計算的 n 年終值，PV 為初始本金。

與初始本金 PV 相乘的系數 $(1 + i)^n$ 稱為終值系數。終值即為終值系數與初始本金的乘積。利率相同，期限相同的終值系數是相同的。因此，其不同金額的投資的終

值是其投資額與同一終值系數的乘積。終值系數會隨著利率的提高和期限的延長而增大。

存款和貸款的利率通常以年度百分率（如每年6%）和一定的計息次數（如按月計息或按天計息）表示。在同樣的時間內，相同的利率不同的計息次數將得到不同的複利終值。為使利率能夠直接進行比較，通常使用實際年利率，即每年進行一次計息時的利率。

例如，住房貸款按6%的年度百分率每月計複利，每月計算利息的利率為6%/12 = 0.5%。其實際年利率以1年期複利計息的終值系數減1計算，即：

EFF = $1.005^{12} - 1 = 0.061,677,8 = 6.168\%$

可見，當按月計息時，實際年利率大於年度百分率。

實際年利率的計算公式為：

$$EFF = (1 + \frac{APR}{m})^m - 1$$

其中，m 為每年計息次數。

考慮計算次數的終值公式為：

$$FV_n = (1 + \frac{i}{m})^{mn} PV$$

其中，$(1 + \frac{i}{m})^{mn}$ 為終值系數。

2. 現值

現值是與終值相對應的概念。當你現在有1萬元資金，按一定的利率（10%）投資，1年後可得到11,000元的收益（本金加利息），在此用到終值的概念。相反，如果1年後有1萬元的收益，相當於現在多少錢呢？在此將用到現值的概念。現值就是未來收益按一定的貼現率貼現後的當前價值。其計算公式為：

$$PV = \frac{1}{(1+i)^n} FV_n$$

其中，PV 為現值，FV 為未來現金流，i 為貼現率，n 為貼現期數，$1/(1+i)^n$ 為貼現系數，它與貼現率（i）和貼現期數（n）負相關。上例中1年後1萬元收益的現值（以10%的貼現率計）為：

$$PV = \frac{1}{(1+0.1)} \times 10,000 = 0.91 \times 10,000 = 9,100（元）$$

2年後1萬元收益的現值，以10%的貼現率計算為：

$$PV = \frac{1}{(1+0.1)^2} \times 10,000 = 0.826,446 \times 10,000 = 8,264.46（元）$$

以8%的貼現率計算為：

$$PV = \frac{1}{(1+0.1)^3} \times 10,000 = 0.857,339 \times 10,000 = 8,573.39（元）$$

可見，貼現系數和現值隨貼現率與貼現期數的增加而減少，但是以遞減的速度減少，即為負線性負相關。當1年的計息次數大於1次時，現值公式為：

$$PV = \frac{1}{(1+\frac{i}{m})^{mn}} FV_n$$

其中，i 為年貼現率，m 為 1 年內計息次數，n 為貼現年數。

(三) 連續複利

上述複利計息方法中，假定計息的時間為一年，現在如果將一年分為若干期計息，設名義年利率仍為 r，一年分為 t 期，則每期利率按年利率的比例計算為 $\frac{r}{t}$，則 n 年共有 nt 期，故 n 年年末本利和為：

$$S = C(1+\frac{r}{t})^{nt}$$

顯然，$(1+\frac{r}{t})^t > (1+r)$，因此 $C(1+\frac{r}{t})^{nt} > C(1+r)^n$。

這就是說，按相同的名義年利率 r，每年 t 次複利比只計算一次複利的利息要多，並且可以證明 t 越大，利息越多，但不會無限增大。根據微積分中有關極限知識：

$$\lim_{t\to\infty} C(1+\frac{r}{t})^{nt} = \lim_{t\to\infty} C(1+\frac{r}{t})^{\frac{t}{r}nr} = Ce^{nr}$$

因此，本金 C 按名義利率 r 計算複利，n 年後本利和為：

$$S = Ce^{nr}$$

這種計息方法稱為連續複利計息法，上式稱為連續複利公式。

第三節　利率的決定和影響因素

一、平均利潤率和分割比例

馬克思認為，既然利息來源於利潤，因此利息的多少就取決於利潤的大小，這裡所說的利潤不是個別企業或個別行業的利潤，而是整個社會的利潤，即社會平均利潤。利率的高低也就取決於社會平均利潤率的高低。社會平均利潤率構成了利率的最高界限。此外，利率還取決於銀行家和企業主討價還價的能力——利潤的分割比例，在利潤率一定的情況下，如果借貸資本分割利潤的比例較小，那麼利率相應就會較低。

二、貨幣資金的供求關係

馬克思認為，社會平均利潤率和零只是利率的理論界限，而在一段時期內社會的平均利潤率是較為穩定的，因此利率就主要取決於分割比例，分割比例的決定主要依靠借貸雙方競爭確定。雙方競爭的結果就形成了利率，當資金供給大於需求時，形成資金的買方市場，分割比例偏向於貸方，市場利率就會下降；反之，當資金需求大於供給，市場利率就會上升。

三、貨幣政策

由於利率變動對經濟有很大影響，因此許多國家通過調節利率來調節經濟，利率

也越來越成為國家較為重要的一種貨幣政策工具，在相當程度和範圍為國家所控制。當貨幣當局實行緊縮性貨幣政策時，收緊銀根，就會提高利率，中國在 2004 年 10 月將基準利率提高了 0.27 個百分點，目的是要遏止經濟的過熱。反之，當經濟低迷時，貨幣當局為刺激經濟復甦，就會相應降低利率，以刺激投資和消費，如前幾年中國經歷的 8 次降息過程。

不僅是貨幣政策，財政政策同樣也會影響利息的變化。財政政策對利率的影響主要通過增減開支和稅收變動來實現。當政府支出增加時，直接提高了投資水準，擴大了資金的需求，引起利率水準的上升。在一定收入水準下，政府徵稅使得人們的可支配收入減少，投資和儲蓄下降，導致國民收入下降；同時減少貨幣需求，貨幣供應量不變時利率下降。

四、通貨膨脹

通貨膨脹對利率的影響通過物價表現出來，主要表現為貨幣本身的增值或貶值。物價對利率的確定也有影響，這是因為資本的供求雙方在決定接受某一水準的名義利率時，都會加進對未來物價變動的估計值，以防止自己因貨幣本身價值的變動而發生實際的損失。如果物價不斷上升，則貨幣就會貶值。在這種情況下，如果保持原有利率不變，貸款者的實際收益就會減少。因此，為保護資金供給者的利益，在確定利率水準時還必須考慮物價的因素。通常的情況是，通貨膨脹率越高，名義利率也就越高。

五、國際資本流動

在各國經濟聯繫日益加強的情況下，國際資本流動也成為影響一國利率水準的重要因素。國際資本流動又會受國際利率差異的影響。例如，當國內利率水準高於國際利率水準時，外國資本為了獲得利差收益，就會向國內流動，這樣就改變了貨幣市場上的資金供求。反之，當國內利率水準低於國外利率時，不僅外國資本要「抽逃」，連國內資本也會流出，同樣也會改變資金的供求狀況。因此，這必然會引起國內利率的變動。政府在確定利率水準時，需要考慮到國際的利率水準。

六、經濟週期

在危機階段，由於物價下降、工廠倒閉、商品積壓、資本需求減少，因此利率開始下降；在蕭條時期，由於生產縮減，對資本的進一步需求減少，因此利率下降到最低程度；在復甦階段，由於投資逐步增加，生產及交易規模漸漸擴大，因此利率開始回升；在繁榮階段，由於生產大規模擴張，對資本的需求大幅度增加，這就必然導致利率上升到最高水準。

除了以上六個因素外，利率水準還受到諸如歷史水準、銀行成本、利率的管制等諸多因素的影響。對於這些因素，在這裡不再加以詳細論述。

第四節　利率對經濟活動的調節

一、宏觀調節功能

（一）聚集社會資金

在商品經濟社會中，人們往往根據各種商品價格的變動趨勢，不斷改變投資的決策，將利潤率低的部門和企業的資源，用於利潤率趨於上升的部門和企業，對資源做結構性調整。而利率作為資金的價格可以把有限的社會資源分配給利潤率較高的部門使用。這樣可以把閒散資金聚集起來，轉化為生產資本，另外利息來自利潤，如果利息越少，企業的利潤就越高，因此就會促使企業節約資金，提高生產效率，加速資金運轉，從而提高資金的使用效率；也可以優化資源配置，使資金流到能產生最大經濟效益的地方。

（二）調節信用規模

中央銀行的貸款利率、再貼現率作用於中央銀行對商業銀行和其他金融機構的信用規模，當中央銀行提高貸款利率和再貼現率時，有利於縮小信用規模，相反的操作則有利於擴大信用規模。商業銀行的貸款利率、貼現率作用於商業銀行對顧客的信用規模，當商業銀行降低貸款利率、貼現率時，有利於擴大信用規模；反之則有利於縮小信用規模。

（三）調整經濟結構

隨著經濟的發展，信用在調節經濟結構方面的職能變得越來越重要。信用調節經濟的職能主要表現為國家利用貨幣和信用制度來制定各項金融政策與金融法規，利用各種信用槓桿來改變信用規模及其運動趨勢。國家借助於信用的調節職能既能抑制通貨膨脹，又能防止經濟衰退和通貨緊縮，刺激有效需求，維持資本市場行情。國家利用信用槓桿還能引導資金流向，通過資金流向的變化與轉移來實現經濟結構的調整，使國民經濟結構更合理，經濟發展的持續性更好。

（四）抑制通貨膨脹

在信用貨幣流通的情況下，通貨膨脹的治理便成了現代經濟中的一個主要問題。當通貨膨脹發生或預期通貨膨脹將要發生時，通過提高貸款利率調節貨幣需求量，使得貨幣需求下降，信貸規模收縮，促使物價趨於穩定。如果通貨膨脹不是由於貨幣總量不平衡所致，而是由於商品供求結構失衡所致，則對於供不應求的短線產品的生產可降低對其貸款的利率，促使企業擴大再生產，增加有效供給，迫使價格回落。

（五）平衡國際收支

當國際收支嚴重逆差時，可以將本國利率調到高於其他國家的程度，一方面可以阻止本國資金流向國外；另一方面可以吸引國外的短期資金流入本國。當國內經濟衰退與國際收支逆差並存時，就不能簡單地調高利率水準，而應調整利率結構。因為投資主要受長期利率的影響，而國際間的資本流動主要受短期利率的影響，因此在國內經濟衰退與國際收支逆差並存時，一方面降低長期利率，鼓勵投資，刺激經濟復甦；另一方面提高短期利率，阻止國內資金外流並吸引外資流入，從而達到內外部同時均衡。

二、微觀調節功能

（一）激勵經濟主體提高資金使用效率

在經濟生活中，企業向商業銀行借款，而商業銀行和其他金融機構又向中央銀行借款。對於它們來說，利息始終是利潤的抵減因素。因此，為了自身利益，企業（包括商業銀行等）就必須加強經營管理，加速資金週轉，減少借款額，通過提高資金使用效率來減少利息的支付。

（二）影響家庭和個人的金融資產投資

人們將貨幣轉化為金融資產，主要考慮金融資產的安全性、收益性和流動性三個方面。而各種金融資產的收益與利率有著密切的聯繫。在安全性和流動性一定的情況下，通過調整利率，就可以引導人們選擇不同的金融資產。

（三）作為租金計算的基礎

資產所有者貸出資產，在到期後收回並取得相應的租金。租金的變量受多種因素的影響，如傳統的觀念與習慣、政府的法規、供求關係等，但通常是參照利率來確定的。

第五節 利率理論

一、古典利率理論

古典利率理論從17世紀逐漸形成，流行於19世紀末到20世紀30年代。大多數西方學者都倡導和信奉這一理論。其代表人物有龐巴維克、費雪和馬歇爾。古典利率理論認為，利率是由儲蓄和投資決定的，把資本的供給和需求與利率變化聯繫在一起，認為資本供求的均衡點決定利率水準。根據這一理論，資本供給來自於儲蓄，而儲蓄是一種延期的消費，它決定於人們的偏好和願望。人們為了使收入的總效用達到最大，就要在現在消費和未來消費之間進行選擇。因此，利率是誘使人們儲蓄而不去消費的一種支付，是儲蓄的報酬。這樣利率越高，人們收入中用於儲蓄的部分就越大，資本的供給就越多；而利率越低，儲蓄就越少，資本供給也就越少。同時，資本需求決定於投資，而投資取決於資本的邊際效率和利率的比較。如果預期的資本邊際效率大於利率，那麼投資必然產生；如果預期的資本邊際效率小於利率，那就不會產生投資。換言之，只有在投資收益大於利率的情況下才可能發生淨投資。在此前提下，利率越低，投資需求就越多；利率越高，投資需求越少。圖3-1說明了這種關係。

在圖3-1中，I曲線為投資曲線，曲線向下傾斜，表明投資和利率之間的負相關關係。S曲線為儲蓄曲線，曲線向上傾斜，表示儲蓄與利率之間的正相關關係。兩線的交點所確定的利率r_0為均衡利率。如果邊際儲蓄傾向提高，則S曲線向右平移，形成S'曲線，與I曲線的交點所確定的利率r_1即為新的均衡利率。因此，在投資不變的情況下，儲蓄的增加會使利率水準下降。如果邊際投資傾向提高，I曲線向右平移，形成I'曲線，則I'曲線與S曲線的交點確定新的均衡利率r_2。因此，若儲蓄不變，投資增加，均衡利率上升。

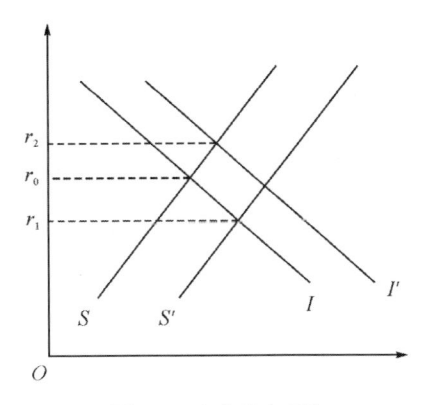

圖 3-1　古典利率理論

二、流動性偏好利率理論

20世紀30年代的西方經濟大危機撼動了古典經濟學的基石，同時也摧毀了以利率自動調節為核心的古典利率理論。隨著凱恩斯經濟思想的盛行，流動性偏好利率理論逐漸占了上風。

流動性偏好利率理論是凱恩斯提出的一種利率理論，其主要的觀點就是認為利息是在一定的時期放棄貨幣、犧牲流動性應得到的報酬，而不是古典利率理論所講的利息是對節欲、等待或推遲消費的報酬。凱恩斯認為，由於未來存在著一定程度的不確定性，因此雖然股票、債券等投資工具可以為投資者帶來一定的收益，但它們的流動性，或者說它們的變現能力較差，而與之相比，貨幣作為一種特殊形式的資產，是財富的真正代表，並得到了社會的承認，由於它可以隨時轉化為其他商品，並具有完全的流動性和最小的風險性，因此受到人們的喜愛。當人們選擇持有資產形式時，往往會偏好貨幣資產，如果想要人們在一定時期內放棄貨幣、犧牲流動性，那麼就應支付給貨幣的所有者一定的利息作為轉移流動性的報酬。

凱恩斯認為，利率就是由貨幣的供給與需求共同決定的。貨幣需求量又取決於人們的流動性偏好。如果人們對流動性的偏好強，願意持有的貨幣數量就多，當貨幣的需求大於貨幣供給時，利率上升；反之，人們的流動性偏好轉弱時，那將是對貨幣的需求下降，利率下降。因此，利率是由流動性偏好曲線與貨幣供給曲線共同決定的。凱恩斯的流動性偏好利率理論如 3-2 圖所示。

在圖 3-2 中，M_s 表示貨幣供給，M_d 表示貨幣需求，r 表示利率。當貨幣供給 M_s 固定時，利率高低就取決於貨幣需求 M_d。如果貨幣需求曲線向上移動，則與供給曲線相交所確定的利率上升，反之則下降。當貨幣需求不變時，利率高低就取決於貨幣的供應量，如果貨幣供應量增加，利率就會降低。在圖 3-2 中，供應量從 M_{s1} 增加到 M_{s2}，利率由 r_1 下降到 r_2。貨幣供給曲線 M_s 由貨幣當局決定，貨幣需求曲線 M_d 是一條由上而下，由左向右的曲線。越向右，越與橫軸平行，當貨幣供給曲線與貨幣需求曲線的平行部分相交時，利率將不再變動，即無論如何增加貨幣供給，貨幣均會被儲存起來，不會對利率產生任何影響，這就是「流動性陷阱」。在圖 3-2 中，自 M_{s2} 之後，

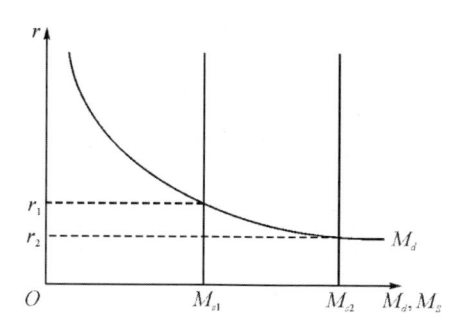

圖 3-2　流動性偏好利率理論

貨幣供給量無論如何增加，利率也不會從 r_2 繼續下降。

三、可貸資金利率理論

　　無論是古典利率理論還是凱恩斯的流動性偏好利率理論，都是單純從某一個方面來分析利率決定的，古典理論過分地強調了實物因素的作用，認為利率就是完全由實物因素決定的；而與之相反，凱恩斯的流動性偏好利率理論則過分地強調了貨幣因素在利率決定中的作用，認為利率完全是由貨幣供求決定的，是貨幣市場均衡的一個結果。顯然這兩種理論都過於偏激，利率既不是單純由實物因素決定的，也不是單純由貨幣因素決定的，而是由實物和貨幣兩種因素共同決定的。因此，分析利率的決定機制就必須同時考慮實物和貨幣兩種因素。正是基於這樣一種考慮，可貸資金利率決定理論以古典學派的利率理論為基礎，並依據經濟現實和理論的發展，修補了古典利率理論的缺陷，形成了以可貸資金為中心概念，以流量分析為主要線索的新的理論體系。

　　可貸資金利率理論認為，古典利率將利率的決定因素僅局限於實物市場，認為利率的形成和高低與貨幣無關，這顯然是片面的，不符合經濟發展的現實。因為其忽視了經濟中商業銀行創造信用的功能以及以貨幣形式表現的「窖藏」與「反窖藏」的現象。研究利率若不考慮貨幣數量與「窖藏」這兩個因素，肯定是不全面的。儲蓄和銀行體系創造的貨幣量的增減及「窖藏」貨幣量的變化組成了可貸資金的供給和需求。利率同時取決於儲蓄與投資及貨幣的數量與貨幣「窖藏」的數量相等之時。

　　可貸資金利率理論認為，利率是由資金的供求決定的，而資金的供給來源主要有兩個方面：一個方面是儲蓄 $S(r)$；另一方面是貨幣供給量的淨增加 $\Delta M(r)$。而資金的需求也主要有兩個方面：一個方面是投資需求 $I(r)$，另一個方面是人們「窖藏」貨幣量的淨增加 $\Delta H(r)$。其中，儲蓄 S 和貨幣供給量的淨增加 ΔM 都是利率 r 的增函數；而投資 I 和人們的貨幣「窖藏」淨增加 ΔH 都是利率 r 的反函數。可貸資金利率理論認為，利率取決於可貸資金的供給和需求的均衡，即當如下等式成立時，將產生均衡利率（如圖 3-3 所示）。

$$S(r) + \Delta M(r) = I(r) + \Delta H(r)$$

　　可貸資金利率理論是現代相當流行的一種利率決定理論。這一理論形成之後，逐漸取代了古典利率理論的地位。可貸資金利率理論的主要特點是同時兼顧了貨幣因素和實際因素以及存量分析和流量分析，但它的缺點是忽視了收入和利率的相互作用。

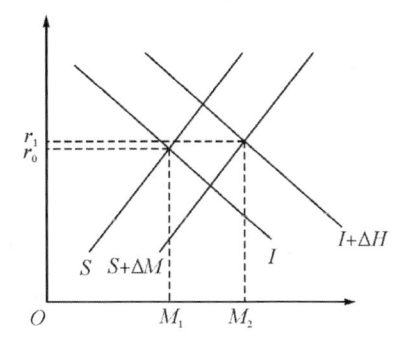

圖 3-3　可貸資金利率理論

四、基於 IS-LM 分析的利率理論

古典利率理論和凱恩斯的流動性偏好利率理論分別從商品市場與貨幣市場的均衡來說明利率的決定，可貸資金利率理論則試圖把兩者結合起來。但是英國著名經濟學家希克斯等人認為，以上三種理論都沒有考慮收入的因素，因此無法確定利率水準。於是，希克思於 1937 年發表了《凱恩斯與古典學派》一文，首倡著名的 IS-LM 模型，後來在美國經濟學家漢森的進一步研究說明下，建立了一種使利率與收入在儲蓄和投資、貨幣供應和貨幣需求四個因素相互作用下同時決定的利率理論（如圖 3-4 所示）。

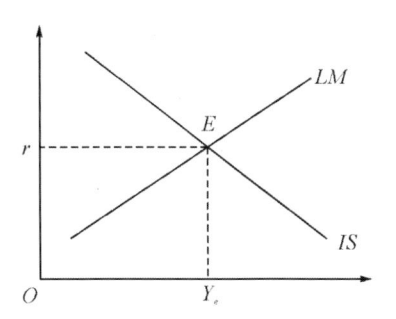

圖 3-4　基於 IS-LM 分析的利率理論

在 IS-LM 分析框架中，漢森認為，利率是由貨幣市場和實物領域的同時均衡共同決定的。其中，IS 曲線就表示實物領域均衡點的集合，而 LM 曲線就表示貨幣市場的均衡點的集合。IS 曲線說明任意給定的利率水準所對應的總產出均衡水準的位置，或者說是商品市場處於均衡狀態時的利率與產出的組合。LM 曲線說明任意給定的利率水準所對應的貨幣供需均衡的位置，或者說是貨幣市場處於均衡狀態時的利率與產出的組合。

基於 IS-LM 分析的利率理論認為，只有實物領域與貨幣市場同時實現均衡時決定的利率才是真正的均衡利率。在坐標圖上，兩條曲線的交點 E 表示：在產品市場上，總產出等於總需求；在貨幣市場上，貨幣供給等於貨幣需求，也就是 E 點同時確定了均衡產出和均衡利率。

IS-LM 模型克服了古典學派的利率理率只考慮商品市場均衡的缺陷，也克服了凱恩斯學派只考慮貨幣市場均衡的缺陷，同時還克服了可貸資金利率理論在兼顧商品市場和貨幣市場時忽視兩個市場各自均衡的缺陷，因而該理論被認為是解釋名義利率決定的最成功的理論。

五、利率的期限結構理論

　　上述四種利率理論都假定市場上只有一種利率。但事實上，市場上的利率是多種多樣的，而上面的幾種理論不能解釋這個問題。由於不同的利率對經濟的影響不同，因此為了有利於調節經濟，就需要從理論上解釋市場複雜的利率結構是如何形成或決定的，特別是要分析利率的期限結構，即長期利率和短期利率的形成原因或決定因素，由此形成了利率的期限結構理論。

　　利率的期限結構是指證券到期時的利息或收益與到期期間的關係。這一關係可以有四種不同的情況：短期利率高於長期利率、長短期利率一致、短期利率低於長期利率、長短期利率處於波動之中。期限結構理論研究的主題正是長短期利率二者的關係以及二者變動發生的影響等問題。為什麼利率曲線呈現出這幾種形狀？為什麼不是簡單的向上傾斜，體現期限越長，利率越高的結果？在具體分析時，又分成三種理論：預期理論、市場分割理論和偏好利率結構理論。

　　第一，預期理論。預期理論是利率期限結構理論中最主要的理論，它認為任何證券的利率都同短期證券的預期利率有關。如果未來每年的短期利率一樣，那麼現期長期利率就等於現期短期利率，收益曲線表現為一條水準線；如果未來的短期利率預期要上升，那麼現期長期利率將大於現期短期利率，收益曲線表現為一條向上傾斜的曲線；如果未來的短期利率預期要下降，那麼現期長期利率將小於現期短期利率，收益曲線表現為一條向下傾斜的曲線。

　　第二，市場分割理論。市場分割理論把市場分成長期市場和短期市場。從資金需求方來看，需要短期資金的投資者發行短期證券，需要長期資金的投資者發行長期證券，並且這些長短期證券之間是不能互相替代的，因此短期證券市場與長期證券市場是彼此分割的。從資金供給方來看，不同性質資金來源使不同的金融機構限制在特定的期限內進行借貸，以致短期資金利率由短期資金市場決定，長期利率由長期資金市場決定。如果短期資金缺乏而長期資金較為充裕，短期利率將比長期利率高；如果長期資金缺乏而短期資金較為充裕，則長期利率高於短期利率。

　　第三，偏好利率結構理論。該理論認為，預期理論忽視風險因素的避免是不完善的，因為不同利率之間的相互關係部分地與風險因素的避免有關，部分地與對未來利率的預期的趨勢有關。因此，預期和風險的避免二者對利率結構都有重要影響，應將二者結合起來完善利率結構理論。

　　根據偏好利率結構理論，在存在風險的情況下，長期債券比短期債券的風險大，長期利率要比短期利率高。其理由為：其一，短期債券比長期債券的流動性大，而且對於利率變動的預測較為可能和接近，資產價值損失的風險較小，因此流動性報酬低；其二，以短期資金轉期籌措長期資金，除短期資金轉期續借成本較大以外，還有轉期

續借時可能發生的不確定性風險，會使長期利率比短期利率高；其三，長期貸款往往要採用票據再貼現形式，也要一定的手續費用。不難看出，偏好利率結構理論，實質上是將投資者對資本價值不確定性風險的迴避因素導入預期理論。

總體來說，影響利率期限結構的最主要因素包括對未來短期利率的預期、流動性偏好和供求關係。

第六節　中國的利率體制及其改革

中國利率管理體制的形成有特殊的歷史。自 1949 年 10 月 1 日中華人民共和國成立以來，在計劃經濟體制下，中國的利率屬於管制型利率，利率由國務院統一制定。1995 年通過的《中華人民共和國中國人民銀行法》規定，利率事項由中國人民銀行做出決定，報國務院批准後執行。

一、中國利率體制的不足

（一）利率市場化改革嚴重滯後

經過 20 多年的改革，中國初步建立起市場經濟體系，其他領域的改革已初見成效，而金融體制改革卻滯後於經濟和金融發展形勢，成為經濟體制改革的「瓶頸」。在價格領域裡，中國已初步形成了以市場機制為主體的、競爭有序的價格形成及管理機制。但在要素市場領域，價格約束機制仍然比較僵化，特別是作為重要生產要素的資金，其價格表現形式——利率仍然受到嚴格管制，不僅弱化了利率在資源配置方面的優化引導功能，同時也不利於利率作為宏觀調控最重要的政策工具而發揮作用，進而制約了金融體制改革的深化。可以說，利率市場化改革的滯後已成為中國金融體制改革的「瓶頸」。

（二）利率的結構性調整成為調節利益的槓桿

由於中國人民銀行總行制定了絕大部分的利率種類和明細的利率品種，因此利率體系中利率水準的結構性調整將起到明顯的利益再分配和再調節作用。例如 1996—1999 年的 7 次降息，貸款平均利率水準累計下降了 6.47%，企業減少利息支出達 2,600 億元。企業少付利息，意味著銀行少收了利息，即銀行讓利給企業；同時，存款平均利率水準下降了 5.73%，意味著存款戶得到的利息減少，即存款戶讓利給銀行，利率結構性的調整，引起了利益在銀行、存款戶和企業之間的再分配與再調整，這種調整的依據和力度值得深入研究和探討。

（三）利率水準調整的時滯

根據《中華人民共和國中國人民銀行法》的規定，中國利率決定權集中在中央政府，中央銀行只是受權發布機關和代管部門，這就決定了利率決定的最後發言權在於中央政府。中央銀行在中央政府的授權下，分析客觀的經濟金融環境，根據國家政策，評估各種相關因素，最終測算得出不同種類的利率水準，再經國務院批准後發布執行。整個決策程序環節較多，加之中國中央銀行對經濟的敏感程度、利率管理藝術、金融監管水準等都有待提高，因此決策週期長，制約了政策效用的發揮。例如，在 1999 年

6月至2001年12月，美國已經17次調整聯邦基金利率，而中國在這一週期中，人民幣利率水準一直保持固有水準。

（四）利率結構體系存在扭曲現象

中國利率種類如同計劃體制下各種實物指標般瑣細複雜。利率種類繁多，並不意味著利率結構的比價關係合理。各種利率之間缺乏內在聯繫和聯動，比價關係失衡成為問題。例如，利率體系中基準利率錯位、存貸款利差太小、存貸款利率倒持等。

（五）利率傳導機制不暢

長期以來，中國利率傳導主要通過行政管理手段，由央行分支機構督促商業銀行組織實施，從而降低了利率的宏觀調控效能。央行很難通過貨幣供應量的控制來影響市場利率水準，進而實現貨幣政策目標，因此也就難以真正實現宏觀調控從直接方式向間接方式的徹底轉變。此外，中國以貨幣供應量為貨幣政策仲介目標，利率是從屬目標，加上中國經濟金融領域一些非理性因素的存在，致使利率傳導機制不暢，市場對利率信號反應遲滯，利率政策效益不明顯。這可以從利率調整與股市的關聯分析中集中反應出來，利率的降低往往伴隨股市的走低，這與理論分析正好相反。

（六）利率管制犧牲了社會效益

在低利率管制的情況下，利率被控制在均衡利率水準之下，使得經濟體系內部始終存在超額資金需求。在資金供求失衡、利率不能自發對其進行調節的情況下，發展中國家對超額資金需求只能採取信用配給方式進行。這樣的資金分配方式很難符合市場效率原則，因此很難做到合理和有效，往往會導致國民經濟畸形發展和經濟結構失衡。

二、利率市場化改革

中國人民銀行貨幣政策委員會2000年第二季度例會第一次為我們明確了利率市場化改革的目標，即建立以中央銀行利率為基礎、以貨幣市場利率為仲介、由市場供求決定金融機構存貸款利率的市場利率機制。

（一）利率市場化的含義

利率市場化是指金融機構在貨幣市場經營融資的利率水準由市場供求來決定。利率市場化包括利率決定、利率傳導、利率結構和利率管理的市場化。具體來講，利率市場化是指存款貸款利率不由上級銀行統一控制，而是由各商業銀行根據資金市場的供求變化來自主調節，最終形成以中央銀行基準利率為引導，以同業拆借利率為金融市場基礎利率，各種利率保持合理利差和分層有效傳導的利率體系。

（二）利率市場化至少應該包括的內容

(1) 金融交易主體享有利率決定權。

(2) 利率的數量結構、期限結構和風險結構應由市場自發選擇。

(3) 同業拆借利率或短期國債利率將成為市場利率的基本指針。

(4) 政府（或中央銀行）享有間接影響金融資產利率的權力，但中央銀行調節利率一定要以優化資金資源配置為目標。

習題

概念解釋：

基準利率　官方利率　複利　現值　終值　流動性陷阱

案例分析：

日本中央銀行日本銀行於2016年初意外宣布降息至-0.1%，令投資者備感意外。

日本銀行宣布負利率決定後，亞洲股市上漲，日元匯率下跌，國債反彈。

日本銀行在聲明中說：「如果認為有必要，日本銀行將在負利率區間進一步降息。」

日本銀行引入負利率的舉動令市場意外。日本銀行行長黑田東彥說，央行現在並未考慮採取負利率政策。他告訴日本國會，央行可能繼續擴大資產購買項目，以實現進一步貨幣寬鬆。

有評論說，負利率最主要的意義是體現了日本央行進一步貨幣寬鬆的決心。自2013年推出QQE以來，日本實施了史無前例的貨幣寬鬆政策，但並未實現2%的通脹目標，結構性改革進展也非常有限，企業工資增長乏力。所以此次日本央行再次加碼，表達了進一步寬鬆的決心。因此宣布負利率之後，日元匯價斷崖式暴跌，美元兌日元大漲超200點，漲幅逾2.2%。日本進一步寬鬆，或引發各國貨幣競相貶值，加大人民幣貶值壓力。同時日本的寬鬆政策也會對美聯儲的後續政策產生一定的影響。

（1）什麼是負利率？

（2）日本為什麼要實行負利率？

（3）負利率對居民投資將會有什麼影響？

思考題：

（1）簡述流動性偏好利率理論的主要內容。

（2）簡述利率期限結構理論。

（3）已知實際利率為5%，名義利率為8%，市場預期的通貨膨脹率是多少？說明原因。

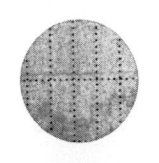

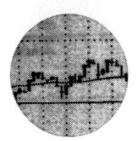

第四章　金融市場及其構成

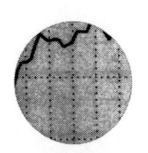

金融市場作為資金融通的市場，是資金供應者和資金需求者雙方通過信用工具進行交易的重要場所。金融市場是最核心最前沿的金融理論之一。本章主要介紹金融市場的融資結構、特徵、功能以及貨幣市場和資本市場。

第一節　金融市場概述

金融市場是資金供求雙方借助各類金融工具進行各種投融資活動的場所，是交易金融資產並確定金融資產價格的一種機制。金融市場是貨幣借貸、資金融通、買賣票據和有價證券等所有金融交易活動的總稱，是包括直接融資和間接融資在內的所有金融投資活動。

一、金融市場的特徵

現代市場經濟按交易對象的具體內容分為商品市場、技術市場、勞動力市場、金融市場、信息市場，其中金融市場是最為重要的子市場之一。同其他市場相比，金融市場的特徵主要表現為以下幾個方面：

（一）交易對象為金融資產

一般的產業投資是指投資於實體經濟的活動，如投資於工業、農業、服務業等，但表現在金融市場的交易活動，即金融投資，是以金融資產為投資標的，如買賣票據、大額存單、股票、債券、外匯等的投資活動。與產業投資相比，金融投資的工具一般都具有流動性、收益性、風險性等特徵。

（二）交易價格為資金的合理收益率

金融市場的交易對象是各類金融工具，如票據、大額存單、股票、債券等，交易價格更多表現為借貸資金的合理收益率，反應的是貨幣供應者因為讓渡使用權而獲得投資收益。金融資產的定價機制是金融市場的核心機制之一。

（三）交易場所可表現為有形或無形

一般市場通常都有一個固定有形的場所，但金融市場比較特殊，它既包括固定有形的場所也包括電子計算機系統無形的交易場所。一般的證券交易所形式就是固定有形的交易場所，特點是交易者集中在有固定的地點和交易設施的場所內進行金融產品的交易，比如中國的兩大證券交易所——上海證券交易所和深圳證券交易所。眾所周知的美國的「全國證券交易商協會自動報價系統」即 NASDAQ 是典型的電子化無形證券交易市場。

（四）交易目的是讓渡或獲得一定數量資金的使用權

一般的商品市場的交易目的是獲得一定商品的使用權和所有權。與商品市場不同的是，金融市場的交易活動更多表現為貨幣、信用活動，交易雙方更多的是信用關係，交易目的是獲得資金的使用權而非所有權，即兩權的分離。例如，資金盈餘單位以某種方式讓渡了一定量資金的使用權，為此獲得了利息收益；相應地，資金的緊缺方因

為獲得一定量資金的使用權，付出一定的資金使用成本。

二、金融市場的融資形式

金融市場是實現貨幣借貸和資金融通、辦理各種票據和有價證券交易活動的市場，而依據不同類型的金融工具實現不同途徑的資金融通，又可以將金融市場融資結構分為直接融資和間接融資。

（一）直接融資

直接融資也稱直接金融，是指資金盈餘者與資金需求者通過股票、債券等金融工具直接實現融通資金的方式。資金供求雙方通過一定的金融工具直接形成債權債務關係，沒有銀行等金融機構介入，但可能要借助證券公司的承銷等金融服務。一般資金盈餘單位在金融市場通過直接購買資金需求單位發行的有價證券，將貨幣資金的使用權轉移給資金需求單位。直接融資的主要形式包括商業信用、證券信用等。

1. 直接融資的優點

（1）提高資源使用效率。直接融資是資金供求雙方通過相應的金融工具直接形成債權債務關係，資金供給方直接投資於企業生產經營之中，無需金融機構的介入，提高了資源使用效率。因此，資金供求雙方聯繫緊密，有利於資金快速合理配置和使用效率的提高。

（2）投資收益高。資金提供者通過投資直接金融工具獲得的收益通常要比間接金融工具的高。各個融資者的資信高低不一，對於投資者而言要承擔更多的不確定性，即更高的風險，投資者因此會獲得更高的報酬。

2. 直接融資的缺點

（1）投資風險較大。我們提到投資者通過直接金融工具一般可以獲得更高的投資收益，主要原因正是其要承擔更高的風險。無金融仲介做引導，就無法準確判斷資金需求者的真實狀況，出現信息不對稱風險。由直接融資形成的證券市場存在很多類型的風險，包括系統性風險和非系統性風險，因此才有「股市有風險，入市需謹慎」這句話來告誡投資者。

（2）公開性要求。企業想要在直接融資市場實現籌資目的，就必須滿足公開信息的制度要求。而這一公開性要求是一把雙刃劍，方便投資者公平及時獲得企業信息的同時也洩露了企業的商業秘密，這是資金需求者想要實現目的必須付出的成本。

（二）間接融資

間接融資是直接融資的對稱，亦稱間接金融，是指擁有暫時閒置貨幣資金的單位通過存款的形式，或者購買銀行、信託、保險等金融機構發行的有價證券，將其暫時閒置的資金先行提供給這些金融仲介機構，然後再由這些金融機構以貸款、貼現等形式，或者通過購買需要資金的單位發行的有價證券，把資金提供給最終的需求者使用，從而實現資金融通的過程。在這種融資方式下，資金的最終供求雙方不直接發生債權債務關係，而是由金融機構以債權人和債務人的身分介入其中，實現資金餘缺的調劑。

根據兩種融資結構的特點比較來看，區分直接融資和間接融資的標準之一在於是否有金融機構做仲介，有金融仲介的一般為間接融資。另一個區分直接融資和間接融

資的標準為金融仲介是否扮演了債權債務的雙重角色，比如在直接融資形式中，企業在證券市場通過發行股票融資會涉及一類金融機構——證券公司，但此時的證券公司只為發行企業提供承銷、諮詢服務，收取的是手續費和服務費等，證券公司本身並未承擔債權債務的雙重角色。

1. 間接融資的優點

（1）規模優勢。間接融資同直接融資比較，其最大的優勢在於能夠廣泛籌集社會上分散、閒置的小額資金，然後通過銀行等金融仲介機構的一些業務提供給最終的資金需求者。這些金融機構網點眾多，普及程度高，能夠實現規模效應。

（2）安全性高。金融仲介機構擁有較多的信息和專業人才，對保障資金安全和提高資金使用效率等方面有獨特的優勢，這對投融資雙方都有利。金融仲介能夠很好地保護投融資雙方的隱私，保密性強。

2. 間接融資的缺點

（1）資源使用效用低。間接融資由於資金供給者與需求者之間加入金融機構為仲介，隔斷了資金供求雙方的直接聯繫，在一定程度上減少了投資者對投資對象經營狀況的關注和籌資者在資金使用方面的壓力，資金的運行效率更多地依賴於金融機構的素質。

（2）投資收益低。資金盈餘者想要通過間接融資途徑獲得高投資收益是不可能的。間接融資必然會涉及銀行等金融機構做仲介，金融機構的專業、規模、信息優勢，使得間接投資方式要比直接投資安全性高得多，但相應投資收益也低。

三、金融市場的功能

金融市場作為金融資產交易的場所，從整個經濟運作的角度來看，發揮了以下幾項重要的經濟功能：

（一）資源配置功能

金融市場最基本的功能是連接社會兩大主體——資金盈餘者和資金短缺者，引導貨幣資金從資金盈餘者流向資金短缺者，即通過直接融資和間接融資兩個基本途徑實現資源的配置。此外，金融市場的定價機制可以引導資源從低效益部門流向高效益部門，實現資源的優化配置。

（二）分散風險功能

金融市場中的交易對象是各類金融工具，不同的金融工具在收益性、流動性和風險性方面存在巨大差異。投資者可以根據自身風險偏好選擇多樣化的投資組合來達到降低風險的目的。如果投資者認為自身投資專業水準不高，那就可以選擇投資基金，交由專家理財，分散投資，實現投資的安全性和盈利性。金融市場為投資者提供了這樣一個具備流動性、收益性和分散風險的交易場所。

（三）反應功能

金融市場被稱為國民經濟的「晴雨表」或「氣象臺」，是公認的國民經濟信號系統。第一，通過資本市場上上市公司的交易價格行情、發布的財務信息和經營狀況等，金融市場反應了微觀經濟的運行狀況。第二，通過市場上借貸資金的利率高低或各類

借貸活動特徵等，金融市場反應了國家貨幣供應量的狀況，有利於政府及時調整宏觀經濟政策。

（四）經濟調節功能

調節功能是指金融市場對宏觀經濟的調節作用。一方面，金融市場中的直接融資活動將資金提供者和資金需求者緊密聯繫在一起，通過金融市場的自動調節機制，資本一定會流向高效益、高質量的部門。另一方面，金融市場是一國政府宏觀調控的重要途徑，由其為貨幣政策的順利實施提供了操作場所和經濟信息。

四、金融市場的分類

金融市場根據不同的劃分依據有很多分類。以下我們根據交易區域範圍、交易期限的長短、金融資產的發行和流通特徵、有無固定交易場所和金融工具的交割時間五個標準來劃分。

（一）國內金融市場和國際金融市場

按交易區域範圍的不同，金融市場分為國內金融市場和國際金融市場。金融交易的作用範圍僅限於一國之內的為國內金融市場。金融資產的交易跨越國界進行的為國際金融市場。

國際金融市場與國內金融市場之間有著一定的聯繫。一般而言，先出現的為國內金融市場。隨著各國金融市場的業務活動逐步延展，相互滲透和融合後，就促成了以某幾國國內金融市場為中心的、各國金融市場聯結成網的國際金融市場。或者說，國際金融市場的形成是以國內金融市場發展到一定高度為基礎的。同時，國際金融市場的形成又進一步推動了國內金融市場的發展。

（二）貨幣市場和資本市場

按交易期限長短的不同，金融市場分為貨幣市場和資本市場。

貨幣市場是指進行一年以下的短期資金交易活動的市場。在貨幣市場上，通常利用發放短期債券、商業票據，通過某些交易方式，如貼現和拆借業務，實現資金的短期借貸，以滿足金融市場上供求雙方對短期資金的需求。

資本市場是指進行一年以上的長期資本交易活動的市場。資本市場的職能是為資金的需求者籌措長期資金。資本市場的交易活動方式通常分成兩類：一是資本的需求者通過發放和買賣各種證券，包括債券和股票等籌集資金；二是資本的需求者直接從銀行獲得長期貸款。

（三）一級市場和二級市場

按金融資產的發行和流通特徵不同，金融市場分為一級市場和二級市場。

一級市場又稱為初級市場或發行市場，是指各種新發行的證券第一次售出的活動及場所。證券的發行一般需要承銷商協助發行，有包銷、代銷等方式。

二級市場又稱為次級市場或流通市場，是指不同投資者之間進行證券轉手買賣流通的市場。二級市場可以分為場內市場和場外市場，前者指有組織的、在某一具體場所內進行的交易活動，比如證券交易所；後者是在交易所之外進行證券買賣的市場。

（四）有形市場和無形市場

按有無固定的交易場所，金融市場分為有形市場和無形市場。

有形市場是指有固定的交易場所、有專門的組織機構和人員以及有專門設備的組織化市場。

無形市場是一種觀念上的市場，即無固定的交易場所，其交易是通過電傳、電話、電報等手段聯繫並完成的。

(五) 現貨市場和期貨市場

按金融產品的交割時間不同，金融市場分為現貨市場和期貨市場。

現貨市場是指即期交易市場，即買者付出現款，收進證券或票據；賣者交付證券或票據，收進現款。這種交易一般是當天成交當天交割，最多不能超過三天。

期貨市場是指交易雙方達成協議後，不立即交割，而是約定在一定時間，如幾周或幾個月之後進行交割。

第二節　貨幣市場

一、貨幣市場概述

(一) 貨幣市場的概念

貨幣市場又稱為短期資金市場，是指一年期以內的短期金融工具交易場所形成的供求關係及其運行機制的總和，是金融市場的重要組成部分。這些短期金融工具因具有期限短、流動性強和風險低等特點，具有較強的貨幣性，因此該市場稱為貨幣市場。

(二) 貨幣市場的特點

1. 貨幣市場交易的金融工具期限短、安全性高、流動性強

貨幣市場的金融交易期限都在一年以下，短則半天，是為了滿足短期融資需求，反應工商企業、政府短期資金週轉的需要，融資者信譽高，借款能在短期內歸還，違約風險較小，相應的收益率也比較低。貨幣市場交易的金融工具通過貼現方式提取兌現，變現能力強，流動性很強。

2. 貨幣市場的參與者以機構投資者為主

貨幣市場的交易金額比較大，一般涉及的參與者資信要求比較高，主要是商業銀行、證券公司、基金管理公司、政府、中央銀行等。個人一般作為資金的供給者不能直接參與貨幣市場交易，主要通過投資貨幣市場基金間接參與，當然也有個人持有國庫券和大額存單的情況。政府主要作為短期資金需求者的身分參與貨幣市場。中央銀行主要是因為實施貨幣政策，實現宏觀調控目標而參與貨幣市場。

3. 貨幣市場交易品種多、交易量大

貨幣市場的交易品種有商業票據、銀行承兌匯票、中央銀行票據、短期國庫券、同業拆借、證券回購協議、大額存單和貨幣市場基金等。這些交易品種一般涉及資金數額龐大，即交易量大的特徵。因此，貨幣市場是一個典型的「批發市場」。

4. 貨幣市場是無形市場

貨幣市場不存在特定的交易場所，大量交易是通過電話或計算機網絡等通信設施實現的。無形市場克服了地域分割的限制，適應貨幣市場交易量巨大的特點，使交易者能在同一時間不同地點迅速完成交易，提高了市場效率。

二、貨幣市場體系

貨幣市場可以根據投資工具的不同分為票據市場、同業拆借市場、大額可轉讓定期存單市場、國庫券市場和回購市場。

（一）票據市場

票據發行與流通的市場稱為票據市場。票據市場上的票據主要包括商業票據、銀行票據、中央銀行票據三類。

1. 商業票據市場

商業票據起源於商業本票，是最古老的貨幣市場工具之一。最初的商業本票是建立在商業信用的基礎上，即工商企業之間因為商品往來而發生的以延期付款或預付貨款等形式表現的信用。商業本票的特徵可以總結為以下三點：第一，商業本票是自付證券。商業本票是由出票人簽發的，承諾自己在見票時無條件支付確定的金額給收款人或者持票人的票據，出票人本人對持票人付款。第二，商業本票只涉及兩方當事人。一般票據都會涉及三方當事人，即出票人、付款人和收款人，但商業本票的出票人便是付款人，因此商業本票只涉及兩方當事人。第三，商業本票不需要承兌。商業本票未委託他人付款，無須承兌，直接由出票人保證付款。

19世紀初，商業本票的性質發生了變化，一些大工業企業為了獲得銀行短期貸款之外新的短期資金，開始發行純粹融資性的本票，即創新型融通票據。這些票據意味著脫離了真實的商品往來，完全是公司出於融資目的而簽發的票據。20世紀之後商業票據市場迅猛發展，究其原因主要是其包括以下特徵：第一，商業票據發行成本低，一般比同期銀行貸款成本要低。第二，商業票據採用信用發行方式，無須抵押，發行程序簡便。第三，商業票據市場是一個發行市場，票據的期限都很短，持有者大多持有至到期，無轉讓動機，因此二級市場也不發達。

2. 銀行承兌匯票市場

匯票是出票人簽發的，委託付款人在見票時或在指定日期無條件支付確定款項給收款人或者持票人的一種票據。跟本票相比，匯票具有以下特徵：第一，匯票是委付證券。出票人委託他人來執行付款，付款人作為受託人在票據承兌後成為第一債務人。第二，本票涉及三方當事人，即出票人、付款人和收款人。第三，匯票必須承兌。承兌是指匯票開出後，付款人按照匯票票面記載事項，包括匯票的金額、付款時間等，做出保證到期無條件兌付款項的表示，即在匯票票面上簽字蓋章，寫明「承兌」字樣，承諾到期保證付款的一種票據法律行為。匯票的絕大多數承兌人是銀行，因此就形成了銀行承兌匯票市場。不同於商業票據市場的是，銀行承兌匯票市場有龐大的二級交易市場，流通轉讓市場會涉及一種票據行為，即票據貼現。票據市場貼現種類按貼現關係的不同，可分為貼現、轉貼現和再貼現。

貼現是指匯票持有人將已承兌的未到期的匯票轉讓給銀行，銀行扣除貼息後付給持票人現款的一種行為。

轉貼現是指貼現銀行在需要資金時，將已貼現的票據再向其他同業銀行辦理貼現的票據轉讓行為，是商業銀行之間的資金融通。

再貼現是指商業銀行將貼現過的票據向中央銀行辦理貼現的票據轉讓行為。再貼現體現的是中央銀行對商業銀行融通短期資金的一種方式，是中央銀行作為「最後貸款人」的角色和地位的具體體現。

在貼現和轉貼現的過程中，使用的貼現率是由市場來決定的，是指商業銀行辦理貼現時預扣的利息與票面金額的比率。而再貼現率是由中央銀行來確定的。銀行貼現付款額的計算公式為：

發行價格＝票據面額－貼現利息

貼現利息＝票據面額×貼現率×（未到期天數/360 天）

貼現率＝貼現利息/票面×（360 天/未到期天數）×100%

實際收益率＝貼現利息/發行價格×360 天/未到期天數×100%

例如，某企業將一張面額為 100 元、半年期的銀行承兌匯票向銀行請求貼現，如果企業已經持有該票據 2 個月，銀行貼現利率為 6%，則票據貼現價格為 100－100×6%×（4/12）＝98 元。

3. 中央銀行票據

中央銀行票據是中央銀行為了調節商業銀行超額準備金而向商業銀行發行的短期債務憑證，其實質是中央銀行債券。之所以叫中央銀行票據，是為了突出其短期性特點。中國的中央銀行票據由中國人民銀行在銀行間市場通過中國人民銀行債券發行系統發行，其發行的對象是公開市場業務一級交易商。目前一級交易商共有 48 家，其成員包括商業銀行、證券公司等。

中央銀行票據的作用可以總結為以下三點：

第一，豐富公開市場業務操作工具。引入中央銀行票據後，增加了中央銀行公開市場操作的靈活性和針對性，增強了其貨幣政策的效果。

第二，為市場提供基準利率。國際上一般採用短期的國債收益率作為該國基準利率。但從中國的情況來看，財政部發行的國債絕大多數是三年期以上的，短期國債市場存量極少。在財政部尚無法形成短期國債滾動發行制度的前提下，由中央銀行發行票據，利用設置票據期限可以完善市場利率結構，形成市場基準利率。

第三，推動貨幣市場的發展。目前，中國的貨幣市場上的工具和種類較少，中央銀行票據的發行將改變貨幣市場基本沒有短期工具的現狀，為機構投資者靈活調劑手中的頭寸、減輕短期資金壓力提供重要工具。

(二) 同業拆借市場

1. 同業拆借市場的形成與發展

同業拆借市場是除中央銀行之外的金融機構之間進行短期資金融通的市場。該市場最早出現在美國，其形成源於法定存款準備金制度的實施。按照美國 1913 年通過的《聯邦儲備法》的規定，所有聯邦儲備銀行的會員銀行必須按存款數額的一定比率向聯邦儲備銀行繳納法定存款準備金。由於銀行每日大量的清算業務活動，導致其在央行的存款準備金超額或短缺，這樣就出現了擁有超額儲備的銀行希望將這部分資金短期融出，以獲取收益並保持一定的流動性，而未達到法定存款準備金要求的銀行則希望臨時融入一部分資金來彌補準備金缺口，否則就會因延繳或少繳準備金而受到中央

銀行的經濟處罰。於是準備金多餘或不足的銀行經常進行短期資金的互相調劑，這個市場則為美國紐約最早的同業拆借市場——聯邦基金市場。此後，銀行間的拆借活動在拆借方式、期限等方面不斷豐富，最終發展成為各銀行調節流動性的主要場所。

　　同業拆借市場的短期借貸利率，即同業拆借市場利率通常被作為基準利率，對整個經濟活動和宏觀調控具有特殊的意義。同業拆借市場的參與者主要是各金融機構，市場特性最活躍、交易量最大。這些特性決定了拆息率非同凡響的意義，因為它的高低靈敏地反應了貨幣市場資金的供求狀況。在整個利率體系中，基準利率是在多種利率並存的條件下起決定作用的利率。拆借利率的升降，會引導和牽動其他金融工具利率的同步升降。因此，同業拆借利率被視為觀察市場利率趨勢變化的風向標。中央銀行更是把同業拆借利率的變動作為把握宏觀金融動向，調整和實施貨幣政策的指示器。例如，倫敦銀行同業拆放利率，即 LIBOR（London Interbank Offered Rate）利率是指倫敦銀行同業間短期資金的借貸利率，該利率已成為倫敦金融市場乃至國際金融市場的基礎性利率，許多浮動利率的融資工具在發行時都以該利率作為浮動的依據和參照。美國紐約的聯邦基金市場是國際著名的同業拆借市場，以調劑聯邦儲備銀行的會員銀行的準備頭寸為主要內容，美國聯邦基金市場利率是美聯儲貨幣政策的中間目標。

　　2. 同業拆借市場的特點

　　（1）參與者的特殊性。進行同業拆借的機構一般為銀行或非銀行金融機構，基本上都在中央銀行開立了存款帳戶，其拆借交易資金是通過該存款帳戶進行的。

　　（2）融通資金期限較短。同業拆借市場是典型的短期資金融通市場。期限有隔夜、1日、1周、2周、1個月、3個月、6個月、9個月不等，期限最長不超過1年，期限最短的有半日。

　　（3）一般是信用拆借。同業拆借活動都是在金融機構之間進行，市場准入條件比較嚴格，金融機構主要以其信譽參與拆借活動，一般無抵押、無擔保。

拓展閱讀

　　上海銀行間同業拆放利率（Shanghai Interbank Offered Rate，Shibor），從2007年1月4日開始正式運行，是由信用等級較高的銀行組成報價團自主報出的人民幣同業拆出利率計算確定的算術平均利率，是單利、無擔保、批發性利率。Shibor報價團由18家商業銀行組成，分別是工商銀行、農業銀行、中國銀行、建設銀行、交通銀行、招商銀行、中信銀行、光大銀行、興業銀行、浦發銀行、北京銀行、上海銀行、匯豐銀行、郵政儲蓄銀行、華夏銀行、廣發銀行、國家開發銀行和民生銀行。報價銀行是公開市場一級交易商或外匯市場做市商以及在中國貨幣市場上人民幣交易相對活躍、信息批露比較充分的銀行。

　　全國銀行間同業拆借中心授權Shibor的報價計算和信息發布，每個交易日根據各報價行的報價，剔除最高、最低各4家報價，對其餘報價進行算術平均計算後得出每一期限品種的Shibor。目前Shibor品種包括有隔夜、1周、2周、1月、3月、6月、9月和1年共8個。

　　（三）大額可轉讓定期存單市場

　　大額可轉讓定期存單（Negotiable Time Certificates of Deposit，CDs）是商業銀行印

發的一種特殊定期存款憑證，憑證上印有一定的票面金額、存入和到期日以及利率，到期後可以按票面金額和規定利率提取全部本利。大額存單是由商業銀行或儲蓄機構發行的，證明投資者有固定金額的貨幣存於銀行或儲蓄機構的憑證。

1. 大額可轉讓定期存單的推出和發展

20世紀50年代末，美國銀行仍要遵循美國聯邦儲備委員會「Q條例」規定的法定利率上限的約束，即明令禁止商業銀行對活期存款支付利息，對定期存款有利率上限限制。隨著美國金融市場利率的走高，導致客戶大量流失，客戶們紛紛提出存款，轉而投資購買國債、回購協議和其他貨幣工具。銀行可貸資金大幅下降，出現了「脫媒」現象。為了扭轉這種不利局面，紐約花旗銀行首先於1961年開始為大公司客戶提供大額可轉讓定期存單業務。1963年年底，大額可轉讓定期存單引入不到兩年，業務量已增長到100億美元。到1967年，美國大型銀行發行的大額可轉讓定期存單額已經超過了當時的大宗商業票據發行額，達到185億美元。大額可轉讓定期存單的問世，受到世界各國銀行紛紛效仿，發展到現在，大額存單已成為各商業銀行重要的主動負債工具。

2. 大額可轉讓定期存單的特點

大額可轉讓定期存單與普通定期存款不同，集中了活期存款和定期存款的優點。其特點如下：

（1）面額大。大額可轉讓定期存單的面額較大且金額固定。在美國，大額可轉讓定期存單最低面額為10萬美元，二級市場大額可轉讓定期存單的最低交易單位為100萬美元。

（2）可流通轉讓。大額可轉讓定期存單本質就是一種金額較大的定期存款，但一般的定期存款不能在市場上轉讓流通，而大額可轉讓定期存單不記名，有相應的市場可以流通轉讓。

（3）期限短。大額可轉讓定期存單的期限一般在一年以內，一般可分為30天、60天、90天、120天、150天、180天、一年等。大額可轉讓定期存單在期限內是不能提前支取的，想要變現只能通過流通轉讓的方式。

（4）利率的多樣性。大額可轉讓定期存單有固定利率和浮動利率，利率一般要比同檔銀行定期存款高。

從以上特徵可以看出，大額可轉讓定期存單是一種非常成功的創新貨幣市場工具。一方面，對銀行而言，其可以避開「Q條例」的限制，募集更多的資金，成為銀行重要的主動性負債工具。另一方面，對投資者而言，其通過投資大額可轉讓定期存單在可以獲得高收益的同時還能保證高流動性。

（四）國庫券市場

1. 國庫券市場概述

國庫券（Treasury Securities-TB）是指中央政府發行的期限不超過一年的短期政府債券，是貨幣市場上重要的融資工具。

國庫券以國家信用為基礎，是一國政府作為債務人，從社會上籌集短期資金滿足財政需要的工具。一般彌補財政赤字的手段主要有三種：增稅、發行貨幣、向中央銀

行透支或借款，發行國債。其中，通過增加稅收的方式彌補財政赤字不容易被納稅人接受，採用增發貨幣的方式很容易引起通貨膨脹。相比較而言，通過發行國債彌補財政赤字的副作用最小，對貨幣流通只是結構上的影響，不會影響貨幣發行總量。

根據期限長短，國債又分為國庫券和公債，國庫券指期限在一年以下的金融工具，主要是為了彌補季節性、臨時性的財政赤字，期限以 1 個月、3 個月、6 個月居多。

2. 國庫券的特點與功能

（1）國庫券的特點：第一，國庫券不記名並以貼現方式發行；第二，期限短、流動性好，國庫券的期限在一年以下且有良好的二級交易市場；第三，風險性低，國庫券以國家信用為基礎，安全性高，通常稱為「金邊債券」。

（2）國庫券的功能：第一，國庫券是彌補國家財政臨時資金短缺的重要工具；第二，國庫券為商業銀行的二級準備提供了優良的資產，具備一定收益的同時安全性、流動性很高；第三，國庫券為中央銀行的公開市場業務提供了調控平臺，豐富了公開市場操作手段；第四，國庫券成為貨幣市場上重要的投資工具。

3. 國庫券的發行

國庫券的發行通常採取招標方式發行，即每次發行前，財政部根據近期短期資金的需要量、中央銀行實施貨幣政策調控的需要等因素，確定國庫券的發行規模，然後向社會公告。國際上通用的招標方式有兩種：美國式招標與荷蘭式招標。美國式招標又稱多種價格招標，是指出價最高的購買者首先被滿足，然後按照出價的高低順序，購買者依次購得國庫券，直到國庫券售完，每個購買者支付的價格都不相同。荷蘭式招標又稱單一價格招標，是指發行者按募滿發行額為止的最低中標價格作為全體中標商的最後中標價格，這樣不同的購買者支付的是同一個價格。

例如，政府準備發行 500 億元的國庫券，現有三個投標人，分別為投標人 A、投標人 B 和投標人 C，如表 4-1 所示。他們的投標價分別為 88 元、86 元和 85 元，他們的投標額分別為 100 億元、150 億元和 400 億元，那麼如果採用美國式招標，他們三者都中標，中標價分別為 88 元、86 元和 85 元，中標額分別為 100 億元、150 億元和 250 億元。如果採用荷蘭式招標，他們三者都中標，中標價統一為 85 元，中標額分別為 100 億元、150 億元和 250 億元。

表 4-1　　　　　　　　　　　國庫券競標情況

投標人	投標人 A	投標人 B	投標人 C
投標價（元）	88	86	85
投標額（億元）	100	150	400
中標額（億元）	100	150	250
荷蘭式中標價	85	85	85
美國式中標價	88	86	85

因為國庫券期限較短，通常採用折現發行的方式，即以低於票面面額的價格發行，到期時按票面面額還本。投資者的主要目的是為獲得貼現利息（面額與發行價格只

差），貼現利息與面值之比稱為貼現率。與前面票據貼現的公式相似，國庫券發行價格計算公式如下：

發行價格＝面值×（1－貼現率×發行期限/360）

（五）回購市場

1. 回購協議概述

回購協議是指交易雙方在買賣證券的同時按協議約定，由證券賣方將一定數額的證券臨時性地出售給買方，並承諾在指定時間以約定的價格將該證券贖回的交易。

回購協議從本質看上其實是一種短期質押貸款協議，協議涉及兩方當事人，即資金需求者和資金供給者。融資方的交易順序是先出售一定數量的證券，過一段時間後再贖回證券。融券方的交易順序剛好與融資方相反，是先買進一定數量的證券，過一段時間後再出售證券。因此，整個過程我們可以看成融資方以持有的證券作抵押，取得一定期限內的資金使用權，到期按約定的條件贖回證券來還本付息；融券方則以獲得證券質押權為條件，暫時讓渡資金的使用權，到期歸還質押的證券，並收回融出資金和獲得的利息收入。這裡將以抵押證券借入資金的交易稱為正回購；主動借出資金，獲取抵押證券的交易稱為逆回購。正回購方就是抵押出證券，取得資金的融入方；而逆回購方就是獲得證券質押權，借出資金的融出方。

2. 回購協議市場

回購協議市場簡稱回購市場，是指通過回購協議進行短期資金融通交易的場所。回購市場的參與者比較廣泛，包括商業銀行、非銀行金融機構、中央銀行、企業等。其中，商業銀行主要作為融資方，因為回購協議是一種較優的短期資金來源選擇，通過回購交易可以大大增強融資的安全性和盈利性，而且無須繳納存款準備金，從而可以更好地實施資產負債管理。中央銀行通過回購協議進行公開市場操作，比如中央銀行向一級交易商購買有價證券，並約定在未來特定日期將有價證券賣給一級交易商的交易行為，是典型的逆回購操作。此操作是央行向市場上投放流動性，同理，當逆回購到期時央行從市場收回流動性。中央銀行向一級交易商出售有價證券，並約定在未來特定日期將有價證券贖回的交易行為，是典型的正回購操作，正回購是央行從市場上收緊流動性，當正回購到期時央行向市場釋放流動性。

企業主要作為資金提供者參與回購協議，目的是為了提高流動資金的使用效率。

回購協議的期限一般都以短期為主，比如上海證券交易所債券回購交易的品種有1天、2天、3天、4天、7天、14天、28天、91天和182天等品種。

第三節　資本市場

一、資本市場概述

（一）資本市場的概念

資本市場又稱長期資金市場，是指期限在1年以上的資金融通的市場，其參與者主要是企業、政府、金融機構和個人，其交易對象主要是中長期政府債券、股票、企業債和銀行中長期信貸。廣義的資本市場包括證券市場和銀行中長期信貸市場。狹義

的資本市場僅指證券市場。銀行中長期信貸市場屬於間接融資，主要在商業銀行業務中體現，我們這裡著重討論的是證券市場。

（二）資本市場的特點

（1）長期性。資本市場流通的金融工具期限在 1 年以上，甚至像股票這樣的金融工具是沒有到期日的，也就是永久不歸還的。

（2）資本市場的主要功能是滿足長期融資需求，獲得高額投資收益，實現盈利增值的需要。

（3）資本市場流通的金融工具的安全性、流動性均不如貨幣市場流通的金融工具，其風險性高，同樣收益也高。

二、資本市場體系

狹義的資本市場就是證券市場。按金融工具的發行、流通順序將證券市場分為一級市場和二級市場，即發行市場和流通市場。

（一）證券發行市場

1. 定義

發行市場又稱為初級市場或一級市場，是指融資者將其新發行的證券出售給第一批購買者的市場，是政府或企業通過發行股票或債券以籌集資金的場所。發行市場可以進一步劃分為初次發行市場和再發行市場。初次發行又稱首次公開募股（Initial Public Offerings, IPO），是指一家企業或公司第一次將它的股份向社會公眾出售，即首次公開招股的發行方式。再發行是指已上市公司為了再融資而再次發行股票的行為。

2. 證券的發行方式

（1）公募與私募。按照公司在發行證券時選擇的發行對象是公眾投資者還是特定的少數投資者，可以將證券發行分為公募和私募兩種形式。

公募又稱公開發行，是指發行對象面向公眾投資者，即面向不特定的社會公眾發行證券。為了保障廣大投資者的利益，各國對公募發行都有嚴格的要求，發行人必須遵守有關事實全部公開的原則，滿足向有關管理部門和市場公布其各種財務報表及資料的要求。

公募的優勢是：第一，面向社會公眾發行證券，可以迅速籌集大量資金；第二，公募發行的證券可以申請在交易所上市，提高證券的流動性。公募的不足是發行成本高，程序繁瑣，登記審核時間長。

私募又稱內部發行，是指發行對象面向少數特定的投資者，即非公開發行證券的方式發行證券。私募發行的對象主要有金融機構、與發行人有特殊關係的企業、往來客戶、發行人內部職工等。

私募發行的優勢是發行手續簡單，可以節省發行時間和費用，不足之處是投資者數量有限，流通性較差。

（2）代銷和包銷。籌資人在發行證券時，大多會委託證券承銷機構出售證券，這樣可以縮短發行時間，降低發行風險，提高公司知名度。證券承銷機構主要有代銷和包銷兩種方式。

代銷是指承銷商與發行公司之間是代理委託關係，承銷商作為證券銷售代理人，按規定條件推銷證券，發行結束後未售出部分退還給發行人，承銷商不承擔任何發行風險，因此佣金很低。一般信譽好、知名度高的企業為降低發行成本而選擇代銷方式。承銷商對發行公司信心不足時，也會採用代銷方式。

包銷是指承銷商與發行公司之間簽訂合同，由承銷商低價買下全部證券或銷售剩餘的證券，然後再出售給投資者。承銷商必須在規定期限內將包銷所籌全部資金交給發行公司。這樣對於發行公司而言，不會面臨證券銷售不完而籌措不了資金的風險，由承銷商承擔了全部銷售風險。與代銷相比，包銷的成本雖然較高，但對發行公司而言，採用包銷方式能如期得到所需資金，又無需承擔發行風險。對於一些資金需求量大、知名度一般且缺乏發行經驗的公司，包銷成為最常採用的發行方式。

3. 證券發行制度

發行公司想要申請發行證券，必須遵循證券監督管理機構要求的一系列程序化規範，即證券發行制度，包括發行監管制度、發行定價和發行配售等。這裡介紹註冊制和核准制兩種主要發行制度。

（1）註冊制。註冊制又稱申報制或登記制，是指證券監管機關公布發行公司上市的必要條件，公司只要符合公布的條件即可上市。證券監管部門的職責是對申報文件的全面性、準確性、真實性和及時性做形式審查，主管部門對證券發行公司不做實質條件的限制，即不對證券發行行為及證券本身做出價值判斷。因此，關於發行證券的質量高低交給市場去判斷，並不禁止質量差、風險高的證券上市，遵循「買者自行小心」的原則。

一般在比較成熟的市場，如美國證券市場，採用的是註冊制。註冊制要求發行方、投資方和仲介機構有高度的自律性和業務操作的規範性。

（2）核准制。核准制又稱準則制或實質審查制，是指發行公司在申請發行證券時，不僅要公開披露與發行證券有關的信息，還必須符合有關法律規定的發行條件，證券監管部門對證券發行人資格及其發行證券做出審查和決定，只有符合條件的發行人經證券監督機構的核准才能發行證券。

核准制與註冊制相同的是都強調信息公開披露原則，不同的是核准制下，證券監管機構除進行註冊制要求的形式審查外，還會考察發行公司的法人治理結構、資本結構、營運狀況、公司競爭力、發展前景等，監管機構有權否決不符合規定條件的證券發行申請。該制度以維護公眾投資者的利益為出發點，為證券市場的健康發展提供輔助措施。目前中國的證券市場採用的就是核准制。

（3）債券的信用評級。與發行股票不同的是，債券發行有一個非常重要的過程，即信用評級（信用評價）。信用評價是指針對企業發行的某一特定債券按期還本付息的可靠程度進行評估，並標示其信用程度的等級。這種信用評級是為投資者購買債券和證券市場債券的流通轉讓活動提供信息服務。市場上的廣大投資者，因為受地域、時間、知識水準等的限制，面臨信息不對稱風險，這個時候就需要專業機構對證券進行客觀、公正和權威的評定。而對發行者來說，通過信用評級的債券才易為公眾所接受並打開銷路，評級的高低也會在一定程度上影響籌資成本的高低。

表 4-2　　　　　　　　　　　　　債券評價級別

標準普爾公司		穆迪投資者服務公司	
債券級別	級別含義	債券級別	級別含義
AAA	歸於最高信用等級，償還能力非常強	Aaa	信用質量最高，本金安全，利息支付有充足保證
AA	償還債務能力很強，與最高評級差距很小	Aa	信用質量很高，有較低的信用風險
A	償還債務能力較強，但易受環境和經濟條件變化時的不利影響	A	投資品質優良，但未來某個時候還本付息的能力可能會下降
BBB	目前有足夠的償還能力，但不利的經濟條件變化和環境變化可能導致風險	Baa	缺乏優良的投資品質，保證程度一般
BB	相對於其他投機級評級，違約的可能性最低	Ba	還本付息的保證有限，具有不穩定的特徵，有投機性質的因素
B	違約可能性較 BB 級高	B	缺乏理想投資的品質，支付保護能力小
CCC	目前有可能違約	Caa	劣質債券，有可能違約
CC	目前違約的可能性較高	Ca	高度投機性，經常違約
D	債務到期未能按期償還債務	C	最低等級評級。高度投機，往往拖欠

國際上著名的三大資信評級機構分別是穆迪投資者服務公司、惠譽評級公司和標準普爾公司。表 4-2 是標準普爾公司和穆迪投資者服務公司的債券評價級別。

(二) 證券流通市場

1. 證券流通市場及其重要性

流通市場又稱為次級市場或二級市場，是指不同投資者之間轉讓買賣已發行證券的交易場所。流通市場根據交易組織形式又可以分為場內市場和場外市場，前者是指有組織的、在某一固定場所內進行的交易活動，即證券交易所；後者是指在證券交易所之外進行證券買賣的市場。股票二級市場的主要場所是證券交易所，但也存在場外交易市場；債券二級市場則主要以場外市場為主。

一級市場與二級市場是相輔相成的關係。一方面，一級市場是二級市場的存在前提，先有證券的發行，才有證券的流通轉讓。另一方面，二級市場為一級市場提供了流動性，如果新發行的證券缺乏流動性，則其在一級市場就很難銷售，一級市場也難以發展。因此，一級市場與二級市場之間緊密聯繫，相互促進發展。

2. 證券流通市場的組織方式

(1) 證券交易所。證券交易所是指專門的、有組織的、有固定地點的證券買賣集中交易的場所。證券交易所是證券市場發展到一定程度的產物，是為證券集中交易提供服務的組織機構。

目前，世界各國都設立有證券交易所。荷蘭阿姆斯特丹證券交易所成立於 1602

年，是世界上第一個證券交易所。倫敦證券交易所成立於1773年，是世界上歷史最悠久的證券交易所之一。美國紐約證券交易所是目前世界上規模最大的證券交易市場，它的起源可以追溯到1792年5月17日，24名證券經紀人在紐約華爾街68號外一棵梧桐樹下簽署了「梧桐樹協議」，成立了一個臨時證券交易場所。中國上海證券交易所和深圳證券交易分別成立於1990年12月和1991年7月。

證券交易所的基本功能如下：

第一，證券交易所提供了一個集中的、設施齊全的交易場所，為證券交易各方提供交易設施和服務，如通信系統、電腦設備、辦理證券的結算和過戶等，使證券交易各方能迅速、便捷地完成各項證券交易活動。

第二，證券交易所制定市場交易規則。其主要包括上市退市規則、報價競價規則、信息披露規則以及交割結算規則等，維持一個有秩序和公平競爭的市場。

第三，形成市場價格。集中交易匯集了買方和賣方的各種信息，需求和供給的均衡形成市場價格。

第四，收集和發布市場價格變動信息及其他相關信息。

第五，維護交易秩序。監管各種違反公平原則及交易規則的行為，使交易公平有序地進行。

目前，國際上的證券交易所組織形式主要有以下兩種：

①會員制證券交易所。該交易所是由會員組成且不以營利為目的的社會法人實體。其會員一般為證券公司、投資銀行等證券交易商，只有會員公司才能進入證券交易所直接參與交易活動。目前，世界上許多國家的證券交易所都採取會員制證券交易所形式，比如美國、歐洲大多數國家以及巴西、泰國、印度尼西亞、南非等國的證券交易所，中國的證券交易所目前實行的也是會員制。

②公司制證券交易所。該交易所是以股份公司形式成立並以營利為目的的法人實體。該交易所一般是由銀行、證券公司、投資信託公司等共同出資建立起來的。該交易所雖然以營利為目的，但為了保證交易的公平性和公正性，證券交易所自身不在交易所內參與證券買賣，它的收益有收取發行公司的「上市費」，抽取證券成交的「經手費」等。實行公司制證券交易所的國家主要有加拿大、澳大利亞、新加坡、日本等。

（2）場外交易市場。場外交易市場也稱櫃臺交易市場或店頭交易市場，是指分散在證券交易所大廳以外的各種證券交易機構櫃臺上進行的證券交易活動場所。因此，場外交易市場沒有集中統一的交易制度和場所，所有交易主要利用電話、電報、傳真以及計算機網絡進行，交易的證券包括不在交易所上市的證券和部分已上市的證券。場外交易市場具有以下特徵：

第一，場外交易市場是一個分散的無形市場。其沒有固定的、集中的交易場所，主要通過電話、網絡系統聯繫成交的。

第二，場外交易市場的交易方式採取做市商制。場外交易市場與證券交易所的區別在於場外交易市場不採取經紀制，投資者直接與證券商進行交易。

第三，場外交易市場是一個擁有眾多證券種類和證券經營機構的市場，以未能在證券交易所批准上市的股票和債券為主。

第四，場外交易市場的管理相比證券交易所較寬鬆。由於場外交易市場分散，缺乏統一的組織和章程，不易管理和監督，其交易效率也不及證券交易所。

拓展閱讀　美國 NASDAQ 市場

納斯達克（NASDAQ），即全美證券交易商協會自動報價系統，建於 1971 年，是世界上第一個電子化證券市場。它利用現代電子計算機技術，將美國眾多證券商網點連接在一起，形成全美甚至全球上非常重要的股票交易市場。納斯達克將股票市場分為三個層次：「納斯達克全球精選市場」「納斯達克全球市場」（即原來的「納斯達克全國市場」）以及「納斯達克資本市場」（即原來的「納斯達克小型股市場」），優化了市場結構，吸引不同層次的企業上市。

在納斯達克創立以前，美國便有許多場外交易證券市場。場外交易有兩個含義，其一是指一些滿足不了紐約證交所或美國證交所苛刻上市條件的非上市的小公司，其證券有組織地在某個固定交易場所被券商交易；其二是指通過電話或計算機網絡連接證券商來買賣證券的市場。為了改進對證券業的監管，1961 年，美國國會責成聯邦證券交易委員會（SEC）對證券市場進行調查，發現場外交易證券市場混亂不堪，因此建議其從業者向自動化方向發展，並責成全美證券商協會予以實施。1968 年，場外交易證券體系自動化工程開始啟動，並形成了後來的納斯達克。1971 年 2 月 8 日，納斯達克開始正式運作。1975 年，納斯達克建立了自己的上市標準。1990 年，場外交易報告板設立，向投資者提供未在全國性股市上市的公司股票信息。1991 年，橫跨大西洋的納斯達克國際服務網開通。1998 年 10 月 30 日，納斯達克同美國證券交易所合併，組成納斯達克-AMEX 集團。1991—2000 年，這一個時期是全球股市最為活躍的時期，也是納斯達克市場最輝煌的時期。以納斯達克為代表的科技股在全球股市大幅上揚的情況下，憑藉以網絡經濟為主的新經濟的迅速擴展，在全球股市中創造了驚人的奇跡，其預期價值遠遠超乎人們預料。

3. 證券流通市場的交易方式

根據交易合約的簽訂與實際交割之間的關係，證券交易的方式包括現貨交易、遠期交易和期貨交易。如果投資者買賣證券時允許向經紀商融資或融券，則發生信用交易。因為內容重複，此處我們主要介紹現貨交易和信用交易。

（1）現貨交易。現貨交易指證券買賣雙方在達成一筆交易後的 1~3 個營業日內進行交割的證券交易方式。雙方交易成交後就辦理交收手續，買入者付出資金並得到證券，賣出者交付證券並得到資金，即「一手交錢，一手交貨」，以現款買現貨方式進行交易。

現貨交易的基本特徵如下：

①成交和交割基本上同時進行。
②實物交割。
③交易技術簡單，易於操作。

在實際操作中，現貨交易機制表現為「T+N」制。這裡的 T 表示交易日，N 表示交割日。T+0 是指即時清算交割，即交易日當天交割；T+1 是指交易日後的第一個營

業日交割，即隔日交割；T+2是指交易日的第二個營業日交割；T+3是指交易日的第三個營業日交割。目前，中國上海證券交易所和深圳證券交易所實行的是T+1的交易方式，即當日買進的證券，要到下一個交易日才能賣出。

（2）信用交易。信用交易也稱保證金交易，是指客戶在買賣證券時，只向證券公司交付一定比例的保證金，由證券公司提供融資或融券進行交易的一種方式。投資者首先要在證券公司開立保證金帳戶，並存入一定量的保證金，再向證券公司借入相應證券或資金進行交易，即投資者交易證券的一部分是由證券公司代為墊付的，因此信用交易又稱「墊頭交易」，在中國也稱為「融資融券」業務。信用交易的最大特徵便是具有財務槓桿效應。投資者通過向證券公司融資融券，擴大交易籌碼，可以利用較少的資本來獲取較大的利潤，這就是信用交易的財務槓桿效應。信用交易有兩種基本形式——買空或賣空。

買空又稱保證金買長或融資交易，是指當投資者預期某種證券價格上漲時，支付一定比例的保證金，同時由證券公司墊付其餘款項而購入股票的一種信用交易方式。買空者購入的股票必須存入證券公司或相關機構，作為墊頭貸款的抵押。

賣空又稱保證金賣短或融券交易，是指投資者出於對股票價格將下跌的預期，支付一定比例的保證金，同時向經紀人借入股票後按現行價格賣出的一種信用交易方式。賣空者賣出股票所得的款項必須存入證券公司或相關機構，作為股票貸款的抵押。

不管是買空還是賣空，都會涉及一個非常重要的比例，即保證金比率。保證金比率是指投資者在進行證券融資或融券買賣時繳納的價款（或抵押證券）占總交易證券總市值的比率。最低維持保證金率是為能維持虧損的彌補和還款的比率。保證金比例是調節融資融券規模的重要工具。

以買空為例，假設初始保證金率為60%，某客戶想通過保證金帳戶按50元/股的價格買入A股票100股，此時客戶需支付交易總額（50元/股×100股＝）5,000元的60%，即3,000元，其餘的2,000元則由經紀公司貸給該客戶，此時100股A股票充當著2,000元貸款的抵押品。如果股價上漲到每股55元，投資者委託經紀人將100股全部賣出，獲得5,500元的收入，向證券公司償還2,000元的貸款，若不考慮手續費等費用，扣除本金該投資者淨獲利500元，收益率為16.67%。如果未進行融資交易，投資者僅用自有資金2,000元進行交易，則只可獲利［40股×（55元/股－50元/股）］＝200元，收益率僅為6.67%。可以看出，同樣的資本採用信用交易方式產生槓桿效應，能給投資者帶來更大的收益。同理，當股價下跌時，槓桿交易風險也隨之擴大。如果股價下跌到每股30元，投資者委託經紀人將100股全部賣出，獲得3,000元的收入，向證券公司償還2,000元的貸款，投資者的信用帳戶僅剩1,000元，而投資者初始投入本金是2,000元，因此該投資者淨虧損1,000元。如果未進行融資交易，投資者僅用自有資金2,000元進行交易，則會虧損800元。

第四節　金融衍生工具市場

一、金融衍生工具

金融衍生工具又稱派生金融工具或金融衍生產品，是相對於原生工具而言的。金

融衍生工具是對一種事先約定的事項進行支付的金融合約，其合約價值取決於原生金融工具的價格及其變化。國際互換和衍生協會的定義是：金融衍生工具是旨在為交易者轉移風險的雙邊合約。合約到期時，交易者所欠對方的金額由基礎商品、證券或指數的價格決定。中國《金融機構衍生產品交易業務管理暫行辦法》的定義是：衍生產品是一種金融合約，其價值取決於一種或多種基礎資產或指數，合約的基本種類包括遠期、期貨、掉期（互換）和期權。巴塞爾委員會定義金融衍生工具是：「任何價值取決於相關比率或一項或多項基礎資產或指數之價值的金融合約。」

二、金融衍生工具的基本特徵

（一）衍生性

金融衍生工具依託於基礎性金融工具。一般金融衍生工具的形式無論多麼複雜，都是以某種或某幾種原生工具作為基礎，還有些是從金融衍生工具的基本類型上通過組合等方式再繼續衍生而成的。原生工具的價格支配著衍生工具價格的變化，原生工具市場的規模、完善程度直接影響金融衍生市場的發展。

（二）高風險性

金融衍生工具的交易結果取決於交易者對基礎工具未來價格的預測和判斷的準確程度。基礎工具價格的波動決定了金融衍生工具交易盈虧的不穩定性，這是金融衍生工具高風險性的重要誘因。

（三）高槓桿性

金融衍生工具交易一般只需要支付少量的保證金或權利金就可簽訂巨額資金的交易。例如，若期貨交易保證金為合約金額的5%，則期貨交易者可以控制20倍於所投資金額的合約資產，實現以小搏大的效果。從另一方面來說，保證金「四兩撥千斤」的槓桿作用把收益成倍放大的同時，也讓投資者承擔的風險與損失成倍放大。即金融衍生工具的槓桿效應一定程度上決定了它的高投機性和高風險性。

三、金融衍生工具市場的分類

根據基礎資產不同，金融衍生工具可以分為股票衍生工具、利率衍生工具、貨幣或匯率衍生工具。根據交易場所的不同，金融衍生工具可以分為場內金融衍生工具、場外金融衍生工具。根據交易形式的不同，金融衍生工具可以分為遠期、期貨、期權和互換四大類，這種分類是最普遍和最基本的分類方式。本章也主要以此分類方式對金融衍生工具市場進行介紹。

（一）遠期合約市場

遠期合約（Forward Contracts）是指交易雙方約定在未來的某一確定時點，按照事先約定的價格（如商品、匯率、利率或股票價格等）買賣一定數量、質量標的資產的一種協議。協議要規定交易的標的物、交割時間、執行價格等內容。標的物是指雙方約定交易的資產；交割時間是指雙方約定的未來進行交易的具體時間；執行價格是指雙方約定的交易價格，此價格一經確定不會變化。

1. 遠期合約的特徵

（1）遠期合約是非標準化合約。在簽署遠期合約之前，雙方可以就交割地點、交割時間、交割價格、合約規模等細節進行談判，以便盡量滿足雙方的需要。因此，遠期合約跟期貨合約相比，靈活性較大。

（2）遠期合約是場外交易。遠期合約沒有固定的、集中的交易場所，一般是在櫃臺市場進行交易。

（3）遠期合約流動性差。正是因為每份遠期合約千差萬別，轉讓起來不容易找到交易對手。

（4）遠期合約無須繳納保證金，同時違約風險也較高。

（5）遠期合約以實物交割為主。不同於期貨期權，絕大多數的遠期合約在到期時選擇進行實物交割。

遠期合約主要有遠期利率協議、遠期外匯合約、遠期股票合約等。這裡我們主要介紹遠期利率協議。

2. 遠期利率協議

遠期利率協議（Forward Rate Agreement，FRA），是關於利率交易的遠期合約，是指交易雙方協議在未來一定時間後，以名義本金為計算基礎，在到期時根據協議利率與市場利率的差額，由一方支付此差額給另一方的合約。這裡的協議利率則是交易雙方在合同中約定的固定利率。

遠期利率協議交易具有以下幾個特點：

（1）具有極大的靈活性。作為一種場外交易工具，遠期利率協議的合同條款可以根據客戶的要求「量身定做」，以滿足個性化需求。

（2）並不進行資金的實際借貸，儘管名義本金額可能很大，但由於只是對以名義本金計算的利息的差額進行支付，因此實際結算量可能很小。

（3）在結算日前不必事先支付任何費用，只在結算日發生一次利息差額的支付。

例如，A 公司準備在 3 個月後借入 1,500 萬英鎊，借款期為 6 個月，A 公司準備以 LIBOR 利率獲得資金。現在 LIBOR 利率為 5%，A 公司希望籌資成本不高於 5.5%。而 B 銀行擔心未來利率會下降，希望資金投資收益率為 5% 以上。因此，A 公司和 B 銀行達成了一份 3×9 的遠期利率協議，其名義本金是 1,500 萬英鎊，協議利率是 5.25%。

協議規定，如果 3 個月有效期內市場的 LIBOR 高於 5.25%，B 銀行向 A 公司提供補償，補償的金額為利率高於 5.25% 的部分 6 個月的利息；如果 3 個月有效期內 LIBOR 利率低於 5.25%，A 公司向 B 銀行提供補償，補償的金額為利率低於 5.25% 的部分 6 個月的利息；如果 3 個月有效期內 LIBOR 利率正好 5.25%，則雙方不必支付也得不到補償。

（二）期貨市場

期貨（Futures）是在遠期合約的基礎上發展起來的一種標準化買賣合約，是由期貨交易所統一制定，規定在將來某一特定的時間和地點交割一定數量標的物的標準化合約。

金融期貨（Financial Futures）是指交易雙方在金融市場上，以約定的時間和價格，買賣某種金融工具的具有約束力的標準化合約，以金融工具為標的物的期貨合約。根據標的物類型的不同，金融期貨一般分為三類：貨幣期貨、利率期貨和指數期貨。金融期貨作為期貨中的一種，具有期貨的一般特點，但與商品期貨相比較，其合約標的物不是實物商品，而是傳統的金融商品。

1. 貨幣期貨

貨幣期貨是指以匯率為標的物的期貨合約。貨幣期貨交易是交易雙方約定在未來某一時間依據現在約定的匯率，以一種貨幣交換另外一種貨幣的標準化合約的交易。貨幣期貨是適應各國從事對外貿易和金融業務的需要而產生的，目的是借此規避匯率風險。1972年，美國芝加哥商業交易所的國際貨幣市場推出第一張貨幣期貨合約並獲得成功。其後，英國、澳大利亞等國相繼建立貨幣期貨的交易市場，貨幣期貨交易成為一種世界性的交易品種。目前國際上貨幣期貨合約交易涉及的貨幣主要有英鎊、美元、日元、瑞士法郎、加拿大元、澳大利亞元以及歐洲貨幣單位等。

2. 利率期貨

利率期貨是指以利率為標的物的期貨合約。利率期貨交易是交易雙方約定在未來某一時間依據現在約定的利率進行一定數額的有價證券交割的標準化合約交易。世界上最先推出的利率期貨是於1975年由美國芝加哥商業交易所推出的美國國民抵押協會的抵押證期貨。之後，各種類型的利率期貨層出不窮。根據基礎金融工具期限長短主要分為長期利率期貨和短期利率期貨。短期利率期貨是指期貨合約標的的期限在一年以內的各種利率期貨，即以貨幣市場的各類債務憑證為標的的利率期貨均屬短期利率期貨，包括各種期限的商業票據期貨、國庫券期貨以及歐洲美元定期存款期貨等。長期利率期貨是指期貨合約標的的期限在一年以上的各種利率期貨，即以資本市場的各類債務憑證為標的的利率期貨均屬長期利率期貨。

3. 股票指數期貨

股票指數期貨是指以股票指數為標的物的期貨合約。股票指數期貨交易是交易雙方約定在未來某一時間依據現在約定的價格買賣股票指數的標準化合約交易。股票指數期貨是目前金融期貨市場最熱門和發展最快的期貨交易。像一種「數字游戲」，股票指數期貨不涉及股票本身的交割，其價格根據股票指數計算，合約以現金清算形式進行交割。股價指數期貨交易的標的物是貨幣化的某種股票價格指數，合約的交易單位是以一定的貨幣與標的指數的乘積來表示，以各類合約的標的指數的點數來報價的。美國標普500股指期貨為每點250美元，納斯達克100指數期貨為每點100美元，德國法蘭克福指數期貨為每點5歐元，香港恒生指數期貨為每點50港元。如果恒生指數每降低一個點，則該期貨合約的買者每份合約就虧50港元，賣者每份合約賺50港元。

（三）期權市場

期權（Options）也叫選擇權，是指一種能在未來某特定時間以特定價格買進或賣出一定數量某種特定商品的權利。金融期權則是以金融基礎資產或金融期貨合約為標的資產的期權交易形式。期權買方能在合約到期日或有效期內以一定價格出售或購買一定數量的標的物，作為代價要向期權的賣方支付一定數額的期權費。

1. 期權交易的構成要素

（1）執行價格（又稱履約價格）。執行價格是指期權合約中確定的協議價格，即期權的買方行使權利時執行的標的物買賣價格。

（2）期權費。期權費是指期權的買方支付的期權價格，即買方為獲得期權而付給期權賣方的費用。期權費就是雙方買賣權利的價格，也稱為期權價值。

（3）期權的交易者。期權的買方代表的是權利方，期權的賣方代表的是義務方。買賣雙方代表的權利和義務不對等。買方支付權利金後，有執行和不執行的權利而非義務；賣方收到權利金，無論市場情況如何不利，一旦買方提出執行，則負有履行期權合約規定的義務而無權利。

2. 期權交易的分類

（1）看漲期權和看跌期權。

①看漲期權也稱買入期權，是指期權買方擁有在規定時間以執行價格從期權賣方買入一定數量標的資產的權利。若交易者買進看漲期權，之後市場價格果然上漲，並且升至執行價格之上，則交易者可以執行期權從而獲利。從理論上說，價格可以無限上漲，因此買入看漲期權的盈利理論上是無限大的。若到期一直未升到執行價格之上，則交易者可以放棄期權，其最大損失為期權費。

②看跌期權也稱賣出期權，是指期權買方擁有在規定時間以執行價格向期權賣方出售一定數量標的資產的權利。若交易者買進看跌期權，之後市場價格果然下跌，並且跌至執行價格之下，則交易者可以執行期權從而獲利，由於價格不可能跌到負數，因此買入看跌期權的最大盈利為執行價格減去期權費之差。若到期一直漲到執行價格之上，則交易者可以放棄期權，其最大損失為期權費。

（2）歐式期權和美式期權。

①歐式期權，期權買方只能在期權到期日當天行使其選擇權。合約的交割日為合約的到期日。目前中國的外匯期權交易大多採用歐式期權。

②美式期權，期權買方可以在期權到期日之前的任何一個營業日行使其選擇權。目前，世界上主要的金融期權市場上，美式期權的交易量遠大於歐式期權的交易量。

3. 期權交易的特徵

因為期權的買方代表的是權利方，期權的賣方代表的是義務方，買賣雙方代表的權利和義務不對等，所以期權交易雙方的盈虧具有非對稱特點，如圖4-1所示。

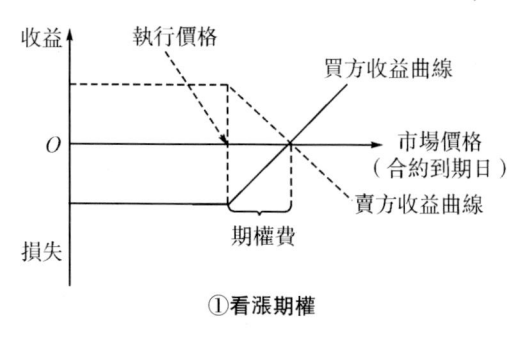

①看漲期權

②看跌期權

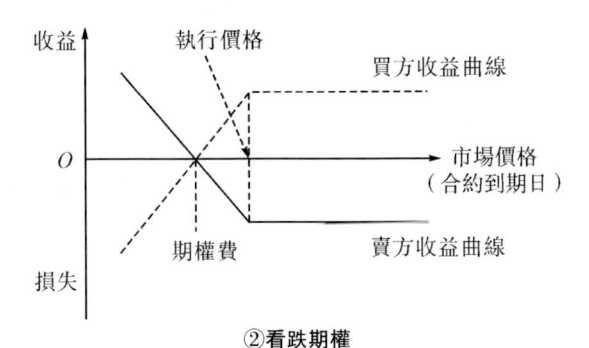

圖 4-1　期權交易雙方損益圖

從圖 4-1 中我們可以得出期權交易雙方的盈虧特徵如下：

（1）無論是看漲期權還是看跌期權，期權賣方的最大收益是期權費，同時也是期權買方的最大損失。

（2）無論是看漲期權還是看跌期權，期權買方的潛在收益是無限大的，期權賣方的潛在損失也是無限大的。

（3）期權盈虧平衡點是指期權標的資產達到某一價位時，買入或賣出該期權將實現盈虧平衡，即期權交易雙方剛好不賺也不虧的平衡價格。

看漲期權盈虧平衡點：市場價格＝執行價格＋期權費。

看跌期權盈虧平衡點：市場價格＝執行價格－期權費。

（4）期權合約買賣雙方的損益之和等於零，即期權本身是一個零和博弈。

（四）互換交易市場

互換（Financial Swaps）也譯作「掉期」，是指交易雙方達成協議，約定在未來某個時間以事先約定的方法交換兩筆貨幣或資產的金融交易。互換交易中交換的具體對象可以是不同種類的貨幣、債券、利率、匯率等。一般互換交易的具體步驟是：互換雙方先各自在自己的優勢市場上融資，並相互交換；互換協議到期後，互換雙方將互換的資金還給對方，或者是將利息按期支付給對方。

金融互換合約根據基礎資產的不同，主要有貨幣互換和利率互換。貨幣互換是指將一種貨幣的本金和固定利息與另一種貨幣的等價本金和固定利息進行交換。利率互換是指雙方同意在未來的一定期限內根據同種貨幣的同樣的名義本金交換現金流，其中一方的現金流根據浮動利率計算出來，而另一方的現金流根據固定利率計算出來。

例如，有 A、B 兩家公司，都想借入一筆 5 年期、金額為 1,000 萬美元的資金。兩家公司各自在浮動利率資金市場和固定利率資金市場融資的利率如表 4-3 所示。

表 4-3　　　　　　　　A、B 兩家公司融資成本比較

借款方	固定利率資金市場借款利率	浮動利率資金市場借款利率
A	8.00%	LIBOR+0.30%
B	9.50%	LIBOR+1.00%
成本差異	1.50%	0.70%

假設 A 公司計劃籌借浮動利率資金，B 公司計劃籌借固定利率資金，兩家公司如何互換才能做到「雙贏」？

我們可以看出，A 公司無論在固定利率市場還是浮動利率市場融資成本都比 B 公司要低，即 A 公司具有絕對優勢。這表明 A 公司的信用等級要高於 B 公司。但從兩個市場的融資成本差異來看，A 公司在固定利率市場的融資成本比 B 公司節約 1.5%，大於其在浮動市場的成本優勢。因此，A 公司在固定市場有比較優勢，相應地，B 公司在浮動利率市場上有比較優勢。於是按照比較優勢原理，兩家公司可以達成利率互換協議。雙方簽訂互換協議，內容是 A 公司承諾以浮動利率 LIBOR 定期向 B 公司支付利息，B 公司承諾以固定利率 8.2% 定期向 A 公司支付利息。交易的流程如圖 4-2 所示。

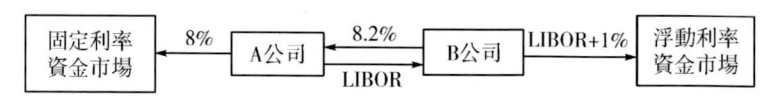

```
固定利率    8%    ┌──────┐   8.2%   ┌──────┐  LIBOR+1%   浮動利率
資金市場  ←───── │ A公司 │ ←─────  │ B公司 │ ─────→     資金市場
                 └──────┘   LIBOR   └──────┘
```

圖 4-2　互換交易流程示意圖

首先，兩家公司去各自有比較優勢的市場融資。A 公司去固定利率資金市場，以 8% 的利率取得 1,000 萬美元的借款。B 公司去浮動利率資金市場，以 LIBOR+1% 的利率取得 1,000 萬美元的借款。這裡我們可以看出，雙方的借款本金都是自籌的，只是在之後的利息支付階段是彼此替對方支付利息。

其次，A 公司將固定利率交換給 B 公司使用，因此 B 公司需要向 A 公司支付協議約定的固定利率 8.2% 計算的利息。相對應，B 公司將浮動利率交換給 A 公司使用，因此 A 公司需要向 B 公司支付協議約定的浮動利率 LIBOR 計算的利息。

最後，兩家通過互換交易實現了降低融資成本的目的。

A 公司期間發生了三筆現金流：第一，支付給貸款銀行固定利率 8% 計算的利息；第二，支付給 B 公司協議約定的浮動利率 LIBOR 計算的利息；第三，收到 B 公司支付的協議約定固定利率 8.2% 計算的利息。因此，A 公司的融資成本為 LIBOR−0.2%，而 A 公司不通過互換交易資金去浮動利率資金市場融資的成本是 LIBOR+0.3%，可以看出，互換幫 A 公司節約了 0.5% 的成本。同樣，B 公司期間發生了三筆現金流：第一，支付給貸款銀行浮動利率 LIBOR+1% 計算的利息；第二，支付給 A 公司協議約定的固定利率 8.2% 計算的利息；第三，收到 A 公司支付的協議約定浮動利率 LIBOR 計算的利息。因此，B 公司的融資成本為 9.2%，而 B 公司不通過互換交易資金去固定利率資金市場融資的成本是 9.5%，可以看出，互換幫 B 公司節約了 0.3% 的成本。互換合約給雙方帶來的收益之和為 0.8%，恰好等於固定利率成本差異與浮動利率成本差異之差。

習題

概念解釋：

　　貨幣市場　　資本市場　　大額存單　　回購協議　　註冊制

思考題：

（1）銀行用 90 元的折扣價購買了期限為 65 天、價值為 100 元的商業票據，其貼現利率和實際收益率分別為多少？

（2）建設銀行於 2018 年 4 月 1 日將一張面值為 10 萬元的匯票向央行再貼現，匯票到期日為 7 月 1 日，再貼現率為 6%，建設銀行可以獲得多少再貼現金額？

（3）甲支付 300 美元向乙購買一張看漲期權合約。該合約允許甲在未來 3 個月內以每股 60 美元的價格買入 100 股通用汽車公司的股票。

①請找出這份合約的期權費與執行價格。

②如果約定的期限內通用汽車公司的股票價格上漲為每股 95 美元，請問該如何操作？請計算交易雙方損益。

③如果約定的期限內通用汽車公司的股票價格下跌為每股 40 美元，請問該如何操作？請計算交易雙方損益。

（4）A 公司需要浮動利率資金，它可以在信貸市場上以半年 LIBOR 加上 30 個基點或在債券市場上以 13.05% 的年利率籌措長期資金。與此同時，B 公司需要固定利率資金，它能夠在信貸市場上以半年 LIBOR 加上 40 個基點或在債券市場上以 13.75% 的年利率籌措長期資金。

①哪家公司在浮動利率市場上有比較優勢？原因是什麼？

②互換交易的總收益是多少？

③假定互換協議規定：B 公司將浮動利率交換給 A 公司使用，互換報價為LIBOR。請給出合適的貸款和互換方案，使兩家公司受益相同。

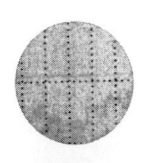

第五章　商業銀行經營管理及監管

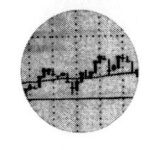

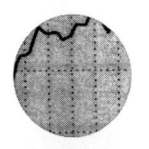

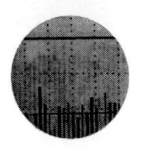

金融是經濟的核心，目前來看，商業銀行占據的社會融資規模的比重是最大的，商業銀行已成為金融體系的重要組成部分。學術界圍繞「銀行更重要還是股市更重要」這一問題討論的時日已久，並形成了三類觀點。第一派觀點我們稱作銀行派，即認為銀行有利於與企業形成長期穩定的借貸關係，銀行更瞭解企業的財務、營運狀況和風險，同時銀行在貸後對企業的監控和催收都具有優勢，能夠更好地促進經濟發展。第二派觀點我們稱作市場派，即認為股市為企業融資、兼併收購提供便利，在流動性較好的股市中，投資者轉讓股份壁壘較少，因此更願意投資在長週期的項目中，能夠促進經濟。第三派觀點我們稱作金融派，即認為資本市場和銀行之間並不互斥，對實體經濟發展起關鍵作用的不再是銀行和股市誰更重要、誰占多少比重，而是建立一個有效的金融系統，提高金融服務的效率。

本章介紹商業銀行的經營管理與銀行監管，必然會涉及許多新的話題——傳統的銀行業務走到盡頭了嗎？靠存貸利差還能否支撐一家商業銀行？互聯網金融對現代商業銀行的影響如何？我們會在基本知識點闡述的過程中，結合最新的銀行發展動向，向大家闡述這些問題。

第一節　商業銀行的經營模式與組織制度

一、商業銀行的經營模式

商業銀行主要有兩種經營模式，即分業經營和混業經營，混業經營也叫綜合經營。商業銀行經營管理體制是採用分業經營還是綜合經營，是商業銀行的一個重要問題，涉及銀行的經營策略、業務範圍、競爭狀況等。一個國家的商業銀行究竟是實行分業經營還是綜合經營，必須考慮當時的社會經濟金融發展狀況，同時還要受到國家法律限制。

（一）分業經營

所謂分業經營，是指銀行業與證券業、保險業和信託業實行分開經、分開管理。一個金融機構如果經營銀行業，就不能同時經營證券業或保險業或信託業，這幾類金融業務不能交叉經營。實行分業經營可以使各金融機構集中精力開拓自己的業務領域；可以減少對客戶利益的損害，防止內幕交易；可以防止金融壟斷集團的出現。20世紀30年代之前，西方國家的金融業主要以綜合經營為主。1929—1933年的經濟大危機後，分業經營成為各國監管機構的共識，各國紛紛出抬措施嚴禁商業銀行從事投資銀行等高風險業務。美、英、日等國相繼實行了分業經營制度，但德國、奧地利、瑞士以及北歐等國仍然繼續實行綜合經營。

從本源上來說，商業銀行是存貸款銀行，負債業務、貸款業務及其相關的中間業務和國際業務構成其經營活動的全部內容，而不得從事證券業務（尤其投資銀行業務、保險業務）。在最新一輪改革開放之前，美國、英國、日本、法國、加拿大、比利時等多數發達國家和韓國等一些發展中國家均實行分業經營制度，現在它們逐步放開了商

業銀行的經營範圍。中國於1995年頒布的《中華人民共和國商業銀行法》對中國商業銀行業務做了如下規定：商業銀行在中華人民共和國境內不得從事信託投資業務和股票業務，不得投資於非自用不動產，也不得向非銀行金融機構和企業投資。這明確規定了中國商業銀行與投資銀行分業經營的原則。分業經營模式，在理論上受「真實票據論」的影響。該理論認為，負債多為活期存款，流動性要求高，因此商業銀行的資產業務應集中於短期貸款，而且貸款一定要以真實交易為基礎，以真實票據作抵押，以保證銀行貸款的安全。根據這種理論，商業銀行不宜發放長期貸款、消費貸款，更不能將銀行資金用於債券、股票以及實物資產等高風險、低流動性的投資。

(二) 混業經營

混業經營（全能經營）與分業經營正好相反，管理當局對銀行的業務範圍限制較少允許商業銀行開展多種業務，既能經營傳統銀行業務，又能涉足證券、投資、保險和其他多種金融業務，實行銀行業與證券業、保險業等的相互滲透與一體化經營。最近30年來，所謂的分業經營和混業經營的區別已日益模糊，實行分業經營的國家正在朝混業經營模式過渡。

混業經營全面的業務範圍為商業銀行的發展提供了廣闊的空間。

商業銀行可以從事多種業務，開拓了除傳統業務利潤以外的多種收入來源。證券投資業務使得商業銀行在業務經營上具有較大的靈活性，證券資產因其流動性可以作為商業銀行的二級準備，可以在一級準備充足時帶來一定的收益，在一級準備不足時又可以隨時變現以滿足銀行的支付需要。

相對分業經營而言，混業經營使商業銀行具有更大的穩定性。其一，混業經營使商業銀行資產多元化，尤其是在證券資產選擇時可以擁有相當大的空間，這進一步分散了銀行的資產風險，降低了非系統性風險。其二，由於存款市場的利率與證券市場價格反向變動的特性，兼營證券業務可以降低銀行風險，銀行的部分虧損可以由其他業務的盈利來彌補從而有利於保持銀行整體穩定。其三，有價證券提高了資產的流動性，降低了銀行流動性風險，避免發生支付危機。

混業制度下銀行對企業提供包括投資在內的全方位金融服務。這既有利於企業的發展，又有利於建立起密切的銀企關係，提高銀行企業的綜合競爭能力，使銀行在經濟發展中發揮更大作用。全能銀行提供的多種金融服務有利於動員社會儲蓄，促進儲蓄向投資的轉化。

混業經營模式的劣勢在於增大了監管當局的工作難度。

二、商業銀行的組織制度

(一) 商業銀行內部組織結構

現代商業銀行大多是按照其所在國公司法組織起來的股份銀行，其組織結構大致分為四個系統——決策系統、執行系統、監督系統和管理系統。

1. 決策系統

股東大會是商業銀行的最高權力機構。銀行的優先股股東可以取得固定股息，但無權參與銀行的經營管理決策。普通股股東取得的股息隨銀行盈利的多少而變動，同

時有權參加股東大會，有權參與銀行的經營管理決策。銀行每年至少召開一次股東大會。股東有權聽取和審議銀行的一切業務報告，並有權提出質詢，有權對銀行的經營方針、管理決策和各種重大議案進行表決。

2. 執行系統

商業銀行的執行系統由銀行行長、各條線分管行長、各部門經理、負責人及若干業務、職能部門組成。商業銀行的信貸、個人金融、投行、營業及會計等部門一般被稱作業務部門，專門經辦各項銀行業務。商業銀行的人事、綜合、企業文化等部門被稱作職能部門，主要負責內部管理，協助業務部門開展經營。

3. 監督系統

商業銀行的監督系統由股東大會選取產生的監事會、董事會中的審計委員會以及銀行的審計部門組成。根據中國的規定，監事會應當包括股東代表和適當比例的公司職工代表，其中職工代表的比例不得低於1/3。監事會每半年至少召開一次會議，由監事會主席召集和主持，其決議應當經半數以上監事通過。監事可以提議召開臨時監事會會議。監事會的主要職責是對銀行的財務活動進行檢查和監督，對董事、行長和其他高級管理層成員的職務行為進行監督等。

4. 管理系統

商業銀行的管理系統由五個方面組成。第一，經營管理，由審計和內控部門、分支行管理部門、人事部門、會計出納部門、合規部等組成。第二，資金財務管理，由資產負債部、證券部、投資管理部等部門組成，主要負責在貨幣市場和資本市場進行投資組合管理。第三，資產管理，由公司金融部、信用卡部和貸款審查部等組成，主要管理商業信貸、商業房地產信貸、信用卡業務等，並負責貸款審查。第四，個人金融管理，由私人銀行部、信託部、消費者業務部、住房貸款部等組成，主要負責安排組織各種私人銀行業務、信託業務和面對消費者的業務。第五，國際業務管理，主要職責是從事國際銀行業務，提供貿易融資，進行外匯買賣。

(二) 商業銀行組織結構和類型

商業銀行的外部組織結構主要包含三種類型：單一銀行制、總分行制、銀行控股公司制。

1. 單一銀行制

單一銀行制是銀行業最古老的一種組織結構，該類銀行通過一個營業部門提供其全部服務，其中有少量業務（如吸收存款和支票兌現）通過專門性服務設施來提供，如便利窗口、自動櫃員機（ATM）以及銀行的網站。

單一銀行制的優點主要有：可以限制銀行業的兼併和壟斷，有利於自由競爭；有利於協調銀行與地方政府的關係，使銀行更好地為地區經濟發展服務；由於單一銀行制富有獨立性和自主性，內部層次較少，因此其業務經營的靈活性較大，管理起來也較容易。

單一銀行制的缺點主要有：規模較小，經營成本較高，難以取得規模效益；與業務的外向發展存在矛盾，人為地造成資本的迂迴流動，削弱了銀行的競爭力；業務相對集中，經營風險較大。

2. 總分行制

隨著銀行規模的不斷擴大，單一銀行制會決定建立一個或多個分支機構來適應經濟的發展。總分行制是指在法律上允許在銀行總行之下，在國內外普遍設立分支機構並形成龐大的銀行網絡的銀行制度。中國的商業銀行大多屬於總分行制。

商業銀行實行總分行制的優點主要有：銀行分支機構較多使得銀行規模擴大，有利於現代化技術的應用，能夠提供快捷便利的金融服務，實現規模效益；有利於資金在各地區的籌集和調度，充分有效地利用資本；有利於銀行風險的分散，提高銀行的安全性；有利於在內部實行高度的分工，易於培養出專門優秀人才。

總分行制的缺點主要有：容易造成大銀行對小銀行的吞並，形成壟斷，妨礙競爭；若銀行規模過大，分支機構較多，對總行的管理控制能力要求較高。

3. 銀行控股公司制

銀行控股公司（Bank Holding Company）是指持有至少一家銀行的股份（權益股）而獲得特許經營的公司，通常也兼具其他業務。大多數控股公司僅僅是持有一家或多家銀行的權益股份的很小一部分，由此繞過政府監管。美國的《銀行控股公司法》有關條例規定：如果一家控股公司對至少一家銀行所購權益股份占該行權益股的25%或更多，或者有權選擇一家銀行董事會的至少兩名董事，即認為存在控股。近年來，銀行控股公司發展迅速，以美國為例，2010年有將近5,500家銀行控股公司控制著美國銀行業資產總額的99%以上。接近5,400家商業銀行附屬於銀行控股公司。銀行控股公司的主要優勢包括：更容易利用資本市場籌資；較之那些不具有附屬銀行的公司，它們更能運用槓桿；具有用內部一部分業務的利潤補償公司其他部分業務損失的稅收優勢；能夠向銀行業務以外的其他業務擴張。

拓展閱讀：中國金融業分業經營與混業經營的比較研究

一、中國金融業經營模式的演變及發展方向

中華人民共和國成立後，中國金融業經營模式經歷了三個階段：

第一階段（從1949年到改革開放初期），中國基本上沒有證券、保險業務，這一階段中國所有的金融服務都是由人民銀行提供的。這一階段可以稱之為人民銀行階段。

第二階段（從改革開放到1993年），中國證券業、保險業相繼出現，銀行的業務涉及各個行業，保險、信託等行業也是互相滲透，這一階段是徹底的混業經營階段。但是到了1992年，由於房地產和證券投資過熱，又加上中國相關法律法規的不健全以及銀行防範風險的意識不強，大量不良信貸資金湧入證券業與房地產行業，引發了金融秩序的混亂，給中國的經濟發展帶來了非常不好的影響。

第三階段（1993年到現在），從1993年開始，中國著手整頓金融市場的秩序，並通過了《中共中央關於建立社會主義市場經濟體制若干問題的決定》，首次提出銀行業與證券業實行分業經營。1995年《中華人民共和國商業銀行法》的實施，以法律的形式確立了中國金融業實行分業經營的道路。與此同時，證監會、保監會、銀監會相繼成立，更加具體明確了中國的金融業實行分業經營、分業管理的模式。目前中國的銀行雖然與保險公司以及券商有一定的合作關係，但是銀行也只是作為第三方平臺的

形式存在，後續業務的展開還是由保險公司和券商負責相關工作，與真正的混業經營還有一定的距離。

二、中國金融業實行混業經營的意義

實行混業經營可以更好地促進資源的有效配置，降低成本，同時能夠提高中國商業銀行的國際競爭力，對中國金融行業的快速發展意義重大。

（一）促進資源有效配置，降低經營風險

很長一段時間以來，中國國有商業銀行一直以存貸款為主要業務，導致銀行形成的結構不太合理，證券資產和其他資產只是占了其中極少的一部分。與發達國家的商業銀行相比，中國商業銀行的資金實力和盈利能力都存在較大差距，財務狀況令人擔憂，風險防範能力較差。中國商業銀行的業務範圍過於狹窄，限制了自身的發展。實行混業經營，銀行可以參與到證券、保險的機構中去，從而實現資源的共用，提高資金的使用效率，並且銀行還可以與證券、保險行業之間互相彌補不足，有效減小經營的風險。

（二）提高中國商業銀行國際競爭力

中國加入世貿組織以後，在華外資銀行的各種限制日益縮小，這些外資銀行不論是從其經營理念，還是從其經營技術上，都處於國際領先水準。而相比之下，中國商業銀行業務仍是以傳統存貸款為主，業務範圍狹窄，盈利能力不高，這必然導致了中國銀行在國際金融競爭方面不具優勢。西方發達國家的商業銀行基本上實行的都是混業經營的模式，一方面可以實現不同金融機構之間資金的有效溝通，另一方面可以為顧客提供全方位的金融服務。這種情況下，中國實行分業經營、分業管理的銀行機構是很難與國外擁有各種金融業務的銀行相抗衡的。

三、中國金融業實行混業經營的有關建議

在經濟快速發展、行業壁壘逐漸弱化的形勢下，中國應結合經濟現狀選擇合適的混業經營模式。目前，有三種混業經營模式在國際上占據重要地位：以德國為代表的全能銀行、以英國為代表的母子公司和以美國為代表的金融控股公司。

德國模式的主要特徵是全面放開阻礙不同金融行業之間業務交叉的法律限制，發展綜合性銀行，由單一的金融機構以分設部門的方式全面經營銀行、證券和保險等金融業務，金融跨業經營整合程度最高。這種經營模式可以實現金融業規模經濟的發展，提供更多的金融產品和服務，並且可以有效分散風險，提高金融業的經營效率，更好地為客戶服務。但是因為這種模式對內部控制及外部監管要求較高，目前中國還不宜採用這種模式。

英國式的母子公司模式指的是以一個綜合性的金融機構作為母公司，以它的子公司提供不同的金融服務。這種模式一般都建有防火牆制度，可以有效轉移風險。另外這類母公司一般都是僅對子公司投資，不會因為子公司的經營風險而給母公司帶來法律上的責任。也正是因為這些，這種模式對金融的整合度不高，從而難以形成規模經濟。

美國式的金融控股公司是通過直接或間接持有一定比例的股份或其他方式而對銀行、證券和保險等不同領域的公司擁有控制權，不直接從事其他業務經營的公司。在

這種模式下，控股公司是純粹的控股公司，它不去參與公司的具體業務活動。但是控股公司統一對旗下的子公司進行專業的指導與管理。這樣一方面可以將管理與具體業務相分離，集中資源實現整體目標；另一方面又可以避免因直接從事具體業務活動而給整個集團帶來風險與損失。

比較上述三種模式，我們可以發現，金融控股公司的模式對中國更合適。一方面是因為美國金融業的經營模式是從混業發展到分業最後再到混業的，與中國的金融業經營模式的演變有相似之處；另一方面是因為金融控股公司保留了一些原來分業經營的優點，比如在金融控股公司內部設置防火牆等。中國應借鑑美國成功的經驗，通過建立適合中國經濟發展的控股公司形式逐步實現混業經營。

資料來源：馬婧麗，張騰騰. 中國金融業分業經營與混業經營的比較研究［J］. 當代經濟，2017（30）：130-131.

第二節　商業銀行的資產負債表業務

商業銀行的業務主要包括表內業務和表外業務，其中表內業務是指記入銀行資產負債表中的業務，包括負債業務和資產業務；表外業務是指不列入銀行資產負債表且不影響銀行資產負債表總額的業務。本節重點介紹商業銀行的資產負債表及其表內業務。

一、商業銀行資產負債表

資產負債表是企業三大會計報表之一，也是銀行重要的會計報表。

資產負債表包含三大科目：資產、負債以及所有者權益。對於商業銀行而言，資產負債表體現的會計恒等式如下：

資產＝負債+銀行資本

這個會計恒等式簡單變形可得：銀行資本＝銀行資產-銀行負債。當某家銀行的負債總額超過其資產總額，那該銀行資本為負，說明該銀行面臨很大的破產風險。

銀行資產負債表中的資產項代表著銀行資金的運用，負債項代表著銀行資金的來源。銀行資金的運用主要包括各類貸款、證券投資以及現金業務。銀行資金的來源主要包括存款及發行債券等。表5-1通過一個簡化的商業銀行資產負債表來為大家展示了銀行的各類資產與負債業務。

表 5-1　　　　　　　　簡化的商業銀行資產負債表

資產		負債與資本
現金資產		存款
	庫存現金	活期存款
	存款準備金	儲蓄存款
	同業存款	定期存款
	在途資金	借款

表5-1(續)

資產		負債與資本	
貸款		向中央銀行借款	
	工商貸款	同業拆借	
	消費者貸款	其他借入資金	
	不動產貸款	其他負債	
	銀行間貸款		
	其他貸款	所有者權益	
投資		資本	
	政府債券	資本盈餘	
	其他有價證券	未分配利潤	
其他資產		資本儲備金	

二、商業銀行的負債業務與所有者權益

商業銀行的所有者權益，即銀行的資本金，加上商業銀行的負債，構成了商業銀行的資金來源。商業銀行的資本金為商業銀行的自有資金，主要包括註冊資本、實收資本、股權資本、監管資本和經濟資本。銀行資本金的多少直接影響銀行的安全和穩健。商業銀行的負債業務主要包括主動型負債（如發行債券）和被動型負債（如存款）。

（一）傳統存款業務

客戶將暫時閒置的資金存入銀行形成了銀行的存款。這對銀行來說是一種負債。過去多年的銀行經營中，存款都被看成銀行資金的主要來源。存款負債是銀行資產經營的基礎和前提，存款規模和結構制約著銀行的資產基礎。這是因為一方面銀行的存款負債要支付存款人利息以及其他獲得存款的成本費用；另一方面銀行的存款負債以貸款的形式投放給企業，獲得貸款利息，但隨著銀行間競爭的加劇，存貸利差在逐漸縮小，銀行只有依靠吸收大量的存款，使資產總額盡可能地擴張。銀行的存款負債主要包括社會公眾的存款、企業存款以及銀行間的同業存款等。按業務性質，商業銀行存款可分為個人存款、單位存款、財政性存款、臨時存款、委託存款和其他存款。其中，個人存款包括儲蓄存款、保證金存款和結構存款；公司存款包括活期存款、定期存款、通知存款和保證金存款。本教材沿用美國聯邦存款保險公司的統計方法將存款分為交易型帳戶（Transaction Accounts）和非交易型帳戶（Non-transaction Accounts），或者生息存款和非生息存款。交易型帳戶指經常性使用帳戶，如活期存款；非交易型帳戶包括定期存款。

1. 活期存款

活期存款是指可以由儲戶隨時存取和轉讓的存款，它沒有期限規定的要求，銀行也無權要求儲戶取款時做事先的書面通知。持有活期存款帳戶的存款者可以用各種方

式提取存款，如開出支票、本票、匯票、手機銀行、互聯網支付平臺轉帳等。由於各種經濟交易，包括信用卡、商業零售等，都是通過活期存款帳戶進行的，因此國外又把活期存款帳戶稱為交易型帳戶。活期存款又稱支票存款，因為在各種取款方式中最傳統的是支票提款。對存款客戶而言，活期存款支取方便、運用靈活，同時也是取得銀行貸款和各種服務的重要條件。對商業銀行而言，活期存款具有貨幣支付手段和流通手段的職能，能提高銀行的信用創造能力。此外，活期存款還具有很強的派生能力，能有效提高商業銀行的盈利水準，也是銀行擴大信用、聯繫客戶的重要渠道。

2. 定期存款

定期存款的存款期限固定且較長，是商業銀行穩定的資金來源。定期存款的期限通常有3個月、6個月、1年、3年、5年，甚至更長的期限。存款利率水準隨著期限的延長而提高，利息構成存款者的收入和銀行的成本。定期存款到期時才能提取本金和利息，若儲戶提前支取，則會損失相應的存量利息，定期存款到期後可以續存。銀行根據到期的存單計算應付的本息。定期存單一般不能轉讓和流通，但是客戶可以以此為質押品從銀行獲取貸款。

3. 儲蓄存款

儲蓄存款（Thrift Deposits）是為了吸引希望預留資金以應付未來支出或資金困難的客戶而設計的，此類存款的利率通常要高出交易存款許多。雖然儲蓄存款的利息成本較高，但對存款機構而言其處理和管理成本通常較低。儲蓄存款和儲蓄不是同一個概念，儲蓄的原始意義是指貯藏，而儲蓄存款則是銀行負債的重要組成部分。國內外對儲蓄存款概念的定義也有明顯差異，美國把儲蓄存款定義為「存款者不必按照存款契約的要求，只需按照存款機構的要求，在實際提取日前7天以上的任一時刻，提出書面申請便可取款的一種存儲帳戶」。在美國，居民個人、政府和企業都可以合法地持有儲蓄存款。中國的儲蓄存款專指居民個人在銀行的存款，政府機關、企業單位的所有存款都不能稱為儲蓄存款，公款私存被視為違法現象。

（二）創新存款業務

存款創新是指銀行根據客戶的動機和需求，在原有存款種類的基礎上推出新的存款產品，一方面滿足了客戶多元的存款投資需求，另一方面又讓銀行攬儲而更具競爭力。在西方國家，許多商業銀行對活期存款不付利息或少付利息，有時甚至是收取手續費，這種限制雖然保證了金融體系的相對安全和穩定，但也抑制了銀行存款增長速度。為逃避管制，加強銀行的競爭力，美國的商業銀行率先對存款種類進行了創新。國內金融市場隨著利率市場化的改革，為了搶占市場份額，各家商業銀行也不斷推出創新的存款產品。

下面以中國建設銀行為例，為大家介紹一款該行推出的創新存款產品——個人通知存款一戶通。個人通知存款一戶通（以下簡稱「一戶通」）既有活期存款的便利，又有七天或一天通知存款的利息收益。存款客戶選擇該產品並保持存款帳戶餘額在人民幣5萬元（含）以上或外幣等值5,000美元（含）以上時，無需做任何工作，即可實現智能理財，靈活收益一舉兩得。該產品的功能特點主要有採用活期存款帳戶管理模式，存取款記錄一目了然，方便客戶使用；按通知存款的利率計息，收益遠高於活

期存款利息；客戶開戶即約定自動轉存，凡是存入七天以上的存款，均進行自動轉存，按七天通知存款利率結計利息，不足七天的，按一天通知存款利率結計利息；支持人民幣存款和外幣存款；當客戶的約定活期存款帳戶餘額大於約定的保留金額時，並且超出金額符合「一戶通」最低續存金額的規定時，超出部分的存款自動轉入「一戶通」，享受七天或一天通知存款利率。

（三）借款業務

商業銀行的主動負債業務包括銀行借款（再貼現和再貸款）、同業拆入資金、回購協議、國際金融市場融資。商業銀行主動負債業務反應出資金市場狀況以及銀行利用金融市場管理資金的效率。商業銀行向同業或中央銀行的借款方式通常為貼現和直接借款。貼現是票據持有者將未到期的票據轉讓給銀行而銀行按票面金額扣除利息以後將現款付給票據持有人的行為。轉貼現則是商業銀行之間進行的貼現行為，即一家商業銀行將已買進的未到期的票據再拿到另一家商業銀行去申請貼現，這也是一種短期的資金借貸行為，是商業銀行融通短期資金的一條重要渠道。

1. 同業拆借

同業拆借是銀行之間短期資金的互借。借入資金叫「拆入」，借出資金叫「拆出」。同業拆借利率反應銀行間同業拆借市場資金供求狀況，具有參考性和指導性。銀行間同行拆借的主要目的是彌補準備金的不足和保持資金的流動性。同業拆借使商業銀行再不用保持大量超額存款準備金來滿足短期融資及存款支付的需要。在現代銀行制度下，商業銀行經營的目標是利潤最大而風險最小。同業拆借市場可以使準備金盈餘的金融機構及時借出資金，獲得較高收益；使準備金不足的金融機構及時借入資金，保證其流動性，有利於商業銀行實現其經營目標。

2. 再貼現和再貸款

商業銀行主動型負債的方式可以選擇向中央銀行借款，其形式有兩種：再貼現和再貸款。再貼現是指商業銀行以自己已貼現未到期的票據為質押再向中央銀行申請貸款；商業銀行可以向中央銀行申請貸款，即再貸款，以信用獲得央行資金。從歷史數據來看，中國商業銀行向中央銀行的借款大多採取再貸款形式。其原因之一為中國的商業票據信用起步較晚，原因之二是中國國有商業銀行在資金上對中央銀行有著很強的依賴性。但是，再貸款並不像再貼現那樣建立在經濟實際運行的基礎之上，再貸款規模也難以避免主觀隨意性。因此，隨著中國票據和貼現市場的發展，商業銀行的貼現業務將逐步擴大，逐步以再貼現取代再貸款，這將是歷史發展的必然趨勢。

3. 回購協議

回購協議是指商業銀行以其持有的流動性強、安全性高的優質資產為抵押物，與其他某個金融機構約定在未來的某一日以協商的價格購回這些資產的融資活動。回購協議市場流動性強，協議多以短期為主。融入資金免繳存款準備金，是商業銀行擴大籌資規模的重要方式。

4. 發行金融債券

金融債券，即銀行等金融機構作為籌資主體面向社會發行的定期付息、到期還本的債務憑證。發行金融債券是商業銀行籌集長期資金來源的重要途徑。金融債券從發

行目的看，可分為一般性債券和資本性債券。一般性債券是商業銀行為了解決其中長期資金來源而發行的，資本性債券是商業銀行為解決其資本金不足而發行的。銀行發行中長期債券的利息成本較其他融資途徑高，好處是保證銀行資金的穩定。但是較高的融資成本又會促使商業銀行去經營風險較高的資產業務，這從總體上增加了銀行經營的風險。對於商業銀行發行中長期債券，各國都有自己的法律限制。西方國家比較鼓勵商業銀行發行長期債券，尤其是資本性債券；而中國則對此有著非常嚴格的限制，商業銀行通過發行中長期債券獲得的融資比例很低。

5. 從國際金融市場貸款

20 世紀 80 年代以來，發達國家的商業銀行廣泛地在國際金融市場上通過吸收存款，發行大額可轉讓存單（CDs）、商業票據、金融債券等方式獲取資金。

（四）所有者權益

所有者權益是指銀行的自有資本，代表著對商業銀行的所有權。與其他企業相同，所有者權益包括實收資本或股本、資本公積金、盈餘公積金、未分配利潤。

三、商業銀行的資產業務

商業銀行的資產業務是商業銀行資金的運用，商業銀行通過負債業務和所有者權益籌集到資金之後，需要產生利潤，資產業務通過信貸資產、現金資產和證券投資等子業務為商業銀行創造利潤。

（一）現金資產

現金資產是指商業銀行隨時可以用來應付現金需要的資產，是銀行資產業務中最富流動性的部分，是商業銀行隨時用來滿足儲戶提存和銀行內部日常開支的一線準備。現金資產主要包括庫存現金、托收中的現金、在中央銀行的存款、存放同業存款。

1. 庫存現金

庫存現金是指商業銀行保存在金庫中的現鈔（紙幣）和硬幣。庫存現金的主要作用是銀行用來應付客戶提現以及銀行其他的日常零星開支。商業銀行通常僅保持必要的、適度的庫存現金規模，因為庫存現金是銀行的非營利性資產，而且保存庫存現金還需要花費各種大量的相關費用。

2. 托收中的現金

托收中的現金也稱在途資金或托收未達款，是指商業銀行存放在代理行以及相關銀行的存款。在未收付之前，其屬於他行占用資金，而在收付之後即稱為存放同業存款。由於在途時間不長，因此商業銀行通常視其為現金資產。

3. 在中央銀行存款

商業銀行會存放一部分資金在中央銀行，包括法定存款準備金和超額存款準備金。法定存款準備金是指商業銀行按照央行規定的法定存款準備金率向中央銀行繳存的存款準備金。超額準備金是指在存款準備金帳戶中，商業銀行繳存的超過超額存款準備金的那部分存款。商業銀行在中央銀行開立基本存款帳戶，其目的是用於銀行的支票清算、資金轉帳。商業銀行由於同業拆借、回購、向中央銀行借款等業務而出現資金劃轉及庫現的增減，都需要通過該帳戶進行。

4. 存放同業存款

存放同業存款是指商業銀行在代理行和相關銀行存放的資金。設置存放同業存款的目的是方便商業銀行在同業之間展開各種代理業務，如投資諮詢、結算收付等。存放同業存款屬於活期存款性質，隨時可以使用。

（二）貸款

貸款是商業銀行最傳統、最主要的一項資產業務。發放貸款，為消費和投資需要提供資金，也是商業銀行的主要職能之一。一個地區經濟能否健康運行在很大程度上取決於放貸機構信貸職能的運作情況，因為貸款能夠支持該地區企業數目和就業機會的增長。此外，貸款還可以向市場傳遞借款人的資信狀況。儘管貸款能為放貸機構和客戶帶來很大的好處，但是貸款過程卻必須一直處於謹慎的監管之下。

商業銀行的貸款按保障條件，可以分為信用貸款、擔保貸款和票據貼現。

（1）信用貸款。信用貸款是商業銀行僅憑藉款人的信譽而無須借款人提供擔保發放的貸款。信用貸款的特點有風險大、保障條件弱。因此，銀行往往對這類貸款收取較高的利息，並且只對那些聲譽卓著、與銀行有長期業務往來、資本實力雄厚、在行業中占重要地位的大公司發放，貸款期限也不太長。

（2）擔保貸款。擔保貸款是指以某些特定的財產或信用作為還款保證的貸款。擔保貸款具有較強的保障性，有利於銀行強化貸款條件，減少貸款的風險損失，是商業銀行最主要的貸款方式。擔保貸款按照擔保方式的不同，分為保證貸款、抵押貸款和質押貸款。保證貸款是指第三人承諾在借款人不能償還貸款時，按約定承擔一般保證或連帶責任保證為前提發放的貸款。抵押貸款是以借款人或第三人的財產作為抵押物發放的貸款。質押貸款是以借款人或第三人的質物，主要包括動產和權利，作為擔保而發放的貸款。擔保貸款由於有借款人或第三人的保證抵押或質押作為保障，貸款風險相對較小，但貸款手續較為複雜。

（3）票據貼現。票據貼現是商業銀行貸款的一種特殊方式，是指銀行應持票人要求，以現款買進持票人持有但尚未到期的商業票據的方式而發放的貸款。在票據真實、合法，並且有信譽良好的承兌人的前提下，票據貼現業務對銀行而言成本和風險都較小。

商業銀行的貸款按貸款對象的類型，可以分為工商貸款、消費貸款和房地產貸款。

（1）工商貸款。工商貸款是銀行針對工商企業發放的貸款，以滿足企業生產和流通過程中的短期、季節性的流動資金需求以及設備和基礎設施投資的長期資金需求。

（2）房地產貸款。房地產貸款也叫不動產貸款，是銀行對土地開發、住宅公寓、廠房建築、大型設施購置項目提供的貸款。此類貸款資金規模大、期限長、風險大、收益較高，大多採用抵押貸款的形式放款。

（3）消費貸款。消費貸款是銀行向個人和家庭提供的、以滿足其消費支付能力不足時的金融需求。消費貸款項目繁多，比如住房裝修貸款、汽車貸款、學費貸款以及信用卡賒購等。信用卡是消費貸款的一種特殊形式，國際流行的信用卡組織包括維薩卡（VISA）、萬事達卡（Master Card）、美國運通卡（American Express）以及中國銀聯。

（三）證券投資

商業銀行證券投資的對象主要包括短期的貨幣市場金融工具和長期的資本市場金融工具。

1. 政府債券

政府債券是政府依據信用原則，以承擔還本付息責任為前提，為籌措資金而發行的債務憑證。政府債券分為中央政府債券和地方政府債券。中央政府債券又稱為國家債券或國家公債，簡稱國債。

2. 公司債券

公司債券也稱企業債券，是公司為籌措資金而發行的債務憑證。公司債券分為信用債券和抵押債券。信用債券是僅憑公司的信用不需要擔保或抵押而發行的債券，一般只有信譽卓著的大公司才能發行信用債券。出於保護投資者的利益考慮，國家會限制這種債券的發行額度。抵押債券是以公司的不動產或動產債權作抵押而發行的債券。商業銀行投資公司債券的優點主要有：銀行可以獲得高於政府債券的收益，這是因為企業的信譽低於政府，企業債券的票面利率要高於國家或地方政府發行的債券；相對於直接貸款而言，公司債券具有較強的流動性；信譽較高的公司債券的風險比較低，而且大多數債券都是抵押債券。

3. 股票

股票是股份公司發行的證明股東權利的書面法律憑證，也是股東對公司所有權的憑證。股票按所有者權益不同可分為普通股股票和優先股股票。普通股股票是最基本的股票，目前在證券交易所交易的股票均為普通股股票。商業銀行投資股票的目的主要包括作為公司股東參與公司的經營和通過股票的買賣賺取利潤。由於股票投資的風險較大，因此各國對商業銀行對股票投資或投資比例都有一定的限制。

4. 票據

票據屬於貨幣市場短期融資工具，商業銀行投資票據主要包括商業票據和銀行承兌匯票。商業票據以信用作為保證，其發行人多是信用等級高的金融性或非金融性的大公司。商業票據市場的容量巨大、交易活躍，也是商業銀行重要的投資場所。銀行承兌匯票是商業銀行創造的、銀行承諾承擔最後付款責任的承兌融資票據。銀行承兌匯票具有銀行承付款擔保、風險低、安全性高的特點，也是商業銀行證券投資的對象。

第三節　商業銀行的經營管理

商業銀行經營管理包括商業銀行的經營管理原則、商業銀行的資本金管理、商業銀行的資產負債管理、商業銀行的風險管理、商業銀行的財務分析與績效管理、商業銀行的人力資源管理、商業銀行的企業文化管理以及改革與創新。由於篇幅原因，本節主要介紹商業銀行的經營管理原則與商業銀行的資本金管理。

一、商業銀行的經營管理原則

商業銀行作為經營貨幣資金的特殊企業，在保證資金安全和正常流動的前提下，

也要保證其利潤最大化。商業銀行經營管理的一般原則包括安全性原則、流動性原則和盈利性原則。

（一）安全性原則

安全性原則是商業銀行生存的前提。銀行負債端重要的資金來源是儲戶存款，因此銀行在經營活動中，必須保持足夠的清償力，有強大的支付能力，經得起重大風險和損失，能隨時應付客戶提取存款，使客戶對銀行保持堅定的信任。安全性原則要求商業銀行在經營過程中需要做到：

（1）合理安排資產規模和結構，注重資產質量。

（2）提高自有資本在全部負債中的比重。

（3）遵紀守法，合法經營。

（二）流動性原則

流動性原則是商業銀行發展的關鍵，流動性代表了銀行的清償能力。流動性原則要求商業銀行在經營過程中能夠隨時應付客戶提取存款，具有滿足客戶貸款需求的能力。流動性原則包括資產端的流動性和負債端的流動性。資產的流動性要求銀行資產在無損失的條件下能迅速變現；負債的流動性要求銀行獲得資金的成本較低。商業銀行要保持資金的流動性，需要做到以下幾點：

（1）保證資產的質量，如讓貸款本金如期收回，回流到負債的資金池中，以再利用。

（2）優化資產結構，保持隨時能夠以適當的價格取得可用資金的能力（即資產變現的能力）。而保證資金的流動性有兩道防線：一級準備金和二級準備金。一級準備金包括法定存款保證金與超額存款準備金；二級準備金包括向央行借款、同業拆借、發行大額存單、回購業務中的債券質押融資、市場融資等。

（三）盈利性原則

盈利性是指商業銀行獲取利潤的能力，盈利性原則是商業銀行經營的目的。商業銀行只有通過業務經營來確保利潤的獲得，才能不斷提高盈利水準。盈利水準的提高可以使銀行股東獲得投資回報，吸引更多的資本，充實商業銀行的資本金；盈利水準的提高可以增加銀行的利潤累積，增強銀行彌補風險損失的能力；盈利水準的提高可以增強客戶對銀行的信任度，擴大銀行的客戶資源；盈利水準的提高可以增強銀行的競爭實力，使銀行在市場競爭中不被淘汰。盈利性原則要求商業銀行做到：

（1）盡量減少現金資產，擴大盈利資產的比重。

（2）以盡可能低的成本，取得更多的資金。

（3）減少貸款和投資的損失。

（4）加強內部經濟核算，節約管理費用開支。

（5）做好風險管理，嚴格操作規程，完善監管機制，減少事故和差錯，防止內部人員因違法犯罪活動而造成銀行的重大損失。

三原則之間的關係並不孤立，而是辯證統一的。短期中銀行的流動性越強，應付意外衝擊的能力就越強，銀行就越安全。但如果流動性過多，持有流動性高的資產對銀行而言機會成本也很高，銀行本可以用於創造效益的資產就會減少，進而影響銀行

的盈利性，因此這三原則在短期內存在一定衝突。從長期來看，三原則本質上是統一的，盈利性原則要保證長期的盈利而不是短期的盈利。如果銀行過度冒險經營，其最終總盈利會低於穩健經營情況下的總盈利。盈利是銀行安全的最好保障，只有不斷盈利，銀行才會安全，才可能有充足的流動性。綜上所述，銀行管理機構必須正確處理三原則之間的短期、中期和長期關係，實現協調發展，最終實現銀行的經營目標。

二、商業銀行的資本金管理

銀行資本是商業銀行存在的前提和發展的基礎，同時也在銀行風險和收益權衡中起著重要作用。保持一定規模的資本是銀行拓展業務的基礎，也是銀行防範風險的重要保障，但資本比例過高也會影響銀行經營的效率。銀行必須對資本的充足水準做出合理的安排，在確定了合理的資本充足水準後，對資本結構也要進行科學管理。

（一）銀行資本的概念與主要構成

經濟學領域內的資本是指用於生產的基本生產要素，如資金、廠房、設備、材料等物質資源。商業銀行資本是銀行從事經營活動必須注入的資金，是其股東為了賺取利潤而投入的貨幣或保留在銀行中的收益。銀行資本充當了現代商業銀行經營中的啟動資金，是銀行最為可靠、最為穩定、可由銀行獨立使用的資金來源。除此之外，銀行資本還能吸收銀行風險，是商業銀行經營的風險緩衝器。

1. 註冊資本

註冊資本也叫法定資本，是商業銀行在工商行政管理部門登記註冊時，在銀行章程上記載的資本。《中華人民共和國商業銀行法》對設立商業銀行的最低註冊資本做了明確規定。商業銀行的資本是指商業銀行自身擁有的，或者能永久支配使用的資金。由於商業銀行經營的特殊性，其資本僅占資產的很小一部分（一般不到10%），遠低於一般工商企業自有資本的比重。

2. 實收資本

商業銀行在開業時實際募集到的資本金稱為實收資本，也就是投資人已實際認購的股份全部或部分繳納募集資金給銀行的資金。這部分資本也是銀行開業前必需的資本。

3. 監管資本

監管資本是一國金融監管當局為了降低銀行風險、維持金融穩定制定的，銀行必須按照監管當局對資本的定義和要求計算所持有的資本。著名的《巴塞爾協議》規定，商業銀行的總資本金不能低於加權風險資產總額的8%。監管資本還包括一些在會計意義上不能算作資本的附屬債務，在資產負債表中的資產方，以「-」號來表示，比如長期次級債務、混合資本債券等。監管資本對應著銀行資產負債表上的具體項目，因此也是一種實際存在的資本。

4. 經濟資本

經濟資本是由商業銀行的管理層內部評估產生的，配置給資產或某項業務用以減緩風險衝擊的資本。經濟資本是一個統計學概念，其計算公式可簡化為：經濟資本＝信用風險的非預期損失＋市場風險的非預期損失＋操作風險的非預期損失。它是描述在

一定的置信度水準上（如99%），一定時間內（如1年），為了彌補銀行的非預計損失所需要的資本，是根據銀行資產的風險程度大小計算出來的。計算經濟資本的前提是必須要對銀行的風險進行模型化和量化。

(二) 商業銀行資本管理

商業銀行資本金的管理，可從總量管理和結構管理兩個維度入手。總量管理，即商業銀行總資本金的規模應該占比多少才合理，結構管理，即商業銀行總資本當中，各類資本應如何分配。

1. 最佳資本需求量原理

銀行最佳資本需求量原理認為，銀行資本既不應過高也不應過低。銀行資本過高會使財務槓桿比率下降，增加籌集資金的成本，最終影響銀行利潤；資本過低會增加對存款等其他資金來源的需求，使銀行邊際收益下降。

2. 商業銀行內源資本與外源資本

內部籌集資本是多數銀行的資本籌集方式，內源資本可以使銀行不必依賴於外部公開市場，從而可以避免發行股票或債券的費用。使用內源資本籌資，相較於外部籌資，既划算且不會威脅到原有大股東的控制權，又不會稀釋每位投資人的股份和攤薄未來的每股收益。但是使用內源資本也存在一些弊端。內源資本可以籌集的資本數量在很大程度上受到銀行自身盈利能力的限制，同時也會受到監管規定和外部經濟環境變化的影響，依靠淨收益的增長來滿足資本需求意味著商業銀行的管理層必須決定當前收益中有少留存下來，有多少以紅利的形式支付給股東。銀行的董事會和管理層必須在留存比率、當期留存收益與稅後淨收益之比等指標上達成一致。如果留存比率太低，內部資本增長率就很低，這會阻礙銀行資產規模的擴張，使抵禦經營損失、防範破產風險的能力下降；如果留存比率太高，則相應的支付給股東的部分就變少，降低了股東的資本收益率，從而可能低於市場上風險相同的投資的收益率，因此也就不能吸引新的投資，甚至可能導致現有股東撤資。

如果內源資本的籌措不能滿足銀行增加資本的要求，就需借助於權益資本或債務資本等外源資本的補充。狀況良好的銀行借助於外源資本支持自身的發展，狀況不佳的銀行則需要外源資本來補充資本。

權益資本的優點在於可以全部用來滿足基於風險的資本要求，權益資本同時也是永久性資金的來源，股息並非固定支出。權益資本的缺點在於發行成本較高、股權稀釋和潛在的每股收益降低的風險。債務資本的優點在於利息支出可以獲得稅收減免，並且不會像權益資本那樣稀釋每股收益或削弱股東對公司的控制。債務資本的缺點在於存在利息支出；非永久性籌資渠道，必須到期償還；只有部分債務可用來滿足銀行的資本監管要求。外源資本籌資的具體方式有以下幾種：發行普通股、發行優先股、發行債務資本、出售資產租賃設備、進行股票與債券互換等。

拓展閱讀：存款立行，誰來立存款？

資產荒是一種非平衡的暫時狀態，負債荒早晚出現。因為資產和負債之間並不是絕緣的，而是相伴相生、相依為命的。在貨幣鏈的創造上，是資產創造負債，負債支

撐資產——資產負債表的陰陽兩面而已。

資產荒+負債荒=縮利差或縮表。嚴監管加速了這一進程。而利率中樞的提升，將一切構建在低利率或利率下行通道下的資產負債結構打回原形。這個時候又開始思念存款了。存款立行，又掛在了銀行人的口頭。然而，此一時彼一時，此時的存款，早已不是那時的存款了。

那時存款有嚴格的利率管制，沒有理財、餘額寶的分流，沒有手機銀行的隨意搬家，也沒有那麼多的增值服務。那時，只要是存款，就可以帶來無風險收益。但是現在呢？在後利率市場化時代，疊加金融去槓桿，我們正在經歷一場前所未有的信用收縮。過去十年中國銀行業廣義貨幣（存款）「大躍進」的基本邏輯是廣義資產（表內、表外、表表外）的擴張。如今，一場金融反冒進運動嚴重制約了存款派生的規模和速度。這是「存款去哪兒」的基本宏觀邏輯。

同時，存款在結構上也正在發生質的變化，這個變化的內在表現是——承擔價值貯藏功能的存款，已被理財和市場化固定收益類的資產所替代。毫無疑問，按照基準利率定價的存款，已經淪落為投資者資產組合中的劣等品。如果說還有一些承擔「保值增值」功能的低息存款，一定是兩種可能：一是習慣性信任銀行和不懂新金融工具的老年客戶帶來的行將就木的儲蓄，以及靠增值服務彌補市場化利差而存留的隱形成本的存款。二是銀行靠授信來拉動的保證金類存款，這類存款充滿了水分和泡沫。因此，靠這種方式「勾兌」來的存款，對於銀行來說越來越不經濟。

另外承擔中速流動性功能的存款，將逐漸被短期理財、開放式理財、餘額寶等貨幣基金替代。而最終剩下的核心負債，就是真正實現匯兌支付結算功能中沉澱的活期存款。這是最具有貨幣性的存款，也終將成為銀行的核心競爭力所在。銀行利用信用和帳戶優勢形成的託管、監管和專戶資金，累積的沉澱和冗餘，也是形成核心負債的另一個動因。這個核心競爭力考驗的是對公業務的交易能力、零售業務的產品體系搭建和客戶服務能力。

在競爭日益殘酷、結構日益複雜的金融競爭鏈條中，經營貨幣成為銀行最樸素、最原始的經營優勢。洗淨鉛華後，銀行又回到了經營貨幣的原生狀態。

然而，後利率市場化時代，一切都變了。市場化，說到底就是「唯利是圖」的年代。你不給人家好處，人家憑什麼給你存款？

存款立行，那麼又是什麼立存款呢？

答案實際很簡單。存款立行，客戶立存款。轉來轉去又回到了樸素的眾人皆知的原點。

從上市銀行的數據來看，凡是客戶群基礎好的銀行，就越接近貨幣鏈的上端，在金融去產能引發貨幣價格上升的環境裡，經營效益改善越發明顯。幾家大型國有銀行和招商銀行，就是很好的例子。

如同實體經濟去產能引發的大宗商品價格上漲類似，上游企業和靠近產業鏈上端的企業更能在大宗價格上漲中賺取超額利潤，而下游企業的利潤則遭到擠壓。

同樣是資金來源，一般性存款和批發性同業資金相比，背後的客戶群不一樣。前者來自實體經濟，有著豐富的消費、生產和投資場景與非金融連結。而後者的背後，

是相似的交易對手，是虛擬的快速流轉的資金。依賴批發性融資作為主要資金來源的金融機構，在金融危機過程中會率先遭到衝擊。

這一次金融去槓桿和利率中樞上移過程中，被打慘的首先就是資產負債結構扭曲、負債資金敏感型的銀行。資產端久期長重定價遲鈍，負債端久期短重定價靈敏，當市場利率上行，勢必造成負債利率曲線快速上移但資產利率曲線遲鈍調整的非對稱現象，這樣的後果就是利差的快速收窄。

而客戶群基礎牢固的銀行，其佔有的存款由於價格敏感性低，也就緩釋了利率上行過程中的基差風險。

商業銀行舊的生產關係與信息技術革命下的新型生產力之間的矛盾可以看成當前銀行業面臨的主要矛盾。信息技術革命的偉大之處，就是在經濟層面推進了市場深化。物理網點已經搬到了一個一個分散化的智能手機上。每一個手機就是一個網點、一個櫃臺、一個人工智能服務的櫃員。這樣導致存款在銀行間搬家非常容易。現在手機上基本都有微信、支付寶，再加上兩三個銀行應用軟件。一個手機，也是一個金融超市。哪家理財收益率高了，期限設置便利了，動動手指，存款就搬家了。

而對公客戶呢？大公司集團幾乎都有自己的財務公司、金控公司。資金密集型的企業，索性自己建銀行。它們的存款，早就變成了同業投資。而小企業本身就缺資金，還會存款到銀行？

當前的銀行，要拉存款，首先要直面客戶。為客戶創造價值，才能為自己創造存款。負債業務沒有捷徑，需要做大量的苦功夫和基礎工作。真正以客戶為中心，去提升吸引、留住和沉澱核心負債的能力。

比如零售銀行的服務、產品和品牌，公司銀行的專業團隊和綜合化、專業化的金融方案設計能力等；比如構建系統性的交易銀行體系，形成資金體系內循環，減少「客戶佔有信貸資源，卻將結算放到他行從而分流存款」的現象。要做到這些，需要提升認知和定位客戶的水準以及深耕細作產業鏈和供應鏈的能力。

尤其重要的是，如何建立適合金融科技這一現代化武器作戰風格的組織體系。銀行投入到金融科技的，每年幾萬億元，遠遠超出第三方機構。但是如何真正提升客戶體驗，提升效率，恐怕不是生產力的問題，而是生產關係的問題吧。

而在後臺和總行層面上，實際上需要提升的空間更大。比如建立負債業務的戰略管理和統戰體系，保障各條線、支行加強聯動而形成合力，發揮總行「精準制導」和研發先進武器的作用。

從當前的存款市場形勢來看，競爭的重點越來越從營銷端向產品和系統端轉移，後臺戰略管理和專業化能力越強，一線人員在營銷過程中就越有尊嚴，背的包袱就越輕。

總之，對於存款立行，客戶立存款，道理實際上都能理解，剩下的就看有沒有耐心改變甲方思維，踏踏實實地為客戶、為「工農商學兵」服務了。

資料來源：趙健. 存款立行，誰來立存款 [EB/OL]. (2017-12-2) [2018-12-20]. http://www.sohu.com/a/212936772_460385.

第四節　銀行監管的主要內容

從全世界範圍來看，各國政府對所有產業的監管中，對銀行業的監管是最為嚴格的。這是因為商業銀行吸收存款、提供貸款以及向客戶提供各類金融服務，都必須在中央銀行和政府制定的旨在保護公共利益的規則框架內進行經營活動。

一、銀行監管的必要性

（一）保護存款者利益

銀行是大規模吸收社會公眾及機構存款的金融機構。社會公眾的儲蓄存款大多數期限相對較短、流動性較大，同時銀行也持有大量存放於退休金中的長期存款，比方說中國的養老基金和社保基金有很大一部分存放於商業銀行。銀行破產或銀行犯罪造成的資金損失，對許多個人和家庭而言是場災難。同時，商業銀行與其存款客戶之間，存在著天然的信息不對稱，銀行80%的存款客戶都屬中小儲戶，他們缺乏專業的金融知識和可靠充分的信息，這導致他們很難正確評估一家銀行或其他金融機構風險狀況。為保護公眾利益和防範風險，相關的監管機構必須匯集和分析必要信息，由此來評估銀行真實的金融狀況。政府機構隨時向那些面臨著突發性的可支配儲備金不足的銀行提供貸款，由此保護公眾的存款利益。

（二）調控信貸規模

商業銀行或存款貨幣機構是唯一可以通過可支配存款進行放貸和投資來創造存款貨幣的金融機構，由此也要受到監管部門嚴密的監管。銀行吸收原始存款，通過信貸及投資創造派生存款，影響流通中的貨幣量，進而影響宏觀經濟。中央銀行需要通過存款準備金率的調節，控制商業銀行的信貸規模，從而調控貨幣供給。

（三）銀行業的高風險性及其傳染性

商業銀行是天然的經營風險的行業。銀行業具有高風險的特徵且該特徵具有傳染性。

1. 商業銀行的風險分類

根據風險性質劃分，商業銀行的風險可以分為商業銀行純粹風險和商業銀行投機風險。純粹風險是指商業銀行只有損失的可能性而不可能獲利的風險，如借款人違約不能按期歸還貸款本息的風險。投機風險是指商業銀行既有可能遭受損失也有可能獲取收益的風險，如商業銀行證券投資、外匯買賣等業務。

根據風險來源不同，商業銀行的風險可以分為信用風險、市場風險、國家風險、流動性風險、操作風險、法律風險、資本風險等。

（1）信用風險。信用風險又稱違約風險，是指交易對手未能履行契約中約定的義務而造成經濟損失的風險。信用的基本特徵是到期履約，還本付息。如果借款人或交易對手由於經營不善或故意詐欺而不能履約，則對授信人而言發生了信用風險。信用風險是中國商業銀行面臨的主要風險。

（2）市場風險。市場風險是指因市場價格（利率、匯率、股票價格和商品價格）

的不利變動使銀行表內和表外業務發生損失的風險。市場風險存在於銀行的交易和非交易業務中。市場風險可以分為利率風險、匯率風險、股票價格風險和商品價格風險，分別是指由於利率、匯率、股票價格和商品價格的不利變動而帶來的風險。

(3) 國家風險。國家風險是指因外國政府的行為而導致的風險。當前，商業銀行經營國際化是一種普遍現象，商業銀行向國外政府或企業發放貸款，或者在外國開設分支機構，因此將面臨由所在國政治動盪、戰爭、宏觀經濟政策變化等引起的風險。

(4) 流動性風險。流動性風險是商業銀行面臨的重要風險之一。所謂流動性風險，是指商業銀行雖然有清償能力，但無法及時獲得充足資金或無法以合理成本及時獲得充足資金以應對資產增長或支付到期債務的風險。流動性風險如不能有效控制，將有可能損害商業銀行的清償能力。流動性風險又可以分為融資流動性風險和市場流動性風險。融資流動性風險是指商業銀行在不影響日常經營或財務狀況的情況下，無法及時有效地滿足資金需求的風險。市場流動性風險是指由於市場深度不足或市場動盪，商業銀行無法以合理的市場價格出售資產以獲得資金的風險。

(5) 操作風險。操作風險是指在日常業務中，由於內部程序不完善、操作人員差錯或舞弊以及外部事件等引起的風險。操作風險主要包括人員風險、流程風險、技術風險和外部風險。

(6) 法律風險。法律風險是指商業銀行的日常經營活動或各類交易應當遵守相關的商業準則和法律原則，在這個過程中，因為無法滿足或違反法律要求，導致商業銀行因不能履行合同而發生爭議、訴訟或其他法律糾紛，從而給商業銀行造成經濟損失的風險。

(7) 資本風險。資本風險是指商業銀行資本金不足，無法抵禦壞帳損失，缺乏對存款及其他負債的最後清償能力從而影響商業銀行經營安全的風險。

2. 銀行風險的傳染效應

銀行業的高風險導致銀行業的內在不穩定性，這種不穩定性的典型表現就是銀行擠兌及其引起的銀行危機具有的傳染性。銀行擠兌是指存款人對銀行給付能力失去信心而產生的從銀行大量支取現金的現象，是一種突發性、集中性、災難性的流動性危機。在出現擠兌時，市場銀根異常緊縮、借貸資本短缺、利率不斷上漲，迫使一些銀行和金融機構倒閉或停業，發生銀行恐慌甚至銀行業危機。

二、金融監管的原則與理論

對銀行的監管是金融監管的主要部分，也是歷史最長、發展最為完善的部分。許多金融監管的原則和理論，實際上都是在監管銀行的過程中逐步形成的。由於經濟、法律、歷史、傳統乃至體制的不同，各國在金融監管的諸多具體方面存在著不少差異，但有些一般性的基本原則卻貫穿於各國金融監管的各個環節與整個過程：

第一，依法管理原則。

第二，合理、適度競爭原則。監管重心應放在保護、維持、培育、創造一個公平、高效、適度、有序的競爭環境上。

第三，自我約束和外部強制相結合的原則。

第四，安全穩定與經濟效率相結合的原則。

此外，金融監管應該順應變化了的市場環境，對過時的監管內容、方式、手段等及時進行調整。金融監管的理論實際上要以更一般的政府管制理論為基礎，同時考慮到金融這一行業區別於其他行業的特點，從而產生其自身的整套理論體系。這些理論依據主要包括：

(一) 社會利益理論

這一理論來自20世紀30年代美國的大蕭條時期。美國在其金融業發展的早期並不存在嚴格的監管，甚至並沒有嚴格意義上的金融監管機構。羅斯福實施新政中的重要步驟就是加強金融監管來保護投資者，特別是廣大普通投資者和中小儲戶的利益。因為政府意識到了金融體系的不規範和不穩定帶來的危害會波及整個社會，而非局限於行業自身。在實際經濟運行中，無論是西方發達國家還是眾多的發展中國家都不存在所謂純粹和完美的市場經濟，因此市場的資源配置功能也不會充分發揮，從而導致市場的失靈和資源的浪費。社會利益理論假設市場是脆弱的，如果政府管制不夠強將會必然導致市場的低效和不公，而政府管制是對這些失靈現象的零代價和有效率的反應。管制者被認為是理想化的，其目的就是要防止由自然壟斷、外部性、不完全信息和公共產品導致的市場失靈和扭曲，包括價格、產量和分配等方面，最終實現對居民投資者和整體社會福利的保護與最大化。

(二) 外部效應理論

遵循著造成市場失效的原因的思路，經濟學家提出了外部效應理論。這是一般均衡理論成立的重要條件之一：市場價格等於邊際成本。外部效應的存在往往難以成立。表現在金融行業，個別銀行倒閉產生了「傳染效應」。因為金融機構特別是商業銀行相互之間的資產負債形成信用的鎖鏈，某個銀行的倒閉使得其他銀行不能收到預期的結算資金，將不得不通過資產的調整、籌措非預期的結算資金。而非預期的資產調整並不容易進行，往往造成資產損失。如果損失過大也可能發生資不抵債，引發整個體系的危機。某個銀行的倒閉將引起不明真相的擠兌，會導致經營優良銀行的倒閉，這也是「傳染效應」的表現。因此，產生了對銀行資本金的規定和強制加入存款保險。外部效應還表現在銀行作為結算體系的一部分，銀行倒閉將造成結算體系的混亂。在信用貨幣制度下，銀行體系承擔了信用貨幣供應的職能。銀行倒閉將導致社會信用量的震盪，會給經濟造成混亂。因此，銀行提供的結算服務和存款貨幣與公共產品有某些相同的性質，適當限制銀行業的競爭，維護結算體系和銀行存款貨幣的穩定也就成為對銀行業進行監管的依據。

(三) 投資者利益保護理論

在設定的完全競爭的市場中，價格可以反應所有的信息。但在現實中，大量存在著信息不對稱的情況。在信息不對稱或信息不完全的情況下，擁有信息優勢的一方（商業銀行）可能利用這一優勢來損害處於信息劣勢方（儲戶）的利益。因此，就提出了保護存款人，即投資者利益的監管要求。監管部門有必要對信息優勢方，主要是金融機構的行為加以規範和約束，以便為投資者創造公平、公正的投資環境。

三、金融監管的體制

金融監管體制是指為了達到一定的社會經濟發展目標，對金融業實施監管的一整套機制和組織結構的總和。根據監管主體的多少，各國金融監管體制大致可以劃分為單一監管體制和多頭監管體制。

（一）單一監管體制

單一監管體制，即集中監管體制，是指一國的金融監管職能由統一設立的單一金融監管機構承擔。其又分為兩種情況：一種是這一集中監管的職能由中央銀行來完成，另一種就是設立中央銀行以外的單獨集中監管機構。但事實上，採用集中監管體制的國家和地區，承擔監管職能的往往都是中央銀行，這也和中央銀行天生就具有一定的金融監管職能相對應。採用集中監管體制的國家有很大一部分都是政治上高度集權的國家，這樣的監管體制下法律法規統一，監管職能的貫徹執行有保證，對於那些市場經濟體制和金融市場體制還不完善和不成熟的經濟體有著很實際的利用價值。目前，實行單一監管體制的發達市場經濟國家有英國、澳大利亞、比利時、盧森堡、新西蘭、奧地利、義大利、瑞典、瑞士等國。大多數發展中國家，如巴西、埃及、泰國、印度、菲律賓等國也實行這一監管體制。

（二）多頭監管體制

多頭監管體制是對應分業經營的金融格局而言的，這類金融體制一般都針對金融行業的不同部門設立不同的金融監管機構，主要包括對銀行、證券和保險分別設立專門的監管機構實施監管。這樣的金融監管體制的優勢在於其監管的專業性很強，每個監管機構由於負責監管的範圍相對較狹，也就可以集中各方面資源完成好監管任務，提高監管水準，保證監管質量。同時，由於多家監管機構的存在，也就無形地促成了監管機構之間的競爭格局，從而迫使各機構在競爭中提高監管效率。但是，這一體制也存在著問題，主要在於分業監管由於存在多個監管機構，容易造成重複監管，形成監管資源的浪費，同時也會在監管過程中為了維護各自領域的利益產生摩擦，提高監管成本。

（三）中國的金融監管體制

中國目前的金融監管體制屬於集權多頭監管。1984年開始，中國人民銀行不再「一行獨大」，而是專門從事中央銀行的職能。1984—1992年，中國人民銀行作為全能的金融監管機構，對金融業採取統一監管模式。1992—2003年，中國的監管進入「一行兩會」階段。1992年10月，國務院決定成立中國證券監督管理委員會（簡稱證監會），依法對證券行業進行監管，這是中國分業監管的起點。1998年11月，中國保險監督委員會（簡稱保監會）成立，依法對全國保險行業進行監管。2003年4月28日，中國銀行業監督管理委員會（簡稱銀監會）成立，承擔了原來由中國人民銀行承擔的監管職責，使監管權限高度集中於中央政府。中國進入「一行三會」的金融監管體制。2017年11月，經黨中央、國務院批准，國務院金融穩定發展委員會成立。2018年3月，第十三屆全國人民代表大會第一次會議表決通過了關於國務院機構改革方案的決定，設立中國銀行保險監督管理委員會（簡稱銀保監會），不再保留銀監會、保

監會。中國金融監管體制進入「一委一行兩會」格局。按照《中華人民共和國銀行業監督管理法》的規定，銀行監管的目標是促進銀行業的合法、穩健運行，維護公眾對銀行業的信心；同時，保護銀行業公平競爭，提高銀行業競爭能力。監管的主要方面如下：

（1）制定有關銀行業金融機構監管的規章制度和辦法。

（2）審批銀行業金融機構及分支機構的設立、變更、終止及其業務範圍。

（3）對銀行業金融機構實行現場和非現場的監管，依法對違法違規行為進行查處。

（4）審查銀行業金融機構高級管理人員的任職資格。

（5）負責統一編製全國銀行數據、報表並予以公布。

（6）會同有關部門提出存款類金融機構緊急風險處置意見和建議。

（7）負責國有重點銀行業金融機構監事會的日常管理工作。

四、銀行監管的主要內容

（一）審慎監管體系

審慎性監管也叫預防性監管，主要包括事前、事中和事後監管。

1. 事前監管

事前監管中最主要的內容是對進入市場的商業銀行的資質進行審查，實行市場准入制度。事前監管通常包括以下幾個方面的內容：

（1）申請人的財產基礎，通常表現為最低資本金的限制。例如，美國規定在聯邦註冊的商業銀行的資本金在扣除籌建費用之後需要達到 100 萬美元。日本商業銀行的最低資本金為 10 億日元。根據《中華人民共和國商業銀行法》的規定，設立商業銀行的註冊資本最低限額為10 億元人民幣；城市合作商業銀行的註冊資本最低限額為 1 億元人民幣；農村合作商業銀行的註冊資本最低限額為 5,000 萬元人民幣。

（2）申請人的素質和經歷，包括知識、經驗和信譽。例如，美國在銀行開業時，對銀行高級管理人員資格進行審查，主要內容是財產狀況、信譽狀況、銀行從業經歷和其他經歷，重點是信譽狀況。英格蘭銀行規定每家商業銀行至少有兩個知識經驗豐富、有管理決策能力的管理人員。中國對商業銀行高級經營管理人員的任職資格更有詳細的規定，包括學歷和從事金融工作的經歷以及禁止過去曾經有過不良表現人員擔任高級職務。

（3）新金融機構開設以後的盈利前景和對當地金融秩序的影響。即使申請人符合上述條件，如果監管當局認為新金融機構的進入將加劇競爭、對當地金融秩序可能產生不良影響，仍然可以拒絕新金融機構的開業。根據《中華人民共和國商業銀行法》的規定，監管部門審查設立申請時，應當考慮經濟發展的需要和銀行業競爭的狀況。

2. 事中監管

事中監管也叫市場運作過程的監管，商業銀行獲准開業之後，在市場的運作過程中，將面臨經濟、金融環境的變化，面臨著各類金融風險，監管當局應對商業銀行的市場運作過程進行有效的監管。事中監管主要包括以下幾個方面的內容：

（1）資本充足性監管。合理的資本比率是金融機構正常營運的最基本條件。監管部門除了要求商業銀行有符合規定的最低註冊資本金水準之外，一般還要求其自有資本與資產總額、存款總額、負債總額以及風險投資之間保持適當的比例。通過對資本充足率的監管可以降低金融機構的經營風險，實現金融經濟穩定運行和發展。在國際上，對於資本充足率的監管既被認為是最基本的監管指標，同時也是最主要和被廣泛使用的監管指標。

（2）流動性監管。銀行的流動性是銀行信譽的保證，對銀行經營十分重要，各國金融監管當局在實施監管時，對銀行的本幣和外幣的流動性也很重視。監管當局通過考核銀行資產負債的期限結構和利率結構搭配來對銀行流動性進行系統性考察。流動性危機在現代金融體系中比較容易出現且具有連鎖效應，因此對於流動性的監管是各國金融監管機構和國際金融組織十分重視的一個內容。

（3）業務範圍的監管。為了確保金融機構的穩健經營，維護存款者的利益以及信用體系的安全穩定，各國一般都通過法律規定商業銀行的業務範圍。有的國家商業銀行的業務與投資銀行的業務是分開的，商業銀行不能認購股票；有的國家限制銀行對工商業的直接投資；有的國家禁止將銀行業務與非銀行業務混在一起。根據《中華人民共和國商業銀行法》的規定，銀行不得在中國境內從事信託投資和證券經營業務，不得向非自用不動產投資或向非銀行金融機構和企業投資。

（4）資產和負債的風險監管。資產和負債的風險管理涉及銀行經營的各個方面，其中重點是資產管理，因為銀行資產中貸款占了很大比率。貸款質量好壞成為監管的關鍵。美聯儲將銀行貸款資產質量分為正常、關注、次級、可疑和損失 5 級，並提供提取呆帳準備金比率的參考標準。除了貸款資產質量以外，各國監管當局還對商業銀行的貸款集中程度進行限制，目的是避免風險集中。

3. 事後監管

事後監管也可以稱為市場退出的監管，儘管設計了事前監管、事中監管，但是仍然會有一些商業銀行由於種種原因陷入困境或面臨倒閉。對有問題的銀行的處理機制，包括制裁與市場退出機制，主要有購買、兼併、擔保以及破產清算等方法。與一般工商企業不同，商業銀行即使陷入資不抵債的狀況，倒閉也僅僅是最後選擇。因為各國監管當局都非常重視對有問題的銀行的挽救，避免因單個銀行經營不善而引起更大的社會震動。對於那些面臨嚴重困境的商業銀行，監管當局除責令其採取糾正措施之外，還可能從維護行業穩定的考慮出發，通過提供臨時性貸款予以必要的緊急援助。如果這些措施仍不能使其擺脫困境，監管當局則可能盡力促成其他金融機構對該銀行進行兼併或收購。如果這種努力仍未見效，監管當局或者直接出面接管該金融機構，或者宣布該金融機構倒閉，並對其進行清算。

監管機構可以通過重新註資、接管、收購或合併、破產清算等方法對出現問題的銀行進行處理。重新註資是指當商業銀行陷入暫時流動性困境時，通過重新注入資金，改善其資產負債結構，緩解資金困境。一般可以採取中央銀行註資、政府「輸血」或存款保險機構註資等方法。接管是指金融監管當局依照法定的條件和程序，全面控制被接管金融機構的業務活動。收購是指一家健康的金融機構以現金或股票交易的方式，

收購危機金融機構的全部或部分股權。合併是指一家健康的金融機構與一家陷入困境的金融機構合併其全部資產與負債，組成一家新的金融機構。破產清算是指當商業銀行不能償還到期債務或資不抵債時，由法院宣布其破產並組成清算組對銀行法人進行清理，將破產財產公平地分配給債權人，並最終消滅銀行法人資格的程序。

（二）建立政府安全網

政府安全網主要由存款保險制度和最後貸款人制度構成。

1. 存款保險制度

存款保險制度是由官方或行業性的特種公司對商業銀行或其他金融機構吸收的存款承擔保險義務的一種制度安排。投保的銀行定期按存款餘額的一定比率向保險機構繳納保險費，當投保銀行因破產而無力向存款人支付存款時，該保險機構在規定的承保範圍內代為償付。2015年5月1日，存款保險制度在中國正式實施。中國《存款保險條例》第二條規定，存款保險的投保機構為在中國境內設立的商業銀行、農村合作銀行、農村信用合作社等吸收存款的銀行業金融機構。《存款保險條例》第三條規定，所謂存款保險，是指投保機構向存款保險基金管理機構繳納保費，形成存款保險基金，存款保險基金管理機構依照規定向存款人償付被保險存款。《存款保險條例》第五條規定，存款保險實行限額償付，最高償付限額為人民幣50萬元。同一存款人在同一家投保機構所有被保險存款帳戶的存款本金和利息合併計算的資金數額在最高償付限額以內的，實行全額償付。《存款保險條例》第九條規定，存款保險費率由基準費率和風險差別費率構成。各投保機構的適用費率，由存款保險基金管理機構根據投保機構的經營管理狀況和風險狀況等因素確定。

2. 最後貸款人制度

最後貸款人制度是中央銀行「銀行的銀行」的職能的體現，是指當銀行體系遭遇不利的衝擊引起流動性需求增加，而本身無法滿足這種需求時，由中央銀行向銀行體系提供流動性，以確保銀行體系穩定的一種制度安排。作為最後貸款人，中央銀行向商業銀行融資的方式主要包括再貼現、再抵押和再貸款。再貼現，即商業銀行把用貼現方式收進來的票據向中央銀行貼現，取得貸款以補充資金。再抵押，即商業銀行把手中的票據或有價證券作為抵押品向中央銀行進行貸款。再貸款，即中央銀行可以採取直接提供貸款的方式向商業銀行提供流動性。無論採用哪種方式，最後貸款人職能的宗旨都是確保有償付能力的銀行能夠繼續經營，促使整個金融體系更加穩定。

最後貸款人可以發揮以下作用：當商業銀行或其他金融機構發生資金週轉困難、出現支付危機時，中央銀行為其提供全力支持，以防止擠兌的擴大導致支付鏈條中斷以至引起金融恐慌或整個銀行業的崩潰；為商業銀行辦理資金融通，使其在同業拆借方式之外，增加銀行資金頭寸調劑的渠道，提供最終保障；中央銀行通過對商業銀行等金融機構提供多種資金支持方式，調節銀行信用和貨幣供應量，傳遞和實施金融調控的意圖。

拓展閱讀：浦發銀行成都分行驚爆775億元大案

一、案情回顧——涉案金額高達775億元

浦發銀行成都分行案在2017年4月被曝光。媒體曝光後，銀監會在現場檢查中發

現，浦發銀行成都分行存在重大違規問題，立即要求浦發銀行總行派出工作組對成都分行相關問題進行全面核查。通過監管檢查和按照監管要求進行的內部核查發現，浦發銀行成都分行為掩蓋不良貸款，通過編造虛假用途、分拆授信、越權審批等手法，違規辦理信貸、同業、理財、信用證和保理等業務，向1,493個空殼企業授信775億元，換取相關企業出資承擔浦發銀行成都分行不良貸款。浦發銀行成都分行實則利用超過1,000個空殼企業承債式收購，以騰挪不良貸款，違規操作資金規模近千億元。

浦發銀行成都分行於2002年成立，在案件暴露前，浦發銀行成都分行長期「零不良」，並且在當地股份行經營中排名前列。因為業務表現突出，浦發銀行成都分行也長期是行內的標杆。在該行2009年的一份新聞稿中曾介紹，浦發銀行成都分行在業務高速發展的同時，員工無不良記錄、無案件事故發生，保持了良好的資產質量並創造了前六年無欠息、無逾期、無墊款、無後三類不良貸款的佳績。在上級行和監管部門近年的綜合考評中，一直名列前茅。

平靜的水面下實則隱藏暗礁，而當經濟下行，風險則原形畢現。

銀監會指出：「這是一起浦發銀行成都分行主導的有組織的造假案件，涉案金額巨大，手段隱蔽，性質惡劣，教訓深刻。」其用詞之嚴厲十分罕見。

此案暴露出浦發銀行成都分行存在諸多問題：

一是內控嚴重失效。該分行多年來採用違規手段發放貸款，銀行內控體系未能及時發現並糾正。

二是片面追求業務規模的超高速發展。該分行採取弄虛作假、炮製業績的不當手段，粉飾報表、虛增利潤，過度追求分行業績考核在總行的排名。

三是合規意識淡薄。為達到繞開總行授權限制、規避監管的目的，該分行化整為零，批量造假，以表面形式的合規掩蓋重大違規。

此外，該案也反應出浦發銀行總行對分行長期不良貸款為零等異常情況失察、考核激勵機制不當、輪崗制度執行不力、對監管部門提示的風險重視不夠等問題。

二、主要處罰：浦發銀行內部近200人被問責

案發後，銀監會多次召開黨委會議和專題會議研究部署查處工作，並成立專責小組，與上海市委市政府、四川省委省政府建立工作協調機制，強力推進風險處置和整改問責工作。在銀監會統籌指導下，四川銀監局制定實施「特別監管措施」，實行「派駐式監管」，開展多項專項排查治理，積極推動合規整改工作。四川銀監局依法對浦發銀行成都分行罰款4.62億元，對浦發銀行成都分行原行長、2名副行長、1名部門負責人和1名支行行長分別給予終身禁止從事銀行業工作、取消高級管理人員任職資格、警告以及罰款。目前，相關涉案人員已被依法移交司法機關處理。

銀監會方面透露，浦發銀行根據監管要求，在摸清風險底數的基礎上，對違規貸款「拉直還原」，做實債權債務關係，舉全行之力採取多項措施處置化解風險，並按照黨規黨紀、政紀和內部規章，給予成都分行原行長開除、2位原副行長分別降級和記大過處分，對195名分行中層及以下責任人員內部問責，並在全行啟動大輪崗。

截至2017年9月末，浦發銀行成都分行已基本完成違規業務的整改，目前該分行班子隊伍穩定，總體經營平穩正常。

第五節　銀行監管的國際合作：巴塞爾協議

各國金融監管當局對於無論是跨國銀行的活動，還是資本的國際流動，都會採取一些監管措施。對於全球金融平臺，單單依靠各國管理當局的獨立監管很難加以規範，這客觀上要求推動金融監管的國際合作。特別是一些國際性銀行的倒閉使監管機構開始全面審視擁有廣泛國際業務的銀行監管問題。首先推動的是對跨國銀行的國際監管。在銀行國際監管標準的建立中，以著名的《巴塞爾協議》規定的銀行資本標準最為成功。

一、《巴塞爾協議I》

1988年，由比利時、加拿大、法國、德國、義大利、日本、荷蘭、瑞典、英國、美國、瑞士、盧森堡12個成員國組成的巴塞爾銀行監管委員會在瑞士的巴塞爾通過了《關於統一國際銀行的資本計算和資本標準的協議》（我們一般把它叫作《巴塞爾協議I》）。《巴塞爾協議I》後來被全球100多個國家和地區採用，成為銀行監管的國際標準。該協議從資本與資本充足率的新角度評價銀行的實力和抗風險能力，將銀行資本與表內外風險資產有機聯繫起來。

（一）《巴塞爾協議I》的主要內容

1. 資本的定義

《巴塞爾協議I》把銀行資本劃分為核心資本和附屬資本兩檔，核心資本包括股本和公開準備金，這部分至少占全部資本的50%；附屬資本包括未公開的準備金、資產重估準備金、普通準備金或呆帳準備金。

2. 風險權重的規定

《巴塞爾協議I》制定出對資產負債表上各種資產和各項表外科目的風險度量標準，並將資本與加權計算出來的風險掛勾，以評估銀行資本應具有的適當規模。

3. 目標比率

《巴塞爾協議I》要求銀行經過5年過渡期逐步建立和調整所需的資本基礎。到1992年年底，銀行的資本對風險加權化資產的標準比率為8%，其中核心資本至少為4%。資本充足率的計算公式為：

資本充足率=資本/風險權重資產總額×100%

核心資本充足率=核心資本/風險權重資產總額×100%

風險權重資產總額=資產×風險權重

1988年以來，《巴塞爾協議I》不僅在成員國的銀行獲得實施，而且在成員國之外也獲得逐步實施，逐漸發展為國際社會認可的銀行監管標準。《中華人民共和國商業銀行法》規定，商業銀行的資本充足率不得低於8%。

二、《巴塞爾新資本協議》

2001年1月16日，巴塞爾委員會公布了《巴塞爾新資本協議》草案第二稿，並

再次在全球範圍內徵求銀行界和監管部門的意見。2002年定稿，2005年實施，並全面取代1988年的《巴塞爾協議Ⅰ》，成為新的國際金融環境下各國銀行進行風險管理的最新法則。

(一)《巴塞爾新資本協議》出拾的背景

自20世紀90年代以來，國際銀行業的運行環境和監管環境面臨如下三大變化：

第一，《巴塞爾協議Ⅰ》中風險權重的確定方法遇到了新的挑戰，銀行業不僅仍面臨信用風險，市場風險和操作風險等對銀行業的破壞力日趨顯現。在銀行資本與風險資產比率基本正常的情況下，以金融衍生商品交易為主的市場風險頻頻發生，誘發了國際銀行業中多起重大銀行倒閉和巨額虧損事件。《巴塞爾協議Ⅰ》主要考慮的是信用風險，對市場風險和操作風險的考慮不足。

第二，危機的警示。亞洲金融危機的爆發和危機蔓延引發的金融動盪，使得金融監管當局和國際銀行業迫切感到重新修訂現行的國際金融監管標準已刻不容緩。在盡快修改此前對資本金充足要求的同時，不斷加強金融監管的國際合作，從而實現維護國際金融體系的穩定的目標。

第三，技術可行性。現代風險量化模型的發展，在技術上為巴塞爾委員會重新制定新資本框架提供了可能性。

(二)《巴塞爾新資本協議》的主要內容

1. 第一支柱——最低資本要求

《巴塞爾新資本協議》，即《巴塞爾協議Ⅱ》對最低資本充足要求仍為8%，包括信用風險、市場風險和操作風險的最低資本充足要求是新資本協議的核心。最低資本要求延續了巴塞爾委員會以資本充足率為核心的監管思路，對《巴塞爾協議Ⅰ》的資本要求增加了三方面的完善。對信用風險的處理方法包括內部評級法和標準法。在相對複雜的內部評級法中，允許管理水準較高的商業銀行採用銀行內部對客戶和貸款的評級結果來確定風險權重、計提風險，這有利於商業銀行提高風險管理水準。在市場風險的處理上允許商業銀行採用標準法和內部模型法。對操作風險的處理也提出了三種方法，即基本指標法、標準法、內部計量法。

計算風險加權資產總額時，將市場風險和操作風險的資本乘以12.5（即最低本比率8%的倒數），轉化為信用風險加權資產總額。

銀行資本充足率＝總資本／［信用風險加權資產＋（市場風險資本＋操作風險資本）×12.5］

2. 第二支柱——監管當局的監管

作為《巴塞爾協議Ⅱ》的第二大支柱，外部監管明確要求各國監管當局應結合各國銀行業的實際風險對銀行進行靈活的監管，強化了各國金融監管當局的責任。監管部門監督檢查的目的是為了確保各銀行建立起合理有效的內部評估程序，用於判斷其面臨的風險狀況，並以此為基礎對其資本是否充足做出評估。監管當局要對銀行的風險管理和化解狀況、不同風險間相互關係的處理情況、所處市場的性質、收益的有效性和可靠性等因素進行監督檢查，以全面判斷該銀行的資本是否充足。外部監管應當遵循如下四項原則：一是銀行應當具備與其風險相適應的評估總量資本的一整套程序

以及維持資本水準的戰略；二是監管當局應當檢查和評價銀行內部資本充足率的評估情況及其戰略以及銀行監測和確保滿足監管資本比率的能力；三是監管當局應有能力要求銀行持有高於最低標準的資本；四是監管當局應爭取及早干預，從而避免銀行的資本低於抵禦風險所需的最低水準。

3. 第三支柱——市場約束

市場約束的核心是信息披露，其有效性直接取決於信息披露制度的健全程度。只有建立健全的銀行業信息披露制度，各市場參與者才可能估計銀行的風險管理狀況和清償能力。《巴塞爾協議Ⅱ》指出，市場約束具有強化資本監管、提高金融體系安全性和穩定性的潛在作用，並在應用範圍、資本構成、風險披露的評估和管理過程以及資本充足率等四個方面提出了定性和定量的信息披露要求。一般銀行要求每半年進行一次信息披露；在金融市場上活躍的大型銀行要求每季度進行一次信息披露；對於市場風險和其他重大事件，在每次發生之後都要進行相關的信息披露。

《巴塞爾協議Ⅱ》較《巴塞爾協議Ⅰ》在監管思想上更加完善，從單一信用風險監管到全面風險監管，從商業銀行的被動風險管理到更加強調其主動風險管理；在監管框架上更加科學，從單一支柱轉向三大支柱，從強調定量指標轉向定量指標與定性指標相結合，進一步強調國際合作監管；在監管方法上，《巴塞爾協議Ⅱ》也提出了從簡單到複雜、可操作性更強的一系列的計量方法來計算資本要求。

三、《巴塞爾協議Ⅲ》

2010年12月16日，巴塞爾委員會正式發布了《第三版巴塞爾協議：更具穩健性的銀行和銀行體系的全球監管框架》，簡稱《巴塞爾協議Ⅲ》，標誌著國際金融監管改革進入一個新階段。以《巴塞爾協議Ⅲ》為核心的國際銀行監管改革既延續了1988年以來《巴塞爾協議》以風險為本的監管理念，又超越了傳統的資本監管框架，從更為寬廣的視角理解銀行風險，在監管制度層面確立了微觀審慎監管與宏觀審慎監管相結合的模式。

（一）從《巴塞爾協議Ⅱ》到《巴塞爾協議Ⅲ》

2007年起源於發達國家的全球金融危機暴露了《巴塞爾協議Ⅱ》的不足，金融危機中發達國家的銀行都將主要精力放在應對危機上，監管當局在此前制訂的計劃難以實施。嚴重的金融危機暴露出《巴塞爾協議Ⅱ》以下三方面的不足：

一是沒有關注系統性風險。《巴塞爾協議Ⅱ》關注的重點是銀行的微觀穩健，只強調風險從微觀個體的轉移，並沒有關注風險本身的化解狀況和轉移之後對整個銀行體系或金融體系的宏觀影響。

二是部分資本定義的複雜化，使商業銀行資本的質量和水準不足，抵禦風險的可得性較差。例如，即使總資本充足率大體合規，但其資本結構並不優化，金融體系內相互持有的二級資本和更低級的抵禦市場風險的三級資本占比較高，而抵禦風險能力最高的核心資本（如普通股）比率持續降低，造成了銀行業資本充足率虛高的假象。

三是原有的市場風險評估方法對交易帳戶的風險控制不足。部分銀行金融工具交易結構複雜，如果其不存在活躍的交易市場，則其市場定價和風險評估難度均會增加。

（二）《巴塞爾協議Ⅲ》資本監管新規的主要內容

2010年12月16日，巴塞爾委員會發布了《巴塞爾協議Ⅲ》，並要求各成員經濟體兩年內完成相應監管法規的制定和修訂工作，2013年1月1日開始實施新監管標準，2019年1月1日前全面達標。

1. 宏觀審慎監管

（1）資本的定義。《巴塞爾協議Ⅲ》在資本定義部分介紹了監管資本的構成和最低資本要求。其中，監管資本由「一級資本」和「二級資本」構成，而「一級資本」又分為「核心一級資本」和「其他一級資本」兩類，這與以前兩版協議相比有很大改變。同時，協議對各級監管資本的定義進行了詳細的解釋。最低資本要求方面，任何時候核心一級資本均不得低於風險加權資產的4.5%，一級資本不得低於6%，總資本不得低於8%。

（2）槓桿比率要求。槓桿比率（Leverage Ratio）要求是指通過一個簡單、透明和不基於風險的指標作為風險資本要求的一個可靠補充措施，以限制銀行體系在繁榮時期槓桿比率的過度累積和危機時期不穩定的去槓桿化過程對金融體系和實體經濟的破壞作用。槓桿比率被定義為一級資本與表內外風險資產總額之比，在2013—2017年的過渡期內按照3%的最低要求進行測試。

（3）流動性風險監管。對流動性風險的監管主要通過兩個量化指標來進行，其中短期監管指標為流動性覆蓋率（Liquidity Coverage Ratio，LCR），長期監管指標為淨穩定資金比率（Net Stable Funding Ratio，NSFR）。流動性覆蓋率定義為流動性資產儲備與未來30日的資金淨流出量的比值，並要求該比值不低於100%。淨穩定資金比率定義為可用的穩定資金與所需的穩定資金之比，這個比率必須大於100%。

2. 微觀審慎監管

（1）留存超額資本。留存超額資本也叫留存緩衝資本（Captial Conservation Buffer），其要求是除壓力時期之外銀行應當持有高於最低監管標準之上的緩衝資本，以確保銀行在非壓力時期建立起用以吸收在壓力時期可能出現損失的緩衝資本。留存緩衝資本的要求對所有銀行均相同，其比率為2.5%，並且應當由核心一級資本來滿足。

（2）逆週期緩衝資本。逆週期緩衝資本（Countercyclical Buffer）旨在確保銀行業資本要求要考慮到銀行營運所面臨的宏觀金融環境。在經濟繁榮時期，當各國監管當局認為信貸增長過快和系統性風險迅速累積時，應當對銀行業提出增加緩衝資本的求，其比率要求為0~2.5%，由各國監管當局根據對系統性風險累積程度的判斷來實施。

（3）系統重要性銀行及其相關監管。系統重要性銀行應該具有超過最低標準的損失吸收能力，巴塞爾委員會對系統重要性銀行增加了附加資本、應急資本、自救債務等要求。

習題

概念解釋：

分業經營　混業經營　商業銀行的資產業務　商業銀行的負債業務　商業銀行的

表外業務　銀行擠兌　存款保險制度

思考題：
(1) 簡述商業銀行的主要負債業務。
(2) 商業銀行經營管理的原則是什麼？
(3) 商業銀行面臨的主要風險是什麼？
(4) 簡述存款保險制度的主要內容。
(5) 金融監管的主要目的是什麼？

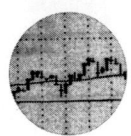

第六章　中央銀行

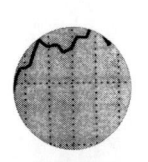

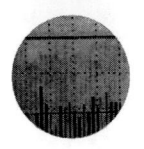

中央銀行作為一種特殊的金融機構，是一國最高的貨幣金融管理組織機構，在各國金融體系中居於主導地位。國家賦予中央銀行制定和執行貨幣政策的權利，其對國民經濟進行宏觀調控，對其他金融機構乃至金融業進行監督管理。這一章我們主要學習中央銀行的產生、類型、性質、職能以及主要業務。

第一節　中央銀行的產生與發展

一、中央銀行的歷史發展

中央銀行是指一國統一發行貨幣，制定和執行貨幣政策以及對金融機構進行監督和管理的機構。在現代經濟社會中發揮著不可或缺的功能，這樣一種特殊金融機構的產生是歷史發展到一定階段的產物。關於它的整個歷史發展過程分為三個階段：萌芽階段、爆發階段和成熟階段。

（一）萌芽階段

全世界最早設立的中央銀行是瑞典國家銀行，瑞典國家銀行是由一家在1656年私人創辦的商業銀行改組而成。1668年由政府出面改制為國家銀行，也是歐洲第一家發行銀行券的銀行，但是直到1897年它才完全壟斷貨幣的發行權，1897年之前瑞典其他商業銀行也可以發行銀行券，所以我們可以認為瑞典國家銀行開始履行中央銀行職責，成為真正的中央銀行是從1897年開始。

1694年成立的英格蘭銀行成立時間雖然在瑞典銀行之後，但其被公認為近代中央銀行的鼻祖。英格蘭銀行的前身也是私人銀行，是倫敦1,268位商人出資合建的。1961年英國政府出現財政困難，一個英格蘭人彼特森建議籌集120萬英鎊資本金來設立銀行，並將全部資本出借給英國政府。1964年英國國會通過確立法案，將英格蘭銀行確立為國家銀行，並允許其在不超過資本額度內發行貨幣和代理國庫。因此英格蘭銀行一開始就與政府有著密切的聯繫，它的主要業務之一就是為政府提供融資。1833年，在英國倫敦所有的股份制銀行中，只有英格蘭銀行發行的銀行券具有無限清償的資格。1844年，英國政府頒布了由首相皮埃爾主持擬定的《皮爾條例》，該條例限制了英國其他銀行的銀行券權及發行量，而英格蘭銀行獲得了更大的特權，增加了其銀行券發行限額，進一步穩固了其發行的銀行券地位。之後隨著英格蘭銀行實力的增強、地位的上升，很多商業銀行之間的債權債務票據清算都到英格蘭銀行進行。1854年，英格蘭銀行徹底成為英國銀行業票據交換和清算中心，最終取得了清算銀行的地位。1928年，《通貨和鈔票條例》法案一經確立，英格蘭銀行完全壟斷了英國貨幣發行權，成為英國唯一合法的貨幣發行機構。在之後發生的多次金融危機中，英格蘭銀行充當最後貸款人的角色向多個商業銀行提供貸款救助。隨後多國政府相繼借鑑英格蘭銀行的成功運作模式，因此英格蘭銀行被公認為近代中央銀行的鼻祖。

（二）爆發階段

從第一次世界大戰爆發到第二次世界大戰的結束，這一時期導致多個國家的政治

與經濟發生了劇烈震盪。國家之間的分裂、獨立、重組也關乎中央銀行的重建與合併，同時戰爭期間的金融環境混亂，整個全球經濟停滯低迷。因此為了應對如此局面，1920年，國際經濟會議在比利時首都布魯塞爾召開，此會議提出了世界各國普遍建立中央銀行制度的必要性。1922年在瑞士日內瓦召開的國際經濟會議上，又重申和強調了布魯塞爾會議形成的決議，建議尚未建立中央銀行的國家應盡快建立中央銀行，維護金融秩序的穩定，致力於恢復經濟。各國紛紛重新整頓本國金融秩序，全世界範圍開始了中央銀行的制度普及與建立。1920年至1942年，世界各國改組、新設的中央銀行有43家，按區域來看的話，歐洲居多，美洲次之，還有亞洲、非洲等區域，從此開啟了中央銀行在世界範圍內蓬勃發展的高潮期。在這期間值得一提的是美國聯邦儲備體系的建立，它的建立並非在商業銀行基礎之上，而是由政府出面直接組建的典型代表。

1791年美國建立第一聯邦銀行，其主要任務是發行貨幣、向政府提供貸款和接受政府存款。第一聯邦銀行通過一些業務來管理各州立銀行、整頓貨幣發行紀律的同時，引起了各州立銀行的強烈不滿，各州立銀行認為第一聯邦銀行的建立違反了聯邦憲法中聯邦政府的權利全部屬於各州政府的原則。因此，20年營業期到期後第一聯邦銀行被解散。第一聯邦銀行倒閉之後，各州立銀行濫發貨幣，造成嚴重的通貨甚至金融秩序的紊亂。1816年，第二聯邦銀行成立，但不幸的是同第一聯邦銀行一樣，在營業期滿後以同樣的理由被解散。之後，美國進入了完全自由的金融時代，但期間不斷爆發金融危機，銀行業也極為混亂地發生倒閉事件，該時期已暴露出美國銀行制度存在的問題，其中，最大的問題是沒有中央銀行。1913年12月23日，美國國會通過了《格拉斯法案》，該法案內容是將全國分為12個聯邦儲備區，每區設立1個聯邦儲備銀行，為了協調12個聯邦銀行的活動，在首都華盛頓建立了最高聯邦儲備局（後改名為聯邦儲備委員會），作為聯邦儲備銀行的決策機構，至此，美國聯邦儲備體系誕生了，並且成為銀行制度史上的偉大創舉。

（三）成熟階段

從第二次世界大戰結束到現在，中央銀行的發展進一步邁入成熟期，中央銀行制度也在全世界範圍內得到強化，未建立中央銀行的國家，比如，伊朗、印度、土耳其、泰國、南非等。紛紛借鑑歐洲、美洲的中央銀行發展經驗，確立適合本國經濟背景的中央銀行制度。

從整個中央銀行的歷史演進來看，中央銀行產生的途徑無外乎就是兩種：一種是從實力比較雄厚的商業銀行逐步演變、地位提升中產生，如瑞典銀行和英格蘭銀行；另一種是由政府出面直接組建產生，如美國聯邦儲備體系。

二、中國中央銀行的發展

中國中央銀行的萌芽要追溯到20世紀初，晚清時期到國民政府時期再到新中國成立時期的中央銀行具有不同的特徵。

（一）清政府時期的戶部銀行

光緒三十一年（1905年），經財政處奏準，清政府在北京設立「戶部銀行」，這是

中國最早由官方開辦的國家銀行,一般認為是中國的第一個中央銀行,其行使部分中央銀行職能,除經營一般銀行業務外,還兼有發行鑄造貨幣、經營管理國庫、向其他銀行提供貸款等權項。

(二) 國民革命時期的中央銀行

辛亥革命後,戶部銀行停業清理。1912年中華民國成立,1913年大清的戶部銀行改組成中國銀行。1924年孫中山在廣州組建國民革命政府,相應地,也在廣州建立了中央銀行。1927年南京國民政府建立,根據《中央銀行條例》由國民政府全額出資在上海設立了中央銀行,並在全國多地設立分行,主要職能是發行貨幣、管理國庫。1929年,孫中山在廣州建立的中央銀行改為國民政府中央銀行的分行,之後又改為廣東省銀行。

(三) 中華蘇維埃共和國時期的中央銀行

1931年11月,在江西瑞金召開的全國蘇維埃第一次代表大會上,通過決議成立中華蘇維埃共和國國家銀行(簡稱蘇維埃國家銀行),授予其發行貨幣、經理國庫、代發公債等中央銀行職能。當時該行在中華蘇維埃共和國革命時期發揮了至關重要的作用。

(四) 新中國時期的中央銀行

1. 中國人民銀行的創建與國家銀行體系建立(1948—1952年)

1948年12月1日,國家以華北銀行為基礎,合併北海銀行、西北農民銀行,在河北石家莊組建了中國人民銀行,成為新中國時期的中央銀行,其發行的人民幣,成為中華人民共和國成立後的法定本位幣。1949年2月,中國人民銀行改址為北京。1952年國民經濟恢復時期終結時,中國人民銀行作為中華人民共和國的國家銀行,建立了全國完善的組織機構體系;統一了人民幣的發行,基本清除並限期兌換了國民黨政府發行的貨幣,使人民幣成為全國統一的法定貨幣;對各類金融機構實行了統一管理。

2. 計劃經濟體制時期的國家銀行(1953—1978年)

計劃經濟體制時期,中國人民銀行身兼二職,即同時具備中央銀行和商業銀行的職能。一方面,作為中央銀行要履行發行貨幣、經理國庫和金融管理等職能;另一方面,需要動員、集中和分配信貸資金,經營著商業銀行的業務。在統一的計劃體制背景下,中國人民銀行全面經營各項銀行業務,在監管國家金融的同時,還要營運全國的信貸資金,不管是資金的籌集還是資金的運用,都由中國人民銀行總行統一掌握,實行「統存統貸」的管理辦法,為這一時期的經濟建設提供重要而全面的服務。

3. 從國家銀行過渡到中央銀行體制(1979—1983年)

隨著中國經濟體制的改革和對外開放的推進,中國銀行體系也進行了調整,先後恢復了中國農業銀行、中國銀行、中國人民保險公司,並新設了中國工商銀行,將人民銀行過去承擔的工商信貸和儲蓄業務轉由中國工商銀行專門經營;各地還相繼組建了信託投資公司和城市信用合作社,出現了金融機構多元化和金融業務多樣化的局面。中國人民銀行之前的雙重職能在這一時期被剝離,中國人民銀行的中央銀行職能在逐漸增強。1983年1月1日起,國務院決定,中國人民銀行專門行使中央銀行的職能。

4. 逐步強化和完善現代中央銀行制度（1983年至今）

1983年，按照國務院《關於中國人民銀行專門行使中央銀行職能的決定》，對中國人民銀行的基本職能、組織結構以及和其他金融機構的關係做出了系統性規定。1995年3月18日，全國人民代表大會通過了《中華人民共和國中國人民銀行法》，首次以國家立法形式確立了中國人民銀行作為中央銀行的性質、職能與地位，標誌著中央銀行體制正式邁向法制化、規範化的軌道，是中國人民銀行發展道路上重要的里程碑。2003年，為了進一步健全金融監管體制，根據第十屆全國人大一次會議審議通過的《關於國務院機構改革方案的決定》，中國國務院決定設立中國銀行業監督管理委員會，即銀監會，由它統一監管銀行、金融資產管理公司、信託投資公司及其他存款類金融機構。中國人民銀行不再履行對上述這些金融機構的監管職責，其職能主要是制定和執行貨幣政策，不斷完善有關金融機構的運行規則，更好地發揮其作為中央銀行宏觀調控和防範與化解金融風險的作用。

三、中央銀行產生的經濟需要

隨著商品經濟的快速發展，信用規模擴大，銀行業的興起及其競爭的日趨激烈，沒有統一的金融管制導致銀行業的混亂，一些原本是有實力的商業銀行逐漸地開始承擔中央銀行的職能，並逐步向中央銀行轉變。

（一）統一貨幣發行的需要

在無統一發行貨幣的機構時期，各個商業銀行都有權發行自己的銀行券，但這種情況會出現多種問題：第一，銀行券是典型的信用貨幣，是以發行機構的信用作保證，但社會上的各個商業銀行資信狀況不一，有些是實力雄厚的大銀行，有些是資金薄弱的小銀行，因某些銀行的經營不善甚至破產倒閉會導致信用危機；第二，既然商業銀行都能夠發行銀行券，那麼意味著貨幣發行權的分散，各個發行行並未站在國家經濟發展的角度，濫發貨幣，容易造成嚴重的通貨膨脹；第三，同樣地區流通的是多種商業銀行發行的銀行券，這與貨幣的一般等價物屬性相矛盾，會對商品流通造成極大的不便利，並且一些中小銀行的銀行券只能受限於當地或臨近區域使用，這也不利於社會化大生產的發展，隨著經濟發展、商品流通範圍的擴大需要在更大範圍內流通的銀行券。綜上所述，為了避免信用危機，為了保證幣值的穩定和流通的順暢，要求銀行券的發行權走向集中統一，由資金雄厚、有權威和信譽好的大銀行發行能夠在全社會流通的銀行券。

（二）票據清算的需要

隨著銀行業務的發展，銀行之間的往來更加頻繁，各個商業銀行之間發生的債權債務關係也錯綜複雜，銀行每天收受的票據數量不斷增長，票據交換業務也越來越繁重。比如，跨區域的銀行之間進行票據清算越來越難，即便是同城結算也很麻煩，需要約定固定的時間及地點，攜帶大量需要處理的票據。這種耗費時間成本的銀行間票據清算，會極大地降低貨幣流通和商品週轉的速度，阻礙整個商品經濟的發展效率。在此背景下迫切地需要一個權威公正的機構統一協調處理銀行間票據交換與清算。

（三）充當最後貸款人的需要

商業銀行的主要利潤來自發放貸款獲得的利息收入，用於放貸的資金是靠負債吸

收的存款。在社會化大生產背景下，企業對貸款的需求激增，銀行為了滿足企業的貸款需求以及自身盈利的需要，會盡可能地降低存款準備金的方式，結果只會削弱了自身的清償能力。隨著毫無限制的信用規模擴張，一旦出現銀行貸款不能如期收回，或存款人擠兌導致銀行出現流動性風險，進而引發信用危機，銀行瀕臨破產。此時即便商業銀行能進行同業拆借也只能解決臨時性資金短缺，因此為了保護存款人和金融體系的穩定，客觀上需要一家信用極高的機構來集中各家商業銀行的存款準備金，以保證商業銀行的清償能力，或在某一商業銀行發生支付困難時給予一定的支持，充當銀行體系的最後貸款人，以此來減少流動性風險與清償危機對銀行信用體系的衝擊。

（四）金融調控與監管的需要

整個金融體系的健全穩定是一國經濟發展的必要條件，為了建立公平、效率和穩定的銀行經營秩序，盡可能地避免和減少銀行的倒閉、金融危機的發生，就需要一套由政府來確立的金融監管與調控機制。但是由於金融行業的特殊性，政府不能直接進行行政干預，需要一個專門的機構來執行，該機構既要有一定的技術手段和操作能力，還要與一般銀行有著業務聯繫，通過具體的業務往來執行相應的金融政策，達到一定的政策目的，進而維護整個國民經濟的穩定與發展。

第二節　中央銀行制度

一、中央銀行的組織形式

由於各國歷史發展背景以及政治、經濟、文化的不同，世界各國中央銀行的制度類型並不統一，出現了多樣化，主要表現為以下四種形式。

（一）單一式中央銀行制度

單一中央銀行制度是指國家只設立一家中央銀行機構，來履行中央銀行的全部職能，這類制度形式能夠實現權力的集中，成為全世界最普遍主要的制度形式。根據其與分支機構的關係，進一步又可分為兩種類型。

一元式中央銀行制度。這種形式是指一國只有一家中央銀行，且其有眾多分支機構，整個體系採用總分行制，逐級垂直隸屬。一元式中央銀行制度的特點是權力集中、職能全面。目前英國、日本、法國、中國等多個國家都採用的是這種一元式制度。

二元式中央銀行制度。這種形式是指一國中央銀行體系由中央和地方兩級相對獨立的中央銀行機構共同組成。中央級中央銀行是最高的決策管理機構，地方級中央銀行有義務接受中央級中央銀行的監督和指導。貨幣政策在全國範圍內是統一的，但在具體的實施操作方面，地方級中央銀行在其轄區內有一定的獨立性。這裡的中央級中央銀行與地方級中央銀行並不是總分行的關係。美國作為聯邦制的國家採用這種制度形式。

（二）複合式中央銀行制度

複合式中央銀行制度是指一國不單獨設立專司中央銀行職能的中央銀行機構，而是由一家集中央銀行與商業銀行職能於一身的國家大銀行兼行中央銀行職能的中央銀行制度。這種中央銀行制度往往與中央銀行初級發展階段和國家實行計劃經濟體制相

對應，蘇聯和多數東歐國家曾實行這種制度。中國在1983年前也實行過這種制度。

（三）準中央銀行制度

準中央銀行制度是指一個國家或地區沒有建立通常意義上完整的中央銀行制度，由政府授權某些金融機構行使部分中央銀行的職能。目前採用這種制度形式的有新加坡、馬爾代夫、斐濟等，這類國家一般是區域較小或國內的幾家銀行一直處於壟斷地位。中國香港也實行這種制度，1993年，香港設立了金融管理局，由其負責行使制定貨幣政策、實施金融監管以及支付體系管理等中央銀行職能；貨幣發行職能則由匯豐銀行、渣打銀行和中國銀行三家商業銀行履行；票據結算所則一直由匯豐銀行負責管理。

（四）跨國中央銀行制度

跨國中央銀行制度是指由若干個主權獨立的國家聯合組建一家共有的中央銀行，在成員國範圍內行使全部或部分中央銀行職能。建立跨國中央銀行主要是為了區域經濟的聯合、與貨幣聯盟體制相適應，比如，發行成員國統一使用的貨幣，制定與執行共同的貨幣政策。跨國中央銀行的特點就是跨越國界行使中央銀行的職能。比如，典型的歐洲中央銀行是由歐盟中的眾多成員國中央銀行共同組成的，1999年開始發行歐盟的統一貨幣歐元，並且成為唯一有資格在歐盟內部發行歐元的機構。之後歐元發展為歐盟區域內不可或缺的流通手段，甚至成為全球重要的國際貨幣。

拓展閱讀：歐洲中央銀行

歐洲中央銀行簡稱歐洲央行，總部位於德國法蘭克福，是根據1992年《馬斯特里赫特條約》的規定於1998年7月1日正式成立的，是為了適應歐元發行流通而設立的金融機構，也是世界上第一個管理超國家貨幣的中央銀行，最顯著的特點是獨立性。歐洲央行不接受歐盟領導機構的指令，不受各國政府的監督。歐洲中央銀行是唯一有資格允許在歐盟內部發行歐元的機構，1999年1月1日歐元正式啟動後，12個歐元國政府將失去制定貨幣政策的權利，而必須實行歐洲中央銀行制定的貨幣政策。歐洲中央銀行的資本為50億歐元，各成員國中央銀行是唯一的認購和持有者。資本認購的數量依據各成員國的GDP和人口分別占歐盟的比例為基礎來確定。

歐洲中央銀行的決策機構是管理委員會和執行委員會，管理委員會由執行委員會所有成員和參加歐元區的成員國的中央銀行行長組成。管理委員會實行一人一票制，一般實行簡單多數。當贊成和反對票數相等時，管理委員會主席投出決定的一票，管理委員會每年至少開會10次。執行委員會由歐洲中央銀行行長、副行長和其他四個成員組成。只有成員國公民可擔任執行董事。這些人員必須是公認的在貨幣和銀行事務中具有豐富的專業經驗，由歐盟委員會諮詢歐洲議會和歐洲中央銀行管理委員會後提議，經成員國首腦會議一致通過加以任命。執行委員會的表決採取一人一票制，在沒有特別規定的情況下，實行簡單多數表決原則。

二、中央銀行的所有制形式

（一）全部資本歸國家所有的中央銀行

全部資本歸國家所有是目前世界上大多數國家中央銀行所採用的所有制形式。我

們國家的中國人民銀行就是採用這種國家所有制的形式。這種形式一般來源於兩種情況：一是國家政府直接撥款出資建立的中央銀行；二是國家通過收購商業銀行的私有股份，將私人銀行轉變為國家銀行，即為國有化後的中央銀行。一般來說，歷史悠久的中央銀行絕大部分是從私人銀行轉型而來，尤其是在第二次世界大戰之後，掀起了中央銀行國有化的高潮，一些新獨立的國家借鑑歐洲國有化的經驗，各國政府都紛紛直接出資成立自己的中央銀行。

（二）國家資本與民間資本共同組建的中央銀行

這類中央銀行的資本由國家和民間共同持有，也稱為半國有化中央銀行。一般國家資本佔比在50%以上，民間資本包括企業法人和自然人的股份低於一半。而且，法律上一般都對非國家股份持有者的權利做了限定，如允許有分取紅利的權利而無經營決策權，其股權轉讓也必須經過中央銀行同意後才能進行。比如，日本的中央銀行資本就是公私混合所有的，國家持有總資本的55%，民間持有總資本45%；並且，《日本銀行法》規定，中央銀行不能成立股東大會，股東不能參加經營活動，私人股份每年享受的最高分紅率為5%。

（三）全部股份由私人持有的中央銀行

這類中央銀行的股份全部由私人所有，國家不持有任何股份。少數國家如美國、義大利和瑞士就採用這種所有制形式。

美國的中央銀行體系是由聯邦儲備理事會和12家聯邦儲備銀行及數千家會員銀行組成的，因此各聯邦儲備銀行的資本就來源於會員銀行按照自身的實收資本和公積金的一定比例認繳的，並且會員行可按實繳股本每年獲得6%的股息。

（四）無資本金的中央銀行

這種類型的中央銀行在建立之初沒有資本金，中央銀行運用的資金主要來自各金融機構的存款準備金和發行的貨幣。這種形式只有極個別國家採用，比如韓國。韓國的中央銀行韓國銀行是1950年註冊成立，註冊資本為15億韓元，全部由政府出資；1962年《韓國銀行法》修訂後，韓國銀行成為「無資本的特殊法人」。該銀行每年度的營運利潤首先是用於補償資產折舊，然後提取法定公積金，在政府許可的情況下還可以建立特殊的儲備基金，其餘部分全部上繳國庫。當會計年度出現虧損，首先用準備金彌補，不足時再由財政帳戶補助。

（五）資本為多國共有的中央銀行

這種類型的中央銀行是指其資本不為某一國家所獨有，而是由共同組建中央銀行的成員國按一定比例認繳的資本。一般多指跨國中央銀行，比如前面介紹的歐洲中央銀行。

第三節　中央銀行的性質與職能

一、中央銀行的性質

中央銀行在整個發展演變過程中，形成了其特殊的有別於一般商業銀行及普通政府部門的性質。中央銀行作為一國重要的金融機構，不以營利為目的，壟斷發行該國

的法定貨幣，並代表政府制定和實施金融政策、監督管理其他銀行等金融機構。我們可以從以下幾個方面來分析中央銀行的這種特殊屬性。

第一，中央銀行是一國金融體系中最高的金融決策和管理機構，是整個金融體系的核心位置。中央銀行被政府授予多項職權，屬於典型的國家機關，主要表現在：代表政府發行一國法定貨幣、代表政府監督管理金融體系、代表政府制定和執行貨幣政策、代表政府參與國際金融組織和活動、經理國庫等。但是中央銀行作為政府部門，又有別於一般的行政機關。對於金融機構的監督管理並非直接的行政干預，而是由中央銀行通過一些特定的金融業務、銀行業務進行的，比如，利率和存款準備金率的升降、公開市場上買賣有價證券操作等，這些手段均為經濟手段而並非行政手段。所以，中央銀行是特殊的國家機關。

第二，中央銀行不以盈利為經營目的。如果中央銀行要實現盈利的話，將會與其被賦予的貨幣發行權、經理國庫權、金融管制權等多個職能相矛盾，中央銀行可以利用其在金融體系中的地位，獲得無風險壟斷利潤，這將不利於其他金融機構的發展，還會阻礙整個金融體系乃至國民經濟的運行。因此，中央銀行負有其特殊的金融使命，其應以一個金融管理者的身分而不是盈利者的身分立足於金融系統之中。

第三，中央銀行的業務經營對象是政府、銀行等金融機構。一般金融機構的業務對象比較廣泛，包括企業、個人、金融機構。但中央銀行不同於商業銀行，其經營對象主要是兩類：政府和金融機構。以政府為業務對象時，主要表現為經理國庫、向政府提供融資貸款、在公開市場上買賣國債、管理一國黃金和外匯儲備、充當政府的經濟顧問等。以金融機構為業務對象時，主要表現為吸收存款準備金、充當最後貸款人、維護支付清算系統等。

第四，中央銀行對存款人一般不支付利息。如上所述，中央銀行的業務經營對象只有政府和金融機構，相應其吸收的存款也來自政府的存款和金融機構的存款。中央銀行本身不以盈利為目的，對所有的存款都不計付利息。比如，中央銀行吸收的各商業銀行的存款準備金是為了保護存款人的資金安全，也保證了商業銀行等金融機構的支付和清償能力，提高了其營運安全程度。

第五，中央銀行的資產具有高流動性。中央銀行處於整個社會資金運動的核心環節，是整個社會的貨幣最終供給者和信用活動的調節者。中央銀行對貨幣量和信用規模的調節，主要依賴於一些貨幣政策工具來進行，比如，存款準備金率、再貼現率、公開市場操作、利率等，通過這些工具影響基礎貨幣的增減，進而引起整個社會貨幣供應量的變動，以達到相應的政策效果。在這一過程中為了貨幣政策工具能夠及時、有效地發揮作用，就要求中央銀行的資產具有極高的變現能力和流動性。比如，當市場出現通貨膨脹時，中央銀行通過在公開市場出售證券來回籠貨幣，緊縮市場流動性，如果操作的證券是屬於長期性質的，流動能力差，不能及時變現出售，進而不能實現回籠貨幣緊縮流動性的政策目的。因此，在中央銀行的資產中，不能含有長期資本性質的投資，應是流動性極高的現金或有價證券。

二、中央銀行的職能

中央銀行的職能是其性質的具體體現。一般認為，中央銀行的職能主要表現為三

個方面，分別是發行的銀行、銀行的銀行和政府的銀行。

（一）中央銀行是發行的銀行

中央銀行集中與壟斷貨幣發行權是其成為中央銀行最基本、最重要的標誌。我們可以從兩個方面來理解：第一，從整個歷史演變來看，多個國家的中央銀行成立都是從大型商業銀行壟斷貨幣發行權開始的。在中央銀行未集中發行權之前，各個銀行都能發行自己的貨幣，經常有濫發貨幣、良幣劣幣混雜、流通區域受限等問題的出現，整個貨幣流通市場非常混亂，因此要克服這些現象的發生，就必須由一個信譽極高、非常權威的金融機構來集中統一貨幣的發行權，這就是中央銀行第一大職能誕生的背景。第二，壟斷貨幣發行權是中央銀行發揮其全部職能的基礎。中央銀行要代表國家政府管理金融機構以及金融市場，通過一系列貨幣工具制定和執行金融政策，進而實現調控整個國民經濟的目的。因此，中央銀行要按照經濟發展的客觀需要，統一發行貨幣，並穩定貨幣幣值，調控社會信用規模，維護一國社會經濟的正常運行與發展。

（二）中央銀行是銀行的銀行

做為銀行的銀行，主要指中央銀行以商業銀行和非銀行金融機構為業務對象的特殊性。首先，中央銀行與其業務對象之間的業務往來仍具有銀行固有的辦理「存、貸、匯」業務特徵；其次，中央銀行為其業務對象提供資金支持、各項服務；最後，中央銀行是商業銀行和非銀行金融機構的監督管理者。因此中央銀行是商業銀行和非銀行金融機構的銀行。中央銀行作為銀行的銀行，這一職能具體表現為以下三個方面：

1. 集中管理全國的存款準備金

一般每個國家的法律都規定，商業銀行和其他存款機構必須向中央銀行繳存一部分的存款準備金。其目的之一在於保障存款人的資金安全，保證商業銀行和其他存款機構的支付能力和清償能力，在商業銀行等機構出現支付和清償困難時，中央銀行可以給予他們必要的資金支持。另外一個目的是因為宏觀背景的需要，中央銀行可以通過調控存款準備金率的高低，進而來調控整個社會的貨幣供應量和信用規模，達到一定的政策目的。

2. 充當最後的貸款人

當商業銀行及其他金融機構發生資金週轉困難，支付危機時，同業機構又無能為力或不願對其提供資金幫助，此時中央銀行將扮演最後救助人的角色，向這些信用危機機構及時提供貸款，幫助他們渡過難關。中央銀行放貸的資金主要來源於商業銀行繳存的存款準備金。當中央銀行作為最後貸款人向所需金融機構提供貸款時，可以採取多種形式，比如，直接取得貸款的形式或者是票據的再貼現、再抵押形式。商業銀行及其他金融機構可以把自己持有的未到期的票據賣給中央銀行由此獲得一定現金，也可以把自己持有的票據抵押給中央銀行並由此獲得一定的現金達到融資的目的。總之通過多樣的業務形式，使中央銀行成為一國商業銀行及其他金融機構的信貸中心。

3. 組織全國範圍內的票據交換和資金清算

中央銀行產生的必要性之一就是票據清算的需要。中央銀行組織、參與和管理全國清算要在存款準備金制度的基礎之上。各商業銀行按規定在中央銀行開立存款帳戶，並向該帳戶繳納存款準備金，這樣中央銀行就可以通過他們的準備金帳戶採用非現金

結算來結清各存款機構之間的債權債務關係。中央銀行辦理金融機構同城票據交換和同城、異地的資金清算，具有安全、高效、便捷等特徵。可以加快資金的清算效率，加速資金的流轉。

(三) 中央銀行是政府的銀行

中央銀行作為管理金融的國家機關，在代政府制定和執行國家貨幣政策的同時又為政府提供服務。中央銀行作為政府的銀行，主要表現在以下五個方面：

1. 代理國庫

類似於商業銀行等存款機構，一國政府也要在中央銀行開立帳戶，跟其有關的財政收入與支出均在該帳戶中進行。其具體內容包括：第一，按國家預算要求代收國庫庫款；第二，按財政支付命令撥付財政支出；第三，向財政部門反應預算收支執行情況；第四，經辦其他有關國庫事務等。

2. 對政府融通資金，提供信貸支持

作為政府的銀行，中央銀行具有為政府融通資金，提供短期的信貸支持，滿足政府臨時資金需要的義務。中央銀行對政府融通資金的主要形式有兩種：第一，當一國政府財政收支出現暫時性、季節性的赤字時，中央銀行可向政府直接提供貸款以平衡財政收支；第二，中央銀行在證券一級市場直接購買政府債券，購買資金直接流入國庫，等同於中央銀行向政府提供了融資。

3. 對金融業進行監督管理

一國政府不直接通過行政手段來干預金融市場，需要由中央銀行利用其與銀行等金融機構的業務關係來達到金融監管目的。主要表現為：制定並監督執行有關金融法規；監督和管理金融機構業務活動；管理和規範金融市場，等等。

4. 代表政府參加國際金融組織和活動

隨著金融的國際化，一國的對外金融活動日益頻繁和重要。政府一般都會授權中央銀行作為代表參與國際金融活動，主要包括參加一系列國際金融組織，比如，國際貨幣基金組織、國際清算銀行、世界銀行；還參加一系列區域性金融組織，比如，亞洲開發銀行等。這些組織參與國際金融事務的協調、磋商，代表政府簽訂國際金融協定等。

5. 向政府提供信息和決策建議

中央銀行處於整個社會資金運動的核心位置，是貨幣、信用的調劑樞紐，是金融業的管理中心。在其業務活動中，中央銀行能夠掌握大量全國經濟金融活動的數據和資料。在政府進行宏觀經濟決策時，中央銀行的信息數據是其重要的參考資料。同時，中央銀行發揮其專業性特長，可以充當政府金融政策的顧問，為國家經濟政策的制定提供有益的建議。

第四節　中央銀行的業務

中央銀行對一國金融活動及宏觀經濟的運行發揮著不可估量的作用，其職能的發揮依賴於各項中央銀行業務。作為一種特殊的金融機構，中央銀行的業務活動有非盈

利性、流動性、主動性和公開性四大特徵。中央銀行的資產負債表反應了其資金來源和運用的狀況，中央銀行業務可以分為負債業務、資產業務和其他業務。

一、中央銀行的負債業務

中央銀行的負債業務包括貨幣發行業務、存款業務以及其他負債業務。

（一）貨幣發行業務

貨幣發行是中央銀行最重要的職能之一，也是中央銀行最主要的負債業務。狹義的貨幣發行業務是指貨幣從中央銀行的發行庫，通過各家商業銀行的業務庫流入社會之中。廣義的貨幣發行是指中央銀行貨幣投放數量大於貨幣回籠數量，最終引起貨幣供應量淨增加的過程。貨幣發行業務一方面可以滿足社會商品流通擴大的交易需要；另一方面可以滿足中央銀行履行各項職能的需要。

中國人民幣的發行程序大致分為三步：首先中國人民銀行根據國家的經濟和社會發展需求，提出貨幣發行和回籠計劃；然後報國務院審批，審批通過後負責實施具體內容；最後對發行基金進行調撥。發行基金是中央銀行為國家保管的待發行的貨幣，它是貨幣發行的準備基金，不具備貨幣的性質，由設置發行庫的各級人民銀行保管，總行統一掌管，發行基金的動用權屬於總行。人民幣的貨幣發行主要是通過商業銀行的現金收付業務活動來實現的。各商業銀行將人民銀行發行庫的發行基金調入業務庫後，再從業務庫通過現金出納支付給各單位和個人，人民幣就進入了市場，這稱為貨幣發行。同樣，各商業銀行從市場回收一定的現金，使業務庫的庫存貨幣超過規定的限額，超出部分要送交發行庫保管，這稱為貨幣回籠。貨幣從發行庫到業務庫的過程叫出庫，即貨幣發行；貨幣從業務庫回到發行庫的過程叫入庫，即貨幣回籠。

（二）存款業務

存款業務是中央銀行另外一項重要的負債業務，其完全不同於商業銀行和其他金融機構的存款業務。中央銀行的存款主要來自以下幾個方面：商業銀行的存款準備金、非銀行金融機構存款、政府和公共部門的存款、外國存款等，其中最大的存款來源是商業銀行繳納的準備金。這項中央銀行存款業務是為了保證商業銀行的清償力，防止其破產倒閉，要求商業銀行按規定將吸收存款的一定比例提取轉存至中央銀行。非銀行金融機構也會在中央銀行存款，主要是為了獲得中央銀行的清算服務。政府存款主要是中央政府的存款，是中央銀行在經理國庫業務中形成的。外國存款是外國中央銀行或外國政府將資金存放於本國中央銀行，它們持有這些債權構成本國的外匯，隨時可以用於貿易結算和清算債務。

（三）其他負債業務

除了發行貨幣和吸收存款兩項重要的負債業務以外，還有一些業務會構成中央銀行的負債。比如，為了緊縮金融機構流動性專門針對其發行的債務憑證，即中央銀行債券，因其期限短暫，也稱中央銀行票據。當出現一國國際收支的逆差或金融危機流動性危機時，中央銀行可以從外國銀行等金融機構、外國政府、國際金融機構等舉債，來緩解危機。所以對外負債也是中央銀行的一項負債業務。

二、中央銀行的資產業務

中央銀行的資產業務，主要是指中央銀行運用貨幣資金的業務。資產業務作為中央銀行發揮其自身職能的重要手段，主要有貸款業務、再貼現業務、公開市場操作業務以及保管金銀、外匯儲備。

（一）貸款業務

貸款業務是中央銀行重要的資產業務之一，主要是指中央銀行向商業銀行等金融機構貸款、向政府部門的貸款還有其他類型的貸款。中央銀行的貸款業務是其調控社會貨幣供應量的重要途徑，同時也體現了中央銀行作為最後貸款人的職能作用。商業銀行等金融機構從中央銀行獲得的貸款成為其重要的融資渠道，並且保證了自身的支付能力。同樣當政府有貸款需求之時，比如，出現財政收支的不平衡時，中央銀行可以為政府直接提供貸款或在二級市場上買入政府債券。除此之外，中央銀行對非金融機構，會因為特定目的、特定對象而提供貸款，比如，向老少邊窮地區的經濟開發所提供特殊貸款。中央銀行還對外國政府和國際性金融機構提供貸款。

（二）再貼現業務

再貼現業務是指商業銀行將未到期的已貼現商業票據提交到中央銀行，進行二次貼現已實現融資的經濟行為。中央銀行的再貼現業務是解決商業銀行短期資金不足的重要手段，同時也是中央銀行實施貨幣政策的重要手段之一。相應地，再貼現率一方面涉及商業銀行向中央銀行融資成本，再貼現率越高，融資成本越高；另一方面，中央銀行通過再貼現率的調整實施貨幣政策，並具有對市場其他利率變動的引導作用。

（三）公開市場業務

中央銀行的公開市場業務是指其在證券市場以參與者的身分公開買賣證券的行為，又稱公開市場操作。中央銀行的這項證券買賣業務並不是為了獲利，而是調節和控制貨幣供應量，因此是中央銀行貨幣政策工具的三大法寶之一。當中央銀行買入證券時，可以起到放鬆銀根，增加基礎貨幣供應量的效果；相反，當中央銀行賣出證券時，可以起到收緊銀根，減少基礎貨幣供應量的效果。

中央銀行的公開市場業務有三大基本特徵。第一，公開市場交易中買賣的工具主要是政府公債、國庫券及指定的其他有價證券，對於這些交易對象的流動性要求很高。第二，公開市場交易的對象是金融機構而非普通投資者，比如，中國人民銀行建立了一級交易商制度，挑選了一批能夠承擔大額債券交易的金融機構作為公開市場業務的交易對象。第三，公開市場交易方式主要為回購交易和現券交易。最後中央銀行公開市場業務的順暢執行跟國家完善的證券市場密不可分。

（四）保管黃金、外匯儲備

黃金和外匯作為國際間進行清算的重要支付手段，是各國重要的儲備資產，一般交由中央銀行進行保管和經營，這項業務也成為中央銀行重要的基本職責之一。中央銀行要根據經濟需要確定合理的國際儲備結構和儲備數量，盡量實現儲備資產多樣化尤其是外匯儲備的多元化，以便分散風險，同時還要考慮儲備資產的收益能力，並具備最高靈活性，實現安全性、收益性和可兌現性的統一。

三、中央銀行的其他業務

（一）支付清算業務

中央銀行的支付清算業務是指其作為一國支付清算體系的參與者和管理者，通過一定方式、途徑使金融機構之間的債權債務清償及資金轉移得以順利實現，還要維護管理支付系統的平穩運行。

現代經濟背景下，銀行等金融機構之間的資金往來和債權債務關係錯綜複雜，清算金融龐大。不論是同城、異地或跨國交易發生的債券關係均可通過中央銀行得以清算，通過中央銀行進行清算能明顯地提升效率，優化資源配置功能，保障了整個國民經濟各部門之間資金正常高效地流轉。

（二）經理國庫業務

國庫是國家金庫的簡稱，是專門負責辦理國家財政預算收支出的部門。中央銀行經理國庫業務，是指中央銀行接受國家委託，代表國家來經營和管理財政的收入和支出工作。作為政府的銀行，經理國庫業務是中央銀行重要職能地體現。該項業務對於確保國家庫款安全、財政預算的及時收付與核算、一國財政政策的順利實施等都具有不可估量的重要作用。

習題

概念解釋：

最後貸款人　準中央銀行制度　發行的銀行　銀行的銀行　政府的銀行

思考題：

（1）簡述中央銀行的功能。
（2）中央銀行的制度有哪些類型？
（3）簡述中央銀行產生的必要性及其發展歷程。
（4）簡述中央銀行的主要業務。

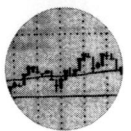

第七章　非銀行金融機構

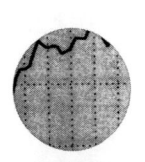

在金融體系中有很多非銀行金融機構，它們和商業銀行在業務範圍和功能上有著明顯的不同。從業務範圍角度看，商業銀行傳統的業務是吸收存款、發放貸款、提供支付結算服務、同時是貨幣市場的主要參與者；而按照法律規定，非銀行金融機構一般不能向公眾吸收活期存款，其主要是從事資本市場內的特定業務，是資本市場的主要參與者。從功能角度看，商業銀行有獨特的信用創造功能，而非銀行金融機構並不具備這一特徵。

市場中的主要非銀行金融機構包括：政策性金融機構、投資銀行（又稱證券公司）、保險公司和信託投資基金等。本章將分別介紹它們的主要業務和在中國發展的情況。

第一節　政策性金融機構

政策性金融是在政府的支持和鼓勵下，以國家信用為基礎，嚴格按照國家規定的範圍和對象，通過優惠的存貸款利率或條件，直接或間接的特殊性資金融通行為，從而達到政府既定的政策目標。從形式上說，政策性金融包括政策性貸款、政策性存款、投資、擔保、貼現、信用保險、存款保險和利息補貼等。

政策性金融機構是指那些由一國政府或政府機構發起、出資創立、參股、保證或扶植的，不以利潤最大化為其經營目標，而是專門為貫徹或配合政府特定社會經濟政策或意圖，在法律限定的業務領域內，直接或間接地從事某種特殊政策性融資活動，充當政府發展經濟、促進社會穩定發展、進行宏觀經濟調節的管理工具的金融機構。在規範的市場經濟國家中，政策性金融機構既不同於中央銀行，也不同於商業性金融機構。

始建於1994年的三家政策性銀行，是中國最具有代表性的政策性金融機構，分別是：國家開發銀行、中國進出口銀行和中國農業發展銀行。三家政策性銀行的主要任務不同。國家開發銀行辦理國家重點建設貸款的貼息業務。中國進出口銀行的主要任務是為大型機電成套設備進出口提供買方信貸和賣方信貸，為商業銀行的成套機電產品出口信貸辦理貼息及出口信用擔保。中國農業發展銀行承擔國家糧棉油儲備和農副產品合同收購、農業開發等業務中的政策性貸款，代理財政支農資金的撥付及監督使用。

一、政策性金融機構的特徵

（一）由政府或政府機構出資創立、參股、保證或扶植

實踐中，政策性金融機構的設立方式多種多樣，但無一不是以政府作為堅強後盾，政策性金融機構同政府有著種種密切的聯繫。

（二）不以盈利或利潤最大化為經營目標

政策性金融機構不以盈利或利潤最大化為經營目標，這並不意味著政策性金融機

構就完全忽視項目的效益性，也並不代表其運行的結果必然是虧損的，只能說它主觀上不以盈利為動機。

（三）具有特定而有限的業務領域和對象

政策性金融機構的業務領域和對象包括農業、中小企業、特定產業的進出口貿易、經濟開發、住房等領域。政策性金融機構一般不同商業性金融機構競爭，而只是補充後者的不足。

（四）遵循特殊的融資原則

政策性金融機構的特殊融資原則包括以下三點：一是特殊的融資條件或資格，一般是在商業性金融機構得不到或不易得到所需資金的條件下，政策性金融機構才能獲得融資的資格。二是特別的優惠性，包括貸款期長、利率低、有政府貼息等優惠條件。三是政策性金融機構一般充當最後貸款人或最終償債人的角色。

（五）依據某種特定的法律法規

由於政策性金融機構種類繁多，其宗旨、經營目標、業務領域與業務方式各異，所以它一般不受普通銀行法的制約，而是各自按照特定的單一法律或法規開展活動。

從上述政策性金融機構的定義和特徵我們可以看出，政策性金融機構除了具有與商業性金融機構相同或類似的功能即金融仲介的功能以外，還具有其特殊的功能。

二、政策性金融機構的特殊功能

政策性金融機構的特殊功能如下：

第一，政策性金融機構對一國的基礎產業和薄弱產業進行直接扶植與強力推進的功能。

第二，政策性金融機構以市場經濟為前提，對以商業性金融為主體的金融體系的運行有補充與輔助的功能。

第三，政策性金融機構的直接融資對以商業利潤為動機的民間投資有誘導、引發或促其擴張的功能。

第四，政策性金融機構可以充分發揮其在特定領域或行業融資的豐富經驗，適當使用專業人才，對相關產業或企業提供全面而地道的服務，從而具有服務與協調的功能。

第二節　投資銀行

一、投資銀行概述

投資銀行是資本市場中最重要的一類仲介機構，在直接融資市場中扮演核心角色。投資銀行在中國和日本一般被稱為證券公司，在歐洲等國家它又被稱為商人銀行。儘管名稱不同，但其一般具有相同或相似的業務和功能。

理論界一般從廣義和狹義層面分別定義投資銀行。其中廣義的投資銀行是指經營全部資本市場業務的金融機構，其業務包括證券承銷與經紀、企業融資、兼併收購、諮詢服務、資產管理、創業資本等，但不包括證券零售、不動產經紀、保險、抵押銀

行業務等。

而狹義的投資銀行是指僅從事一級市場證券承銷和資本籌措以及二級市場證券交易和經紀業務的金融機構。這是最傳統的投資銀行定義。

本書主要講述廣義投資銀行的業務和功能。根據這種定義，投資銀行為市場中的資金盈餘者和資金短缺者提供仲介服務和金融產品，滿足雙方的金融需求。與此對應，證券經紀公司主要是為證券買賣雙方提供交易信息和服務。在中國，證券經紀業務是證券公司的業務之一。

商業銀行和投資銀行的區別如下：

第一，商業銀行是存貸款銀行，存貸款業務是其根本業務，其他各種業務都是在此基礎上衍生和發展起來的；而投資銀行是證券承銷商，證券承銷業務是其業務中最核心的一項。

第二，商業銀行在再吸收公眾存款時扮演債務人角色，在發放貸款和投資時又扮演了債權人角色。商業銀行在間接融資市場中扮演的雙重身分，承擔了一部分市場中的風險。同時，商業銀行的主要業務側重於為市場各方提供短期投融資需求。而投資銀行是直接融資市場的重要仲介，它一般並不介入市場雙方的權利和義務關係。同時，投資銀行主要滿足市場中長期的融資需求，例如，發行股票和債券等。

第三，商業銀行和投資銀行的投資形式和利潤來源也有很大區別。存貸差是商業銀行的主要利潤來源，同時表外業務收入也是商業銀行的主要收入之一；而投資銀行的利潤主要來自佣金。按照佣金來源分為一級市場承銷和包銷證券獲得的佣金，二級市場作為證券交易經紀商收取的佣金以及金融工具創新中資產及投資優化組合管理中收取的佣金，其次是投資收入和利息收入。

在直接融資市場中，投資銀行作為媒介為資本供求雙方發揮了諮詢、策劃與操作的仲介作用。從融資方的角度看，投資銀行所提供的法律上和技術上的支持是企業獲取直接融資必不可少的環節。從宏觀角度來看，投資銀行通過發揮其直接融資功能，促進了一國資本市場的發展，推動了產業集中和結構調整，對提高全社會資源配置的效率發揮了至關重要的作用。

二、投資銀行的主要業務

根據廣義的投資銀行的範疇，投資銀行的主要業務可分為以下幾類：

(一) 證券承銷業務

證券承銷是指在證券發行市場上，投資銀行接受發行人的委託代為承銷證券並以此獲得承銷手續費收入，這是其基本業務和本源業務。投資銀行可以承銷的證券品種主要是股票和債券，其客戶包括政府和企業。

(二) 證券經紀業務

投資銀行在二級市場上是充當客戶的代理人，接受客戶指令，幫助客戶買入或賣出證券。作為證券經紀商，投資銀行收取佣金，這也是投資銀行的收入來源之一。

(三) 企業的兼併和收購業務

在企業的併購和兼併中，投資銀行利用自身對市場信息的敏感，對併購法律和規

則、程序和方式的精通，幫助企業和併購兼併對象建立聯繫，對併購資產進行價值評估和財務處理，參與併購談判。其在企業的併購中起著非常重要的作用。相應的業務主要有：安排兼併和收購；財務顧問服務；實施反併購和反收購措施來防禦和抵抗敵意收購方的進攻；幫助評估資產和確定併購價格、付款方式以及併購後企業的資產重組等；提供融資安排；為收購方的提供資金籌措和融通服務等。投資銀行通過從事企業併購的仲介活動，收取手續費。

（四）基金管理和財富管理業務

投資銀行利用其在證券市場中的特殊地位、豐富的理財經驗和專業知識，可以分別承擔基金的發起人和管理人等職責。

（五）風險投資業務

風險投資又稱創業投資或風險投資，指新興公司在創業期和拓展期所融通的資金。對於創業初期的企業，規模小、風險大而且沒有足夠的抵押品，難以通過貸款籌資；而且難以達到公開發行股票的條件。風險投資為這類小企業提供了寶貴的發展資金，從宏觀上說，也為經濟突破式發展奠定了資金基礎。

（六）理財顧問業務

投資銀行可以為客戶提供財務諮詢和投資諮詢等業務。投資銀行可以為一級市場的融資方提供財務諮詢，同時也為二級市場的買方和賣方提供研究報告和投資諮詢。

（七）資產證券化業務

資產證券化是指把商業銀行的長期固定利率貸款或企業的應收帳款等流動性較差的資產，通過重新組合和增信評級，發行相應的證券。資產證券化業務可以為相關方的資產提供更好的流動性。

（八）金融衍生工具業務

投資銀行可以結合市場需求和自身專業技能，在衍生品交易市場上發行和運作衍生產品。金融衍生工具業務是金融創新的主要方式之一，可以幫助市場實現價格發現功能，提高相應原生資產流動性，同時為市場提供新的交易品種。

（九）證券自營業務

自營業務是指投資銀行為自己買入或賣出證券，從而賺取短期差價或者獲得中長期回報的業務。投資銀行從事證券自營業務有明顯的信息和研究優勢。

第三節　保險公司

一、保險概述

從經濟角度定義，保險是指通過事後的財務賠償或給付給投保人和被保險人的經濟損失進行彌補的一種管理風險的手段。購買保險的人群把風險轉移給保險組織，當少數人遭受事故損失時獲得經濟上的補償。

從法律角度講，保險則是保險人同意補償被保險人損失的合同安排，保險合同以保單形式體現，被保險人通過購買保單把損失風險轉移給保險人，同時被保險人付出保險費作為代價。

《中華人民共和國保險法》第二條中將保險表述為：「本法所稱保險，是指投保人根據合同約定，向保險人支付保險費，保險人對於合同約定的可能發生的事故，並因事故發生所造成的財產損失承擔賠償保險金責任，或者當被保險人死亡、傷殘、疾病或者達到合同約定的年齡、期限等條件時承擔給付保險金責任的商業保險行為。」

保險的主要要素包括保險人、投保人、被保險人、受益人、保險標的和保險利益等。從保險的法律定義來看，投保人是指與保險人訂立保險合同，並按照合同約定負有支付保險費義務的人。而保險人是指與投保人訂立保險合同，並按照合同約定承擔賠償或者給付保險金責任的保險公司。雙方簽訂保險合同時，投保人應當對保險標的具有保險利益。保險利益是指投保人或者被保險人對保險標的具有的法律上承認的利益，投保人或者被保險人因為保險標的的完好而受益，因為保險標的的損壞而受損。被保險人是指其財產或者人身受保險合同保障，享有保險金請求權的人。

保險在經濟生活中主要發揮了分擔風險、補償損失、投資和防災防損的功能。保險公司通過收取保險費而聚集了規模龐大的保險基金，以備賠償被保險人的經濟損失。但風險事故不可能同時發生，因此保險基金也不可能一次全部地賠償出去，總有一部分基金處於閒置狀態。為了避免資金閒置浪費，保險公司通常會採取金融型經營模式，將其掌握的部分保險基金以投資的方式運用出去，保險公司也因此而成為各國金融市場上一類非常重要的機構投資者。並且保險合同週期可以長達 50 年甚至更久，為保險資金的運用創造了比較好的投資環境。價值投資大師巴菲特的投資秘訣之一就是利用其營運的保險公司的保險基金源源不斷地對低估企業進行投資。

保險公司的防災防損的功能主要體現在保險公司出於自身利益，會幫助投保人和被保險人主動採取防災防損的措施，幫助投保人主動管理風險。一方面，保險標的出險風險的下降可以減少保險公司的賠償和給付的支出；另一方面，保險公司在經營過程中能接觸到大量保險數據和專業技能，掌握了有效降低風險的技能和渠道。

二、保險公司的主要業務

按照不同標準可以將保險公司的業務分為不同的類別。

第一，按保險標的劃分，保險可分為財產保險、責任保險、保證保險、人身保險。財產保險是以被保險人的財產作為保險標的的保險。主要險種有火災保險（簡稱火險）、海洋運輸保險（簡稱水險）、盜竊保險、機動車輛損失險等。責任保險是承保被保險人因自己作為或不作為而給他人造成人身傷害或財產損失時依法承擔民事賠償責任的保險。其主要險種有機動車輛第三者責任保險、職業責任保險、勞工保險和雇主責任保險、旅行社責任保險等。保證保險是由保險人代被保險人向權利人提供擔保，當被保險人不履行契約義務，失去信用或有犯罪行為，致使權利人受到經濟損失時，保險人負賠償責任。其主要險種有保證保險、信用保險等。人身保險是以人的壽命或身體為保險標的的保險，按其保險範圍分類，可分為人壽保險、意外傷害保險和醫療健康保險。

第二，按業務承保的方式劃分，保險還可分為原保險、再保險。原保險是保險人與投保人最初達成的保險。再保險是一個保險人把原承保的部分或全部保險轉讓給另

外一個保險人。再保險業務存在的主要原因是保險人需要將集中到自己的風險轉移給再保險人，以利於保險業務的開展和控制自身經營風險。

第三，按保險的實施形式劃分，保險可分為強制保險和自願保險。強制保險是國家通過立法的形式要求某些保險標的必須投保的行為。一般而言，某些危險範圍較廣、影響人民利益較大的保險標的，凡符合法律規定範圍的，不管投保人願意與否，都必須對該項標的或與該項標的有關的法定賠償責任按規定購買保險。如絕大多數國際都要求機動車輛購買機動車交通事故責任強制保險，當發生交通事故時，傷者可以從保險公司獲得迅速的理賠，有利於避免糾紛的發生和維護社會的穩定。而自願保險是指投保人和保險人自願訂立的保險。

第四節　信託

一、信託概況

經濟活動中的信託是指擁有資金、財產及其他標的物的所有人，為獲得更好的收益或達到某種目的，委託受託人代為運用、管理、處理財產及代辦有關經濟事務的經濟行為。一般而言，信託關係涉及三方關係人，即委託人、受託人和受益人。

委託人一般擁有作為信託標的物的財產的所有權或具有委託代辦經濟事務的合法權利，同時，委託人將標的財產委託給受託人進行管理和處理。委託人的權利除了設立信託時的授予權外，還有權對受託者管理不當或違反信託目的的行為提出異議，並要求彌補損失；有權查閱有關處理信託事務的文件和詢問信託事務；有權准許受託者辭職或要求法院免去其職權；當信託關係結束而又找不到信託財產的歸屬者時，有權得到信託財產等。

受託人是接受委託人的授權，並按約定的信託條件對信託財產進行管理或處理的信託關係人。受託人必須具有受託行為能力，即必須有執管產權，並管理、運用和處理財產的能力。受託人可以由個人和法人承擔，當受託人為法人時，受託人須經政府主管部門審核批准後取得信託經營權。受託人的權利有兩項：一是根據信託契約對信託財產進行獨立管理和處理的權利；二是具有收取報酬、獲得收益的權利。受託人的基本義務主要有：忠於職守，妥善管理和處理受託財產；在因管理不善或處理不當，或逾越信託權限致使信託財產遭受損失時，有彌補損失的義務；受託人必須將自有財產和信託財產分別管理，對不同委託人的財產也要分別管理。

受益人是指享受信託利益的人。除根據法律規定為禁止享有財產權者外，其他人均可成為信託受益人。受益人最首要的權利是索取按信託合同規定的信託財產及其所產生利益，此外受益人還擁有許多與委託人相同的權利。需要注意的是，一般來講，受益人在信託期間對信託財產只享有利益之權，而無權處理、轉移、抵押、分割信託財產。

信託關係最突出的特徵是對受託財產所有權的分割。在信託關係成立後，受託人以所有人身分管理、處理信託財產，以自己的名義對外與第三人進行有關信託財產的交易並承擔相應的民事責任，但必須是為了受益人的利益而管理、處理信託財產，信

託財產在法律上不能看成是受託人的自有財產。因此,信託的實質是將責任和利益分開,承擔財產管理責任的人即受託人並不享有利益,而享有財產利益的人卻不承擔管理的責任。在現代社會中,很多財產所有人沒有足夠時間、精力和能力來親自管理財產,信託關係通過將管理權委託給受託人,解決了這個問題。信託也因此而成為現代社會中一種廣受歡迎的財產管理制度。

從經濟角度看,信託的基本功能是對財產事務的管理和融通資金。財產事務管理是指受託人受託為委託人管理、處理一切財產與經濟事務的功能。

融通資金是指受託人通過一部分信託業務而進行的資金籌措的功能。與銀行信貸的融資功能相比,信託的這一功能有兩個根本不同點:首先,二者所體現的經濟關係不同。銀行信貸是授信與受信的關係,是以還本付息為條件、以貨幣資金為載體的使用權讓渡的借貸活動;信託是委託與受託的關係,在一定條件下表現為財產使用權和所有權的同時轉移,最終是為指定的受益人謀取利益。其次,二者所表現的融資形式不同、信託融資不像銀行信貸那樣單獨進行,而是經常伴隨著其他形式,如融資與融物相結合、融資與財務管理相結合、融資與直接金融相結合、融資與商業信用相結合,等等。因此信託融資絕不是簡單重複銀行信貸融資。

二、信託機構的主要業務

信託機構是指從事信託業務,充當受託人的法人機構。信託機構所辦理的信託業務中,絕大部分是金融信託,而貿易信託和保管信託所占比重較小,因此人們通常把信託機構列為非銀行金融機構。但這並不意味著信託業務都屬於金融業務,例如,貿易信託和保管信託都不具有融通資金的功能,不屬於金融業務。

除金融業務外,信託機構還經營其他類別的業務,例如,代理類業務、租賃類業務、諮詢類業務。其中信託類業務是最能體現信託機構業務特徵的。按照不同的劃分標準,信託類業務又可分為不同的種類。

第一,按信託財產的性質劃分,信託可分為金錢信託、動產信託、不動產信託、有價證券信託和債權信託。金錢信託是指設立信託時,信託財產為貨幣(包括現金和存款)形態,並規定信託結束時仍以貨幣形態交付受益人的信託。動產信託是指以各種動產作為信託財產而設定的信託。所謂動產,是指能夠位移且位移後不降低原有價值和使用價值的財產,如運輸設備、機器設備、家具、貴金屬等。不動產信託是指委託人把房屋、土地等不動產轉移給受託人,由其代為管理和運用的信託。有價證券信託是指委託人將股票、債券等有價證券作為信託財產托付受託人對其進行保管和運用的信託。債權信託是指委託人將自己的貨幣債權憑證交給信託機構,委託其向債務人收回貸款、貨款或其他貨幣債權的信託業務。

第二,按信託目的劃分,信託可分為擔保信託、管理信託、處理信託、管理和處理信託。擔保信託是以擔保債務清償為目的而設定的信託,一般是在信用擔保業務中,信託機構要求委託人提供抵押、質押財產或保證金的那一部分業務,受託人掌管信託財產只是為了保證委託人清償債務。管理信託是以保護信託財產的完好或運用信託財產以增加收益為目的的信託,在信託期間,受託人只有信託財產管理權,而無處分權。

處理信託是指改變信託財產性質、原狀以實現財產增值的信託業務。管理和處理信託通常由受託人先管理財產，最後再處理財產，這種信託形式通常被企業當成一種促銷和融資的方式，在銷售一些價值量巨大的商品，如房屋和大型設備時使用。

第三，按委託人的不同劃分，信託可分為個人信託、法人信託和個人法人通用信託。個人信託是指委託人為自然人的信託。幾個自然人共同委託的仍屬個人信託。法人信託是指由具有法人資格的企業、公司、社團等作為委託人而設立的信託。這類信託大多與法人的經營活動有關。個人法人通用信託是指既可由個人作為委託人也可由法人作為委託人而設立的信託業務。

第四，按受益人的不同劃分，信託可分為自益信託、他益信託、私益信託和公益信託。自益信託是以委託人指定自己為受益人的信託。他益信託是以委託人以外的第三人為受益人的信託。私益信託是委託人為了自己或特定的第三人的利益而設立的信託。公益信託是以公共利益為信託目的的信託。公益信託中受益人應具備的條件通常由委託人指定，但具體受益人是不特定的，而是符合規定條件的任何人，委託人也可以是受益人之一。

第五，按信託事項的法律依據劃分，可分為民事信託和商事信託。民事信託是指信託事項所涉及的法律依據是在民事法律範圍之內，受託人處理這類信託業務除遵守信託法規和信託契約外，還應遵守有關民事法規的規定。商事信託是指信託事項所涉及的法律依據在商法規定的範圍之內，受託人處理這類信託業務時，除遵守信託法規和信託契約外，還應遵守有關商法的規定。

第五節　融資租賃金融機構

一、租賃

簡單地說，租賃是一種通過讓渡租賃物品的使用價值而實現資金融通的信用形式。現代租賃最突出的特徵是融資與融物的結合，因此通常也被稱為融資租賃或金融租賃。根據《國際融資租賃公約》中的定義，融資租賃是指這樣一種交易過程：出租人根據承租人的請求及提供的規格，與第三方（供貨商）訂立一份供貨合同，從供貨商處購得承租人所需的工廠、資本貨物或其他設備。同時，出租人與承租人訂立一份租賃合同，以承租人支付租金為條件，授予承租人使用設備的權利。

從上述融資租賃的定義中可以看到現代租賃形式所具有的融資與融物相結合的特點。企業在需要進行設備投資時，並不直接購買所需設備，而是向租賃公司提出具體要求，由租賃公司代為融資，並根據企業的要求從設備供應廠商處購進相應的設備，然後交給承租企業使用。在租賃期間，承租人只要按時交付租金，就可以像使用自己擁有的設備那樣使用租來的設備。

與傳統租賃形式相比，現代租賃的特徵具體表現在：①融資租賃一般涉及三方相互關聯的當事人，即出租人、承租人、供貨商，並由兩份合同構成，即買賣合同和租賃合同。②擬租賃的設備由承租人自行選定，由此出租人也只負責按承租人的要求給予融資便利和購買設備，但並不承擔設備缺陷、延遲交貨等責任和設備維護的義務。

③全額清償，即在基本租期內只存在一個特定的承租人用戶，出租人對該用戶收取的租金總額應等於該項租賃交易的全部或絕大部分投資及利潤。④不可解約性，即承租人不能以退還設備為條件提前中止租賃合同。

由上述租賃的定義和特徵來看，一項租賃業務尤其是現代租賃業務可包含多項功能：

一是融資功能。對承租人而言，融資租賃提供了便捷的融資。和銀行信貸的融資功能相比，租賃融資還具有特殊的優勢。比如，租賃可以為承租人提供100%的融資，而銀行貸款一般不是全額融資；有些融資租賃形式可以享受稅收上的優惠，如投資稅收減免、加速折舊等；有些融資租賃形式在會計處理上可以不計入承租人的負債，因此也不影響承租人的負債比率。

二是投資功能。這是對出租人而言的。租賃作為一種新型的投資方式，並不是投資於整個產業，而只是投資於出租給企業的某種設備，並且始終由出租人自己擁有設備的所有權。相對於其他投資形式，風險更小。

三是促銷功能。對供貨企業來說，用租賃的方式向客戶推銷新產品，可以減輕客戶的購買壓力，使新產品更快地進入市場，有助於企業擴大市場份額。

二、租賃公司的種類

按照租賃公司涉及的經營活動可以將租賃公司劃分為以下種類：

1. 按租賃中出資者的出資比例不同可將租賃分為單一投資租賃和槓桿租賃

（1）單一投資租賃是由出租人負責承擔購買租賃設備的全部投資。這種租賃方式較為傳統。

（2）槓桿租賃是一種結構較為複雜的融資租賃交易形式。槓桿租賃方式是指在一項租賃交易中，出租人只需投資租賃設備購置款項20%~40%的金額，即可在法律上擁有該設備的完整所有權。而設備購置款項的其餘60%~80%由銀行、保險公司或信託公司等金融機構提供的無追索權貸款來解決，但需出租人以租賃設備作為抵押，並且一般以收取租金的權利作為擔保。

2. 根據租賃業務的具體方法還可分為直接租賃、轉租賃、售後回租等方式

（1）直接租賃是由出租人用從金融市場籌措的資金向供貨廠商購買設備，然後直接租給承租人使用。

（2）轉租賃是由租賃公司根據用戶需要，先從其他租賃公司租入設備，再轉租給承租人使用。當租賃機構自身借貸能力較弱、資金來源有限、市場能力較差時，可以通過這種形式為承租人提供緊缺的，只租不賣的先進技術設備。

（3）售後回租租賃是指設備所有人將自己擁有的資產賣給租賃公司，然後再從該公司租回使用。本質上說，這種形式實際上是一種緊急融資方式。作為租賃物的設備就是企業的在用設備，其銷售只是形式，未做任何轉移。通過這種方式，設備所有人既保留了原有設備的使用權，又可把固定資產變為流動資產，充分提高了資金的使用效率。

第六節　投資基金

一、投資基金概述

投資基金是按照共同投資、共享收益、共擔風險的基本原則和股份公司的某些原則，運用現代信託關係的機制，以基金方式將各個投資者彼此分散的資金集中起來，交由投資專家運作和管理，主要投資於證券等金融產品或其他產業部門，以實現預期的投資目的的投資組織制度。投資基金也被稱為共同基金、互惠基金。

投資基金和一般的股票、債券一樣，都是金融投資工具，但投資基金具有其獨特的優點。第一，一般的股票反應的是產權關係，債券反應的是債權關係，而投資基金反應的是信託關係。第二，股票和債券所獲資金主要投向實業，而投資基金籌集的資金主要投向其他有價證券及不動產。第三，股票的收益取決於發行公司的經營效益，因此是不確定的，投資於股票有較大風險。債券的收益一般事先確定，投資風險較小。而投資基金主要投資於有價證券，而且這種投資選擇可以靈活多樣，從而使投資基金的收益和風險一般介於股票和債券之間。

相對於直接投資證券品種，投資基金本身具有一些突出的特點與功能。首先，投資基金實行專家管理制度，其專業管理人員都經過專門訓練，具有豐富的證券投資和其他項目投資經驗，因而投資成功率較高。這對於那些沒有時間或沒有能力專門研究投資決策問題的中小投資者來說尤其具有吸引力。其次，投資基金將眾多中小投資者的小額閒散資金集中起來，產生了明顯的規模效應。隨著交易數量的增大和交易頻次的降低，可以有效地降低包含佣金成本在內的各項交易成本；同時，投資基金集中了大量資金後，就擁有了多元化經營的有利條件，可以保證在一定的收益水準上將投資風險降到最低限度。對投資者而言，相對於單一的證券品種，投資基金流動性強，變現性好。當投資者需要現金或者由於其他原因要抽回投資時，可以方便地辦理開放式基金贖回業務或者直接在場內賣出封閉式基金。最後，投資基金在投資手續與操作上都比較規範，投資目標與基本策略都是預先規定好的，這也間接降低了投資者參與市場的風險。

二、投資基金的種類

投資基金的內容和種類都十分豐富，下面只介紹常見的投資基金的形式。

1. 按基金變現方式的不同分為開放式投資基金和封閉式投資基金

開放式投資基金發行的份額總數是不固定的，可根據基金發展的需要追加發行。投資者也可根據市場狀況和各自的投資決策，追加購買基金份額。封閉式投資基金的發行總額有限制，一旦完成發行計劃，就不再追加發行。投資者不得要求發行機構贖回股份或受益憑證，但可將其在證券交易所公開轉讓，轉讓價格由市場供求決定，一般而言轉讓價格低於份額淨值。

2. 按組織形態的不同分為公司型投資基金和契約型投資基金

公司型投資基金是依據公司法設立的投資基金，是一種由委託人發起組織以投資

為目的的投資公司（或稱投資基金公司），發行投資基金股份，由投資者購買投資基金股份、參與共同投資的信託財產形態。歐美國家的投資基金一般為公司型的。契約型投資基金是依據信託法、投資信託法而設立的投資基金，一般由基金管理公司（委託人）、基金保管機構（受託人）和投資者（受益人）三方通過訂立信託投資契約而建立起來。亞洲地區的投資基金一般採用這種形式。

3. 按投資目標的不同分為成長型基金和收入型基金

成長型基金追求資本長期增值並注意為投資者爭取一定的收益，其投資對象主要是市場中有較大升值潛力的小公司股票或是新興行業的股票。這類基金的投資策略是盡量充分運用其資金，當行情較好時，甚至借入資金進行投資。為了擴大投資額，這類基金經常會把投資者的應得股息也重新投入市場，因此其股息分配只占投資收益的一小部分。收入型基金注重當期收入最大化和基金價格增長，其投資對象主要是績優股和利息較高且收入穩定的債券，其投資策略強調穩健和分散風險，並注意滿足投資者對收益的要求，因此一般都會按時派發股息。

4. 按基金運用規則的不同分為固定型投資基金和管理型投資基金

固定型投資基金是指信託基金一旦投資於預先確定的證券，在整個信託期間，原則上不允許變更，即不允許投資證券的轉賣與重買。管理型投資基金又稱自由型、融通型投資基金，其經營者可以根據市場情況，對購進的證券自由買賣，不斷調整組合結構。

5. 按投資地域或國界的不同分為國內投資基金和國際投資基金

國內投資基金是指在本國籌資並投資於本國金融工具的基金。國際投資基金是指在一國籌資並投資於另一國的基金。

第七節　其他非銀行金融機構

一、財務公司

財務公司也叫金融公司，在國外是指一類通過出售商業票據、發行股票或債券以及向商業銀行借款等方式來籌集資金，並用於向購買汽車、家具等大型耐用消費品的消費者或小型企業發放貸款的金融機構。

國外的財務金融公司可分為三種類型：

一是銷售金融公司，是由一些大型零售商或製造商建立的，旨在以提供消費信貸的方式來促進企業產品銷售的公司。

二是專門發放小額消費者貸款的消費者金融公司，它的作用是為那些在其他渠道難以獲得貸款的消費者提供貸款資金。

三是商業金融公司，主要向企業發放以應收帳款、存貨和設備為擔保的抵押貸款，或者以買斷企業應收帳款的方式為企業提供資金。後者業務的風險較高，因此利潤也較高。

在中國，財務公司是企業集團財務公司的簡稱，是一類由大型企業集團內部成員單位出資組建並為各成員單位提供金融服務的非銀行金融機構。其宗旨是支持國家重

點集團或重點行業的發展。其主要業務包括：吸收成員單位的存款；對成員單位發放貸款、辦理委託貸款及票據承兌和貼現；對成員單位產品的購買者提供買方信貸；辦理成員單位產品的融資租賃業務；買賣和代理成員單位買賣國債及成員單位發行的債券；為成員單位辦理擔保、信用鑒證、資信調查和經濟諮詢等業務。財務公司在辦理有關業務的過程中，應嚴格執行國家金融方針、政策及金融監管部門的有關規定，接受金融監管部門的領導、管理、監督、協調和稽核。財務公司為獨立的企業法人，必須實行獨立核算、自負盈虧、自主經營、照章納稅。

截至 2015 年年底，中國共有 224 家企業集團財務公司，涉及石油、化工、鋼鐵、電力、煤炭等國民經濟多個行業。許多大型企業集團大都設立了財務公司並不斷發展壯大，成為中國金融市場上不可忽視的力量。

二、金融資產管理公司

金融資產管理公司是指由國家出面專門設立的以處理銀行不良資產為使命的金融機構。它們也是一類特殊的政策性金融機構。

中國人民銀行頒布的《金融資產管理公司條例》第二條對該類型公司做出了明確定義：「金融資產管理公司，是指國務院決定設立的收購國有銀行不良貸款，管理和處置因收購國有銀行不良貸款形成的資產的國有獨資非銀行金融機構。」同時第三條規定了其經營目標：「金融資產管理公司以最大限度保全資產、減少損失為主要經營目標，依法獨立承擔民事責任。」

20 世紀 90 年代，由於體制原因、行政干預原因、企業自身管理體制和經營機制不適應市場經濟需要從而無法償還貸款以及銀行管理體制缺陷等因素，國有銀行不良資產出現巨額累積，歷史包袱越來越重。中央銀行的一項統計表明，國有商業銀行不良資產總額約 2.3 萬億元，占貸款總額的 25.4%，巨額的不良資產對銀行自身的穩健與安全將產生直接損害。為了化解由此可能導致的金融風險，中國於 1999 年相繼設立了 4 家金融資產管理公司，即中國信達資產管理公司、中國東方資產管理公司、中國長城資產管理公司和中國華融資產管理公司，分別收購、管理和處置四家國有商業銀行的不良資產。

中國組建金融資產管理公司是為了同時達到以下三個目的：

一是改善 4 家國有獨資商業銀行的資產負債狀況，提高其國內外資信度；同時深化國有獨資商業銀行改革，把國有獨資商業銀行辦成真正意義上的現代商業銀行。

二是運用金融資產管理公司的特殊法律地位和專業化優勢，通過建立資產回收責任制和專業化經營，實現不良貸款價值回收最大化。

三是通過金融資產管理，對符合條件的企業實施債權轉股權，支持國有大中型虧損企業擺脫困境。

隨著大型商業銀行不良資產清理工作的基本完成和金融體系不良資產的逐步減少，四家金融資產管理公司逐步轉型。2008 年以來，中國積極推進金融資產管理公司從政策性到商業性機構轉型。其中，中國信達資產管理股份有限公司和中國華融資產管理股份有限公司兩家資產管理公司已完成改革試點，並且實現了在香港的公開上市。

三、汽車金融公司

汽車金融主要是指在汽車的生產、流通、購買與消費環節中融通資金的金融活動，包括資金籌集、信貸運用、抵押貼現、證券發行和交易以及相關保險、投資活動。汽車金融是汽車製造、流通、服務維修等相關實體經濟領域發展到一定階段後與金融業相互結合滲透的必然結果。

中國銀監會於 2003 年 10 月 3 日頒布了《汽車金融公司管理辦法》，規定汽車金融公司是為中國境內的汽車購買者及銷售者提供貸款的非銀行金融企業法人。同年 11 月 12 日，頒布《汽車金融公司管理辦法實施細則》，正式允許國內外符合條件的機構在國內開辦汽車金融公司，開放國內汽車消費信貸以及相關業務。這標誌著中國汽車金融服務也進入了以汽車金融公司為主導的專業化時代。2004 年 8 月 3 日，銀監會正式核准上汽通用汽車金融有限責任公司開業，這是銀監會核准開業的第一家汽車金融公司。

近年來，中國汽車產業一直保持著快速增長的良好態勢，汽車消費市場顯現出巨大潛力，汽車消費信貸在培育和促進中國汽車消費市場發展中發揮了重要作用。汽車金融十年來保持了年均 15% 的增長率。

汽車金融公司的資金渠道，開放了包括發行債券、同業拆借或資產證券化等業務領域，同時發揮著汽車金融公司的專業化優勢和資金實力優勢。

習題

概念解釋：

信託　投資銀行　共同基金　汽車金融　受託人　委託人　主動型基金　被動型基金　指數基金　封閉型基金　開放型基金　自營業務　財產信託

思考題：

（1）請簡述投資銀行的主要業務。
（2）比較信託中受託人和委託人的權利與義務。
（3）比較封閉型基金和開放型基金的異同。
（4）中國的政策性金融機構主要有哪些？其主要職能是什麼？

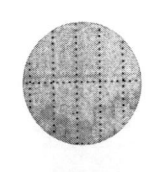

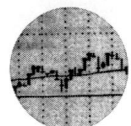

第八章　貨幣需求

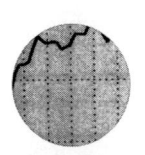

供求關係是市場經濟的基本關係，供求規律也是市場經濟的客觀規律。經濟活動中供求關係無處不在，貨幣作為商品經濟中的一個重要而獨特的經濟變量，也無一例外地受到供求規律的支配。在我們分析貨幣對經濟影響，中央銀行制定和實行貨幣政策的時候，需要對貨幣供求進行全面的分析和研究。因此貨幣供求理論是貨幣金融理論中最核心的內容之一。

貨幣供給與貨幣需求在實際經濟運行中是同步的，但人們對二者的認識卻不是同步的。相比之下，貨幣需求理論的歷史要比貨幣供給理論悠久得多，只有在分析貨幣需求理論的基礎上，才能逐步展開對貨幣在整個經濟中所占地位，尤其是貨幣對物價、收入以及就業的影響研究，並建立比較完整的貨幣理論體系。因此，學習和研究貨幣理論，首先必須從貨幣需求理論開始。

第一節　貨幣需求及其決定因素

一、貨幣需求的定義

為了說明什麼是貨幣需求，首先必須明確什麼是需求。在經濟學中，所謂需求並不只是單純地指人們希望得到或擁有某種東西。因為這不是需求，而只是人們的一種慾望。人們的慾望是無限的，但需求卻是有限的。所謂需求是一種有支付能力的需求。它必須同時包括兩個基本要素，缺一不可：一是人們希望得到或持有；二是人們有能力得到或持有。例如，我們說人們對某種商品有需求，即表示人們既有購買這種商品的願望，又有足夠的支付能力。而在有足夠支付能力的條件下，人們是否願意購買這種商品，取決於人們需要這種商品的程度，這種商品的價格是否適當，這種商品對他們的相對重要性和迫切性等因素。

貨幣需求也是如此。所謂貨幣需求也必須同時包括兩個基本要素：一是必須有得到或持有貨幣的意願；二是必須有得到或持有貨幣的能力。如果只考慮人們是否需要貨幣，即是否希望得到或持有貨幣，而不考慮人們是否有足夠的能力來得到或持有貨幣，那麼，所謂貨幣需求便成了一個毫無意義的概念。因為在貨幣經濟中，人們總是希望盡可能地得到或持有更多的貨幣，而不會嫌貨幣太多。這就說明貨幣和其他任何商品一樣，人們持有它的慾望是無限的，但人們對它的需求則有有限的。

貨幣具有和一切其他商品相交換的能力，同時它又是一般價值的代表，是人們持有資產或財富的一種形式。貨幣需求大致可以分為兩個部分：一是對作為流通手段和支付手段的貨幣的需求；二是對作為貯藏手段的貨幣需求。第一種貨幣需求是對交易媒介的需求；第二種貨幣需求是對資產形式的需求。但在現實生活中卻很難將兩種需求截然分開。因此，我們所謂的貨幣需求，簡單地說，就是人們把貨幣作為一種資產而持有的行為。

在現實生活中，人們持有的資產形式是多種多樣的，既有實物資產又有金融資產。各種資產都既有優點又有缺點。那麼，人們究竟以什麼標準來衡量其持有資產形式的

優劣呢？因而必須對各種資產的優缺點加以衡量和比較，以達到個人效用最大化。

衡量各種資產優缺點的標準主要是盈利性、流動性和安全性。所謂盈利性，是指人們因持有各種資產而取得的收益；所謂流動性是指一種資產在不使其持有人遭受損失的情況下變現的能力；而所謂安全性，則是指一種資產以貨幣計算的價格的穩定性。很顯然，從盈利性來看，貨幣是盈利性最低的資產，而股票和債券等有價證券是盈利性較高的資產。但是，從流動性來看，貨幣卻是流動性最高的資產，而各種有價證券及實物資產都是流動性較低的資產。從安全性來看，貨幣也可以說是最為安全的金融資產，而各種非貨幣的金融資產則有著較大的風險性。可見，各種金融資產和實物資產均有各自的優缺點。因此，在選擇資產持有的形式時，人們必須根據自己的具體情況和偏好，通過對各種資產的盈利性、流動性和安全的全面衡量和比較，使自己的資產組合保持在最佳狀態（效用最大）。因而在這個意義上，貨幣需求是指人們根據自己的具體情況和偏好，通過對「三性」的全面衡量和比較，使自己的資產組合保持在最佳狀態下所願意持有的貨幣量。

二、貨幣需求的決定因素

（一）收入狀況

貨幣需求反應了經濟主體選擇以貨幣形式持有資產的行為。所有資產的總和便是其擁有的財富規模，財富是一個存量的概念，需要流量的收入來逐漸累積，毫無疑問，擁有的財富總量是持有貨幣量的最大限額。

收入狀況對貨幣需求的決定作用表現在兩個方面：一是收入的數量；二是取得收入的時間間隔。在其他情況一定的條件下，貨幣需求量既與收入的數量成正比，又與取得收入的時間間隔的長短成正比。

收入狀況是決定人們貨幣需求的重要因素，這體現在兩個方面：一方面是收入的數量。一般情況下收入水準越高，貨幣需求量越多，收入水準越低，貨幣需求量越少。這是因為，收入水準首先在一定程度上制約著人們貨幣需求的數量；其次收入水準往往決定著支出規模，收入越多，支出也越多，所以持有的貨幣也越多。

貨幣需求量與取得收入的時間間隔長短成正比，可以用圖8-1予以說明。在圖中，假設某人月收入3,000元全部用於當月支出，支出平均，每天用去100元，月末花完當月全部收入。那麼，在每月月初支付一次工資的情況下，他平均每天的貨幣量是1,500元。假如現在是每隔10天支付一次工資，每月的各旬旬初，他手中持有1,000元。那麼他平均每天持有的貨幣量則變成500元。由此可見，人們取得收入的時間間隔越長，平均持有的貨幣量就越多。這是因為在一般情況下，收入通常是定期的、一次性地取得的，而支出則是經常地、陸續地進行的。因此，在取得收入與進行支出之間往往存在著一定的時間間隔，在此時間間隔中，人們必須持有隨時用於支出的貨幣。

圖 8-1

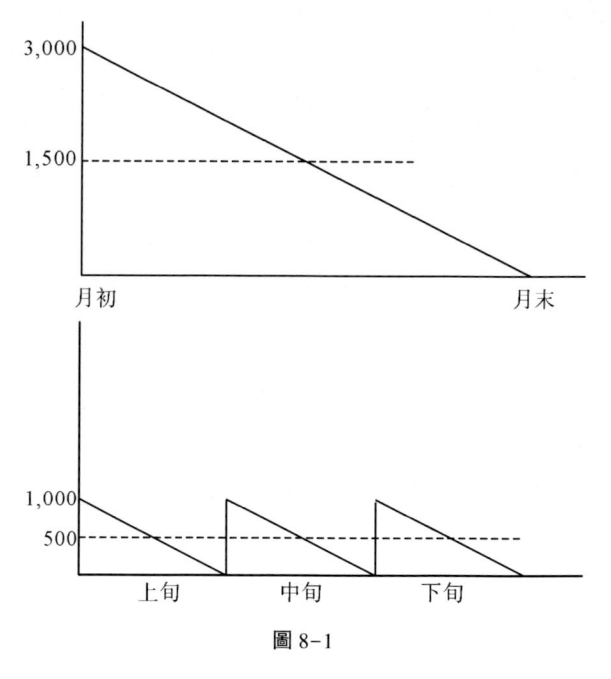

(二) 信用的發達程度

在一個信用制度健全，信用發達的經濟中，貨幣需求量較小。這是因為許多交易可以通過債權債務的相互抵消來結算，從而節約了作為流通手段的貨幣使用量，貨幣需求量相應減少。而信用發達也意味著金融市場比較完善，資金餘缺溝通順暢，金融資產種類豐富，人們不但可以很便利地通過金融市場將盈餘資金轉化為可以獲得的資產，而且可以很容易地將資產變現或獲得需要的資金。因此，人們可以更多地購買流動性強的可獲利資產來獲得收益，手中不必持有很多的貨幣，便可以保證正常的支付需要。再者，信用發達的社會其經濟發展水準往往很高，科技進步使得 ATM 機、POS 機、信用卡、電子錢包等被廣泛使用，以至人們越來越少地持有傳統意義上的貨幣。

(三) 市場利率

在市場經濟中，市場利率與價格一樣，是調節經濟活動的重要槓桿。在正常情況下，市場利率與貨幣需求成負相關關係，即市場利率上升，貨幣需求減少；市場利率下降，貨幣需求增加。

市場利率與貨幣需求的這種負相關關係主要是由以下兩個原因引起的：首先，市場利率提高，意味著人們持有貨幣的機會成本（因持有貨幣而放棄的利息收入）增加，因此，貨幣需求自然將減少；反之，市場利率下降，則意味著人們持有貨幣的機會成本減少，因此，貨幣需求將會增加。其次，市場利率與有價證券的價格成反比，市場利率與有價證券的價格成反比，市場利率上升，則有價證券價格下跌；市場利率下跌，則有價證券價格上升。但根據市場週期性變動的規律，市場利率上升到一定高度時將回跌；反之，市場利率下降到一定水準時又將回升。因此，當利率上升時，人們往往會預期利率將下降，而有價證券價格將上升。於是，人們將減少貨幣需求量增

加有價證券持有量，以期日後取得資本溢價收入。反之，當利率下降時，人們將預期利率會回升，有價證券價格將下跌。於是為了避免資本損失，人們將減少有價證券持有量而增加貨幣持有量，並準備在有價證券價格下跌後再買進有價證券以獲利。

(四) 消費傾向

消費傾向指消費在收入中所占的比例，可分為平均消費傾向和邊際消費傾向。平均消費傾向是指消費總額在收入總額中的比例，而邊際消費傾向則是指消費增量在收入增量中的比例。

與消費傾向相對應的是儲蓄傾向。儲蓄傾向與消費傾向互為消長，消費傾向大，則儲蓄傾向小；消費傾向小，則儲蓄傾向大。在一般情況下，消費傾向與貨幣需求呈同方向變動，即消費傾向大，則貨幣需求也大；消費傾向小，貨幣需求也小。

除此之外，還有兩種特殊情況應加以考慮。一是支出不均勻，如果人們不是均勻地支出其收入，而取得收入後立即用以購買消費品，則他們就無需持有那部分準備用於消費的貨幣。於是，消費傾向大，貨幣需求卻未必也大。二是窖藏現金，如果人們不是以定期存款或有價證券等形式持有財富，而寧願以貨幣形式儲蓄，亦即通過窖藏現金來儲蓄，則消費傾向大，消費需求反而小；相反，消費傾向小，則貨幣需求反而大。這是因為用於消費的貨幣持有量將隨著消費支出的發生減少，而用於儲蓄的貨幣持有量卻在較長時間中將是穩定不變的。所以，消費傾向越小，則儲蓄傾向越大，在收入一定的條件下用於儲蓄的部分越多。若以貨幣形式儲蓄，則貨幣需求量自然也越大。

(五) 貨幣流通速度、待交易商品總量、物價水準

這三個因素通過貨幣流通規律對貨幣需求量產生影響。以 M 表示貨幣需求量，P 代表物價水準，Q 代表社會商品可供量，V 代表貨幣流通速度，則根據貨幣流通規律有如下公式：

$$M = \frac{PQ}{V}$$

所以，物價水準和待交易商品總量與貨幣需求成正比；而貨幣流通速度同貨幣需求成反比。

(六) 人們的預期和偏好

人們的預期和偏好等主觀因素也會對貨幣需求產生重要影響。影響貨滿堂紅需求的預期主要是指對於市場利率、物價水準和投資收益等方面的預期。如前所述，預期市場利率的變化與貨幣需求正相關，預期市場利率上升，預示著證券資產的價格下降，於是人們更多地持有貨幣而減少證券資產持有量；反之則相反。預期物價水準變動與貨幣需求負相關，預期物價水準升高，意味著人們手中持的貨幣購買獨聯體將會下降，這將促使人們為了減少損失，盡可能地將貨幣轉化為實物資產；反之，預期物價水準下降將導致更多的人持幣待購，貨幣需求增加。這裡的投資是指實體經濟中的投資。以企業為例，當預期投資收益率上升時，企業會盡可能減少手中持的貨幣形式的資產，增加投資擴大生產；如果預期悲觀，企業將謹慎採取行動，或者是減少投資，因而手中貨幣形式的資產增加。

偏好是人們對於資產的盈利性、流動性和安全性的認可與接受程度，貨幣與其他

資產在這三個方面特性的差異以及人們自身的風險偏好直接影響著其貨幣需求行為。

（七）其他因素

除上述因素之外，政治形勢、風俗習慣等許多因素也都不同程度地影響著貨幣需求。在此不一一論述。

第二節　傳統貨幣數量論的貨幣需求理論

貨幣需求理論主要研究貨幣需求的動機、貨幣需求的決定因素、貨幣需求對物價及產出等實際變量的影響。由於研究者對貨幣本質及功能的認識不同，因此，就產生了各種流派的貨幣理論。從發展的時間順序來看，20世紀以前的西方經濟學家側重於貨幣需求的宏觀分析，20世紀至今的經濟學家則越來越重視貨幣需求的微觀分析。

一、馬克思的貨幣需求理論

馬克思的貨幣需求理論以金本位制度為研究背景，以勞動價值論為理論前提，分析流通中貨幣需求決定因素與貨幣流通規律。該理論集中體現在馬克思貨幣流通規律公式中，即：

$$M = \frac{PQ}{V}$$

式中，M 表示執行流通手段職能的貨幣量；P 為一般物價水準；Q 代表流通中的商品數量；因此 PQ 就是商品的價格總額；V 表示貨幣流通速度。公式表明，流通中的貨幣量與商品價格、商品數量呈正相關，而與貨幣流通速度呈負相關。

馬克思認為，人類的無差別勞動賦予了包括黃金在內的各種商品的價值。在金本位制度下，商品與黃金的交換比率即交換價格取決於商品與黃金的內在價值比較。根據等價交換原則，既定價值的商品需要等量價值的黃金來交換，而生產率的變化會引起各自的價值變化，從而導致交換價格也相應變化。一方面，商品與黃金交換後，商品退出流通，黃金仍然留在流通領域之中，經過數次流通，等量黃金可以實現幾倍於自身價值的商品交換。因此貨幣流通速度越快，商品流通所需要的黃金越少。另一方面，當生產率的提高引起黃金供給量超過流通中的貨幣需求量時，黃金價值下降，導致黃金和其他商品的交換比率即商品價格上升。黃金貶值誘使人們自動將部分黃金窖藏起來，引起流通中貨幣量減少，最後流通中的貨幣量自動等於商品流通的貨幣需求量。

由此可見，馬克思的貨幣流通公式中右側決定左側，貨幣流通量內生地決定於客觀貨幣需求量。理解這個問題的關鍵環節在於，黃金形式的貨幣商品的貯藏具有蓄水池功能，黃金可以隨著貨幣需求的變化自動退出或進入流通領域，因此貨幣永遠不會溢出它的流通渠道。

二、傳統貨幣數量論

古典經濟學家在19世紀末20世紀初發展起來的貨幣數量論，是一種探討總收入的名義價值如何決定的理論。古典學派的經濟學家一般認為貨幣本身是沒有價值的，

貨幣的價值源自其交換價值，即對商品和勞務的購買力。因此，他們簡單地把貨幣視為交易媒介，把貨幣當作與實際經濟過程並無內在聯繫的外生變量，從而形成貨幣面紗觀的兩分法，即視貨幣為覆蓋於實物經濟生活之上的一層「面紗」，並不影響物價、就業、產出的實際變量。這一思想在經濟學史上被稱為貨幣數量說。貨幣數量說有新舊之分，一般把凱恩斯以前的稱為舊的或傳統的貨幣數量說，而把以弗里德曼為代表的貨幣數量說稱為現代的或新的貨幣數量說。傳統的貨幣數量說就是貨幣需求理論，因為該理論揭示了對既定數量的總收入應持有的貨幣數量。傳統的貨幣數量訓主要存在兩種形態，即現金交易說和現金餘額說。

(一) 現金交易說

美國經濟學家歐文·費雪在其1911年出版的頗具影響的《貨幣購買力》一書中，基於古典經濟的充分就業和工資與物價完全彈性的理論假設，對古典貨滿堂紅數量理論做了清晰的闡述。費雪認為，貨幣的唯一職能是充當交換媒介，人們需要貨幣僅僅是因為貨幣具有購買力，可以用來交換商品和勞務。因此，一定時間內社會所需要的貨幣總額必定等於一定時期內參加交易的各種商品和價值總和。他在書中提出了著名的費雪交易方程式，即：

$$MV = PT$$

其含義是流通中的通貨存量（M）乘以貨幣流通速度（V）等於物價水準（P）乘以交易總量（T）。費雪認為，貨幣流通速度是由諸如銀行及信用機構的組織機構、效率、人們的貨幣支付習慣等制度因素決定的，這些因素變化緩慢，短期內可視為常量。交易總量包括了物品、勞務乃至金融資產交易活動的總量。但交易總量與產出保持一定的比例，而產出始終處於充分就業水準，因此短期內交易總量大體上也是相對穩定的。費雪隱含強調交易媒介是貨幣的唯一職能，貨幣不管是直接用於消費，還是通過儲蓄自動轉化為投資，最終都將全部進入流通領域充當交易媒介。根據交易方程式，由於貨幣是由貨幣當局外生控制的，而產出水準既定，貨幣數量的變動將直接引起物價水準成正比例變動。

費雪將此交易議程進行了一定變形，就得了貨幣需求方程式，即：

$$M_d = 1/V \cdot P \cdot T$$

公式表時，決定一時期名義貨幣需求數量（M_d）的因素主要是這一時期全社會在一定價格水準下的總交易量與同期的貨幣流通速度，交易量越大，貨幣需求越大，流通速度越快，貨幣需求越少。當貨幣當局調整貨幣供給量（M）之時，由於貨幣流通速度在短期內相對穩定，增加的貨幣將通過物價水準迅速變化釋放出來，人們為了實現既定交易量的貨幣交易需求（M_d）相應增加，從而自動實現貨幣供求的平衡。

交易方程僅考慮貨幣的交易職能，認為貨幣需求純粹被動地決定於貨幣供給量，這不僅是費雪貨幣數量論思想的主要特色，也是其理論的一大缺陷。

(二) 現金餘額說

在費雪發展他的貨幣數量論的同時，包括馬歇爾、庇古等一批劍橋學派的古典經濟學家得出了和費雪交易方程類似的貨幣需求等式，即著名的現金餘額說，也被稱為劍橋方程式，即：

$$M_d = K \cdot P \cdot Y$$

式中，M_d 為貨幣需求；Y 代表實際總產出；P 為一般物價水準；K 代表以貨幣形式保有的財富占名義總收入的比例，短期內相對穩定。現金餘額說表明，經濟中的貨幣需求等於人們以貨幣形式持有名義總收入的部分。根據方程式，當貨幣當局增加貨幣供應量時，人們發現手中的貨幣大於其願意持有的份額，努力通過多種途徑將貨幣花費出去，但在充分就業的假設下，實際總產出短期內不變，這必然促使一般物價水準上升，最終通過名義收入的變化實現貨幣供求的再次均衡。

現金餘額說與費雪交易方程式的變形 $M_d = 1/V \cdot P \cdot T$ 比較，形式上僅有兩點區別：一是以收入 Y 代替了交易量 T，二是以個人持有的貨幣需求對收入的比例 K 取代了貨幣流通速度倒數 $1/V$。實際上，兩種理論的區別遠非如此簡單。首先，交易方程式僅強調貨幣的交易媒介職能，其中的貨幣是流通中的貨幣；而現金餘額說則重視貨幣的價值貯藏職能，認為貨幣是放在人們手中的一種資產的何有形式。其次，交易方程式中的 V 僅取決於影響交易的金融及經濟制度等客觀因素，排除了在短期內利率對貨幣需求的影響可能；但現金餘額說中的 K 卻是人們通過比較持有貨幣的成本和收益而主動選擇的結果，因此沒有排除利率對貨幣的需求。最後，通過比較可以發現，交易方程式是從宏觀角度分析貨幣需求，它表明要維持價格水準的穩定，在短期內由制度因素決定的貨幣流通速度為常數的情況下，商品交易量和物價水準是決定貨幣需求的主要因素；而現金餘額說則從微觀角度分析貨幣需求，考察人們如何比較持有貨幣的成本和收益，綜合分析各種主觀和客觀因素，決定貨幣需求的多少。劍橋學派對貨幣需求的這種微觀分析方法以及對貨幣需求影響因素更為細緻深入的分析，對於後來經濟學家的研究產生了深遠的影響。劍橋學派的現金餘額說在貨幣需求理論發展過程中具有里程碑式的意義。

第三節 凱恩斯貨幣需求理論及其發展

一、凱恩斯的流動性偏好理論

作為馬歇爾的嫡傳弟子，凱恩斯在繼承劍橋學派分析方法的基礎上，從貨幣需求的動機入手，將利率對貨幣需求的影響置於無以復加的重要地位。這就是在他 1963 年出版的著作《就業、利息和貨幣通論》中提出的流動性偏好理論。所謂流動性偏好，就是指人們寧願持有流動性高但不能生息的貨幣而不願持有其他可以生息但不易變現的資產行為。因此，流動性偏好就是貨幣需求，流動性偏好理論就是貨幣需求理論。

凱恩斯認為人們對貨幣需求出於三個動機，即交易動機、預防動機和投機動機。交易動機是指個人和企業為了應付日常交易需要而持有的貨幣需求。個人貨幣需求量直接與收入水準及貨幣收支間的長短有關，而企業貨幣需求量則與生產規模和生產週期的長短有關。預防動機是人們為了應付不時之需而持有貨幣的動機。凱恩斯認為，生活中經常會出現一些未曾預料到的、不確定的支出和購物機會，為此人們手頭需要保持一定量的貨幣。這類貨幣需求稱為貨幣的預防需求。預防動機與交易動機引起的貨幣需求統稱為交易貨幣需求，是收入的遞增函數。

投機動機是凱恩斯的獨創部分，因而也成為其貨幣需求理論中最具特色之處。凱恩斯認為人們持有貨幣除了為交易需求和預防需求外，還為了儲存價值和保有財富，這就是貨幣需求的投機動機。儲存價值的資產可以分為貨幣和債券兩大類，而以何種形式持有資產，則取決於各自的預期收益。凱恩斯認為，貨幣資產的收益為零，債券的收益取決於市場利率的變化，兩者此消彼長。如果市場利率下降，將導致債券價格上漲，持有者不僅會獲得正常的利息收入還會得到額外的資本溢價，因此人們願意持有債券而不會保留貨幣；相反，如果市場利率上升債券價格下跌，甚至於債券的利息收入難以彌補價格下跌的虧損，那麼持有貨幣優於債券，於是人們就會增大對貨幣的需求。顯然，現行市場利率的高低和對於利率走向的預期成為人們在貨幣和債券兩種資產之間進行選擇的關鍵。當市場利率水準較高時，人們預期未來的利率將會下降，為了獲得額外收益，人們放棄貨幣而選擇持有債券；當市場利率水準較低時，預期利率將會上升，為了避免損失，人們傾向於更多地持有貨幣而不願意持有債券。所以，利率和貨幣投機需求成負相關關係。

扣除物價水準因素，凱恩斯貨幣需求可以寫成如下的函數形式：

$$\frac{M_d}{P} = L_1 + L_2 = L_1(\overset{+}{Y}) + L_2(\overset{-}{r})$$

式中，L_1表示交易動機和預防動機引起的貨幣需求，與收入Y正相關；L_2表示投機動機的貨幣需求，與市場利率r負相關。

流動性偏好理論中，利率是調節貨幣供求均衡的主導因素。同前人一樣，凱恩斯堅持貨幣供給是由中央銀行控制的外生變量。當中央銀行增加貨幣供給量時，人們發現手中的貨幣量超過其需求，紛紛購買債券，導致債券價格上漲。由於債券價格和利率負相關，市場利率下降，於是增加貨幣的投機需求，最後再次實現貨幣供求平衡。在極端的情況下，當市場利率低到一定程度時，所有的人都認為未來的利率不可能再下降而只會上升，貨幣投機需求變得無限大，如果中央銀行繼續擴大貨幣供給量，新增的貨幣會源源不斷地被人們吸收，利率無法進一步下降，這種現象就是所謂的流動性陷阱。

與前人理論比較，凱恩斯流動性偏好理論在以下方面有所創新。首先，他將貨幣需求從交易媒介擴展到財富貯藏，將持有貨幣的動機從交易動機和預防動機發展到投機動機。其次，流動性偏好理論明確地指出利率對於貨幣需求的影響，利率變動將調整人們的貨幣需求，實現貨幣供求的平衡。最後，由於利率變動導致貨幣需求經常變化，貨幣流通速度不再是一個穩定的常量。

然而，凱恩斯分析貨幣投機需求過於簡單，從貨幣交易需求來看，他僅分析了收入水準對其的影響；從貨幣投機需求來看，他只考慮了貨幣和債券兩種資產，而且根據其推理，人們要麼持有貨幣，要麼持有債券，不會同時持有二者，這顯然與現實不符。

二、凱恩斯貨幣需求理論的發展

鑒於凱恩斯貨幣需求理論存在的缺陷，20世紀50年代，凱恩斯學派經濟學家對

該理論進行了更加深入和細緻的研究。其中,鮑莫爾的平方根公式和托賓的資產選擇理論最具有代表性,兩者分別從貨幣交易需求和投機需求方面對凱恩斯的貨幣需求理論進行修補和發展。

(一)鮑莫爾的平方根公式

美國經濟學家威廉·鮑莫爾將企業最優存貨控制技術運用於對貨幣需求的分析,研究發現,即使是交易動機的貨幣需求,也是利率的遞減函數。

鮑莫爾認為人們持有現金,同企業持有庫存一樣,也要耗費成本。由於現金無利息收入,持有現金意味著放棄了相當於該筆現金資金可投資於有價證券或其他資產而獲得利息收入的機會成本。所以,人們在保證正常交易需要的情況下,有盡量減少作為交易的現金餘額的理性動機。假定人們的交易活動在一定時期內是可以預見的,而且收支規律穩定。那麼人們可將與該交易活動所需金額相等的一筆閒散資金投資於有價證券,從中獲取利息,然後再每隔一定時間賣出一部分有價證券回收現金,以應付日常交易需要。由於對交易水準的預期取決於收入,因此可假設 Y 為一定時期的交易總額;K 為每次變現額(出售債券的數額);b 為每次變現的費用;r 為市場利率。那麼在一定時期內變現的次數為 $n=Y/K$;每月買賣證券的交易成本為 $nb=(Y/K)\cdot b$。由於每次變現 K 後都以穩定的速度將其支出,因此兩次兌現期間所持平均餘額為 $M=K/2$,則其間持有現金所喪失的利息收入即機會成本為 $r\cdot(K/2)$。設 X 代表持有現金餘額的總成本,則有:

$$X = \frac{Yb}{K} + \frac{rK}{2}$$

對其求一階導數,並令該導數函數為零。可得最適度的用作交易媒介的貨幣平均餘額為:

$$M = \frac{C}{2} = \frac{1}{2}\sqrt{\frac{2bY}{r}}$$

這就是鮑莫爾的平方根公式,該公式說明了最優的交易性貨幣持有量與交易總量 Y 和債券的交易費用 b 的平方根成正比,與利率 r 的平方根成反比。鮑莫爾平方根公式論證了利率對交易層面貨幣需求的影響。

(二)托賓的資產選擇理論

美國經濟學者詹姆斯·托賓將馬柯維茨等人開創的資產選擇理論應用於貨幣需求分析,發展和豐富了凱恩斯的投機性貨幣需求理論。以托賓為代表的經濟學家認為,流動性偏好理論中預期市場利率的走向決定人們在貨幣和債券之間的選擇,這種分析過於簡單,利率實際上是無法預期的,因而未來收益是不確定的,由於風險的存在,投資者決策的原則不再是預期收益最大化,而是預期效用最大化。

效用是指物品或服務滿足人需求的能力,各種資產的預期效用不僅與其預期報酬率有關,還與各種資產的風險有關。投資者一般都是風險規避者,而資產的收益和風險是正相關的,所以資產收益增加一方面意味著對投資者的效用增加,另一方面既導致風險隨之增加,又減少了投資者的效用。比如,持有貨幣的收益為零,但不存在任何風險;持有其他諸如債券之類的資產,雖然可以獲得收益,但需要承擔價格下跌甚

至本金無法收回的風險,而且收益越高風險越大。隨著風險和收益的不斷變化,投資者所獲得的邊際效用也將變化,為了使總效用最大,人們會在資產的風險和收益之間進行權衡,因此持有的貨幣和債券等多種資產,既能保證資產的總體收益率,也可以降低資產的總體風險。托賓的分析還表明,資產的風險都是既定的,利率的上升會使對於每種既定風險水準的債券預期回報率上升,所以投資者持有貨幣的比例就會降低,由此證實了利率和投機性貨幣需求的負相關關係。

總體來說,通過對貨幣需求動機更為精確的闡釋,經濟學家進一步發展和完善了凱恩斯貨幣需求理論,在一定程度上彌補了凱恩斯分析過於簡單的缺陷,擴大了貨幣需求的研究範圍,並從微觀角度提示了影響貨幣需求的因素,使凱恩斯的貨幣需求理論具有更加堅實的微觀基礎。

第四節 現代貨幣數量論

1956 年,芝加哥學派經濟學家米爾頓·弗里德曼在其名作《貨幣數量論重新表述》一文中提出了一種新的貨幣數量理論,用他自己的話來說這種理論「首先是一種貨幣需求理論」。儘管聲稱是對古典經濟學貨幣數量論的重新表述,但實際上弗里德曼的分析卻更多地吸收了凱恩斯及凱恩斯學派經濟學家的貨幣理文藝學的研究方法和研究成果。但與凱恩斯等經濟學家不同的是,弗里德曼不再具體探討持有貨幣的動機,而是傾盡筆墨分析影響人們持有各種資產的因素,並將其應用於對貨幣需求的分析。依據資產選擇理文藝學,弗里德曼集中分析了收入或財富、持有貨幣機會成本和持有貨幣帶來的效用等影響貨幣需求的因素。

一、收入或財富的影響

對於最終的財富所有者來說,貨幣是一種資產,是持有財富的一種形式,因此貨幣持有量不能超過其財富總額,總財富是決定貨幣需求量的重要因素。但在實際中,財富無法用統計數據直接估算出來,所以弗里德曼用收入來代表財富總額。為了排除因頻繁的經濟波動對現期收入造成的干擾,收入由長期收入或恆久收入(即一個人在比較長的一個時期內的過去、現在和今後預期會得到的收入的加權平均數)代替。根據弗里德曼的分析,貨幣需求與恆久收入成正比關係。

弗里德曼進一步把財富分為人力財富和非人力財富兩類。人力財富是指個人憑藉其天生資質和後天教育而獲得的收入的能力,非人力財富是指房地產、生產資料等各種物質性財富,這兩種財富都能帶來收入。然而,人力財富缺乏流動性,給人們帶來的收入是不穩定的,而非人力財富則能夠給人們帶來較為穩定的收入。因此,如果恆久收入主要來自人力財富,人們就需要持有更多的現金以備不時之需;反之,人們對於現金的貨幣需求就會下降。因此,非人力財富在總財富中所占的比重與貨幣需求成反比關係。

二、持有貨幣機會成本的影響

弗里德曼認為,貨幣的名義報酬率可能等於零(手持現金與支票存款),也可能

大於零（定期存款和儲蓄存款），而其他資產的名義報酬率通常大於零。其他資產的名義報酬率主要包括兩部分：一是當前的收益率，如債券的利率、股票的收益率；二是預期物價變動率。顯然，債券的利率、股票的收益率越高，持有貨幣的機會成本就越大，貨幣需求就越小；預期的通貨膨脹率越高，持有貨幣帶來的通貨貶值損失就越大，對貨幣的需求就越少。因此，其他資產的預期回報率是持有貨幣的機會成本，貨幣和其他資產報酬率的比較決定了人們如何選擇資產的持有形式。

三、持有貨幣帶來的效用及其他因素的影響

對於經濟活動主體而言，持有貨幣既可以用於日常交易的支付，又可以應付不時之需，還可以抓住獲利機會，這就是貨幣給持有者帶來的流動性效用。雖然這些效用無法直接測量出來，但人們的感覺和現實證明它的確是存在的。弗里德曼所分析的所有其他因素中，就包括這種流動性效用以及影響此效用的其他因素，如人們的偏好、興趣等也是影響貨幣需求的因素。

在以上分析基礎上，弗里德曼提出了如下的貨幣需求函數：

$$\frac{M}{P}=f(\overset{+}{Y},\ \overset{-}{\omega};\ \overset{+}{r_m},\ \overset{-}{r_b},\ \overset{-}{r_e},\ \overset{-}{\frac{1}{P}\cdot\frac{dP}{dt}};\ U)$$

式中，M 為個人財富持有者手中保存的貨幣量（名義貨幣量）；P 為一般物價水準；M/P 為實際貨幣需求量；Y 為代表財富的恆久收入；ω 為非人力財富占總財富的比率；r_m 為貨幣的名義報酬率；r_b 為預期的固定收益資產的報酬率；r_e 代表預期的非固定收益資產的報酬率；$\frac{1}{P}\cdot\frac{dP}{dt}$ 表示物價水準的預期變動率，即實物資產的預期收益率；U 表示影響貨幣需求的其他因素；上標「+」和「−」分別表示貨幣需求與之對應的影響因素正相關或負相關。

弗里德曼與凱恩斯的貨幣需求理論存在著幾點差異。首先，從分析範圍來看，弗里德曼所分析的因素明顯多於凱恩斯等經濟學家的貨幣需求函數。流動性偏好理論只討論了收入和利率對貨幣需求的影響，而弗里德曼監控程序除了強調恆久收入是主要影響因素之外，還獨創性地討論了 ω 和 U；資產的範圍也不僅限於貨幣和債券，股票以及通貨膨脹導致的實物資產收益變化都會影響貨幣需求；更值得一提的是凱恩斯分析的貨幣僅限於 M_1（通貨與活期存款），在他的時代是沒有任何名義收益的，而弗里德曼將貨幣的範圍擴大到 M_2，因此許多形式的存款貨滿堂紅都會帶來一定程度的利息收入。其次，弗里德曼將貨幣和商品視為替代品，即人們在決定持有多少貨幣時，是在兩者之間進行選擇，這種相互替代的情況暗示著貨幣數量的變動可能對總需求產生直接的影響。最後，儘管弗里德曼分析了範圍如此之廣的貨幣需求影響因素，但其始終認為貨幣需求函數是穩定的，因而貨幣流通速度也是穩定的，以此保證了與古典貨幣數量論傳統的一致性，也為現代貨幣數量理論的政策意義奠定了基礎。

習題

案例分析：解剖中國的貨幣迷局：尋找消失的貨幣

　　超發貨幣沒有引起物價同等幅度的上漲，這就是中國貨幣發行之謎。衡量貨幣供應異常波動的指標是貨幣化，即 M2/GDP。從中華人民共和國國家統計局公布的數據發現，自 1990 年以來，這一指標一直持續增長，1992 年 M2/GDP 僅為 88.9%，在 2006 年首次超過 100% 之後，一路攀升，於 2008 年年底達到 158%，而經過 2009 年的信貸衝刺，這一指標已經接近 200%。世界銀行數據顯示，2006 年 M2/GDP 的世界平均值僅為 96.49%，中國的 M2/GDP 畸高，說明因為追求經濟增長而產生的貨幣超發，已經越來越脫離經濟增長的基本面。在這個不斷脫離的過程中，過去十年的兩大增長支柱——出口與投資成為貨幣超發的主要「發源地」。其中，出口高速增長，使得央行通過換匯形式向市場釋放大量人民幣，這部分稱為貨幣的「被動超發」。而國內市場投資需求的膨脹，則成為貨幣通過信貸體系流向市場的主要途徑。這主要是因為在各地政府 GDP 績效衝擊下，城市建設浪潮洶湧，通過大型基建項目，使資金以信貸的方式流入經濟。這些信貸中很大一部分沒能形成有效、可持續的經濟增長，只推高了一時的地方 GDP，同時留下一筆巨大的過剩資金，在市場上形成流動性泛濫的隱憂。

　　但是更深一層的問題在於，貨幣一直在超發，觀察歷史數據卻發現中國貨幣超發與物價上漲之間並未走出平行曲線，也沒有形成直觀的因果關係，這部分沒有反應在 GDP 和 CPI 變動的貨幣供應增量上，被經濟學界稱為「失蹤的貨幣」。例如，2007 年中國 GDP 增長率達到上個經濟週期的最高值 13%，當時支撐這個增速的貨幣供應量增速僅為 16.74%，而 2009 年前中國 GDP 同比增長 7.7%，但貨幣供應量卻高達 29% 的增長，這說明原本 16.74% 的 M2 增長可支撐 13% 的 GDP 增長，28% 的 M2 增長卻僅支撐了 8% 左右的 GDP 增長，中間的那部分貨幣去了哪裡？

　　中國 M2、GDP、CPI 三者間關係的反常，並非中國經濟增長週期的「獨創」，美國經濟學家麥金農在 20 世紀 90 年代初曾針對這一現象提出了「貨幣迷失」的質疑，麥金農一度解釋為中國銀行系統存在大量呆壞帳金融體系的黑洞，讓貨幣消失於無形，然而儘管此後中國銀行體系呆壞帳問題獲得有驚無險的化解，消失的貨幣卻仍然不斷增長。這一現象在最近十年愈發嚴重，貨幣超發與通貨膨脹的反差很鮮明，遠遠超過西方經濟學理論的解釋範疇。隨著這一問題的凸顯，「貨幣迷失」的概念也進一步升級為「中國之謎」，對「中國之謎」的探尋實際是在追問：在經濟高速增長週期中，這些超發的貨幣流向了何處？在物價上漲之前，它們在忙什麼？解剖中國特有的貨幣迷局，要從多方位入手。其中之一要從中國特有的漸進式經濟轉型中尋找。

　　從 1978 年起，不斷的制度改革一直是中國經濟增長的動力，也是吸收貨幣的巨大蓄水池。這一規律在 20 世紀 90 年代中後期表現得更為明顯。90 年代中後期產權改革與要素市場化改革之前，大量關鍵要素被政府掌控，土地礦產等由政府在不同部門間劃撥。改革使這些要素逐漸納入市場化的經濟總量中，很多資源以前不在市場裡面，通過改革把它放到市場裡面，這些資源就要「吃」貨幣、「消費」貨幣，成為吸收中

國大量超發貨幣的有力槓桿。

從土地延展開去，20世紀90年代末開始的「房改」，催生出了商品房市場的迅速膨脹。商品房市場的改革路徑，伴隨著城市化進程的助力，形成了中國特有的GDP增長模式，並為吸收實體經濟以外多餘的流動性提供了廣大空間。在商品房市場一下子打開而保障性住房體系缺失的背景下，市場整體呈現供不應求的格局，於是投機增值需求衍生了出來。商品房市場剛剛形成，便立刻成為一個重要的資本市場。房價在剛性需求與炒作雙重助力的作用下扶搖直上，在2008年經歷了一個小幅回調後，於2009年借著大規模救市政策的出抬步入最後的瘋狂。

與此同時，過去十年的A股市場迎來了20世紀90年代末開始的國有企業股份制改革創造的歷史性機遇，為流動性提供了更多的棲身之所。90年代末開始的國企改革，陸續吸收了一大批社會資本參與股份制改革，成為民間資本尋求實業投資的一條重要路徑。2000年左右，中國股市沒有幾個重要的藍籌股，但今天，鋼鐵、石化、保險、銀行等企業在上證指數中占到大約50%。由《上海證券報》與申銀萬國證券研究所共同發布的股市資金報告顯示，2006年年初，A股市場存量資金大約維持在2,000億元的水準，而2006年年底存量資金已經增加到年初的三倍多，達到6,778.8億元。這一數字發展到2007年年底，已快速擴容到約1.8萬億元人民幣。根據中央人民銀行的數據，2007年M2的增量約為5.8萬億元，這意味著當年增長的貨幣有大約20%流入了A股市場。此後即使經歷了2008年股災，A股資金存量在2008年年底依然基本保持了這一規模。

如果說一系列市場化改革在「消費貨幣」的過程中緩解了流動性泛濫，那麼隨著市場化程度越來越高，從計劃推向市場的資源增量越來越少，情況正在發生顯著變化。因此對於「消失的貨幣」的研究就顯得格外重要。因為對貨幣這一流動軌跡的追根溯源是思考流動性未來應如何回籠，尋求通貨膨脹根本解決之道的關鍵。

（1）問題：是什麼原因使得中國M2超發與通貨膨脹形成巨大反差？

概念解釋：

貨幣需求　交易性貨幣需求　預防性貨幣需求　投資性貨幣需求

思考題：

（1）簡述凱恩斯關於貨幣需求動機的觀點。
（2）比較費雪的交易方程式與劍橋學派的現金餘額說的異同。
（3）簡述鮑莫爾模型的主要內容和意義。
（4）簡述弗里德曼的貨幣需求理論。

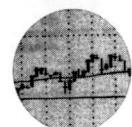

第九章　貨幣供給

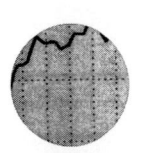

第一節　商業銀行的貨幣創造

一、基本概念

存款貨幣是指存在商業銀行使用支票可以隨時提取的活期存款。

原始存款（Primary Deposit）：是指能夠增加商業銀行準備金的存款。在現代金融體制下。

原始存款的來源可以是銀行券（中央銀行發行的銀行券）存入商業銀行；可以是商業銀行從中央銀行借款；可以是客戶收到一張中央銀行的支票（比如由國庫開出的撥款支票），並委託自己的往來銀行收款；也可以是客戶向商業銀行出售外匯並形成存款，而銀行把外匯出售給中央銀行並形成準備存款等。

派生存款（Derivative Deposit）是指相對於原始存款而言，由商業銀行用轉帳方式發放貸款、辦理貼現或投資等業務活動引申出來的存款，又叫衍生存款。

法定準備金（R_d）和超額準備金（R_e）。銀行為滿足存款客戶隨時提取現金以及方便支票結算中銀行之間的應付款差額，一方面會保留一部分現金在銀行內部（稱為庫存現金，因為他們貯藏在銀行金庫中），另一方面會在中央銀行開立存款帳戶，並保留一定的存款餘額（稱為準備存款）。庫存現金與準備存款共同構成商業銀行的存款準備金。按照中央銀行要求持有的準備金稱為法定準備金，超過部分稱為超額準備金。

二、存款貨幣創造的兩個必要前提條件

存款貨幣的創造必須具備兩個緊密聯繫的必要前提條件：一是各個銀行對於自己所吸收的存款只需保留一定比例的準備金；二是銀行清算體系的形成。

銀行並不需要為其所吸收的存款保存100%的存款準備是前提條件之一。否則，銀行吸收多少存款就保留多少存款準備，那就根本不可能從存款中拿出一部分提供貸款或持有證券，也就談不上存款貨幣的創造過程。

正是由於活期存款業務的發展推動了清算體系的建立，而在現代銀行清算體系中，應收應付差額都可以在各種銀行間的同業往來帳戶或在清算中心開立的帳戶結清，這就使得銀行不必準備百分之百的資金以應對所創造存款的提取需要。

三、商業銀行的貨幣創造

為分析簡便起見，我們擬做如下假設：

第一，銀行只保留法定準備，超額準備全部被用於放款和投資從而為零。

第二，銀行的客戶包括存款人和借款人都使用支票，不提取現金，從而沒有現金流出銀行體系，即不存在現金漏損。

第三，銀行只經營支票存款，不經營定期存款。

下面我們用簡化的資產負債表——T式帳戶來分析。在法定準備率為10%的情況下，一筆金額為1,000元的原始存款流入銀行體系後，存款貨幣的創造是如何發生的呢？

在客戶將1,000元存入A銀行後，A銀行的帳戶如表9-1所示。

表9-1　　　　　　　　　　　　A銀行帳戶

資產	負債
準備金+1,000元	支票存款+1,000元
其中：法定準備100元	
超額準備900元	

因法定準備率為10%，A銀行發現自己的法定準備增加100元，超額準備為900元。由於A銀行不願意持有超額準備，因而全額貸出。A銀行的貸款和支票存款增加900元；但當借款人動用900元時，則A銀行的支票存款和準備將降低同樣金額即900元。這時A銀行的T式帳戶變化如表9-2所示。

表9-2　　　　　　　　　　　　A銀行帳戶

資產	負債
準備金+100元	支票存款+1,000元
貸款+900元	

如果從A銀行貸900元的借款人把這筆錢存入另一家銀行，比如說B銀行，則B銀行的T式帳戶如表9-3所示。

表9-3　　　　　　　　　　　　B銀行帳戶

資產	負債
準備金+900元	支票存款+900元

銀行體系中支票存款再次增加了900元，總增加額達1,900元（A銀行增加1,000元，加上B銀行增加90元，B銀行增加的900元是由A銀行的貸款派生出來的）。B銀行會進一步調整其資產負債狀況。B銀行必須將900元的10%（90元）作為法定準備，持有900元的90%（810元）超額準備，能發放這一金額（810元）的貸款。B銀行向一位借款人提供810元貸款，由借款人支用這筆錢。B銀行的T式帳戶如表9-4所示。

表9-4　　　　　　　　　　　　B銀行帳戶

資產	負債
準備金+90元	支票存款+900元
貸款+810元	

從B銀行借款的人再將810元存入另一家銀行（C銀行）。因此，到此階段為止，

153

從銀行體系最初增加的 1,000 元準備，導致銀行體系的支票存款合起來增加 2,710 元（＝1,000 元+900 元+810 元）。

同樣的道理，如果所有的銀行都將其超額準備的全額發放貸款，支票存款會進一步增加（從銀行 C、D、E 等進行下去），情況如表 9-5 所示。由此可見，最初準備增加 1,000 元（原始存款）將使存款總額增加到 10,000 元（其中 9,000 元為由貸款派生的存款），增加了 10 倍，正是法定準備率的倒數。

表 9-5　　　　支票存款創造（假設法定準備率為 10%，準備增加 100 元）　　　單位：元

銀行	存款增加	貸款增加	準備增加
A	1,000.00	900.00	100.00
B	900.00	810.00	90.00
C	810.00	729.00	81.00
D	729.00	656.10	72.90
E	656.10	590.50	59.10
⋮	⋮	⋮	⋮
合計	10,000.00	9,000.00	1,000.00

如果銀行選擇把其超額準備投資於證券，結果是一樣的。如果 A 銀行用超額準備購買了證券而沒有發放貸款，A 銀行的 T 式帳戶如表 9-6 所示。

表 9-6　　　　　　　　　　　　A 銀行帳戶

資產	負債
準備金+100 元	支票存款+1,000 元
證券+900 元	

當該銀行購買 900 元的債券時，它向債券的賣主開出一張 900 元的支票，債券的賣主又將之存於另一家銀行，比如，B 銀行，這樣 B 銀行的支票存款增加了 900 元存款擴張過程與以前一樣。銀行不論選擇貸款或是選擇購買證券來使用其超額準備，存款擴張的效果都一樣。這裡要注意的是，單個銀行與整個銀行體系在存款創造上是有差別的。單一銀行僅能創造等於其超額準備的存款，不能引起多倍存款創造。這是因為單一銀行發放的這筆貸款所創造的存款存入其他銀行時，該銀行將不再擁有這筆準備。但是，作為整體的銀行體系卻可以進行多倍存款擴張，因為當一家銀行失去了它的超額準備，即使這一單個銀行不再擁有這些準備，但其並沒有離開銀行體系。因此，當各個銀行發放貸款並創造存款時，這些準備就轉移到另外的銀行，而後者通過發放新的貸款來創造新的存款。對於整個銀行體系來說，當所有銀行不持有超額準備金時，存款貨幣創造過程將會終止。

上述分析表明，在部分準備金制度下，商業銀行準備金的增加（客戶存入存款，或者商業銀行獲得中央銀行貼現貸款導致準備金增加，或者商業銀行出售資產導致準備金增加，或者因為中央銀行降低法定存款準備金率而增加了超額準備金），經過整個

銀行體系的運用，可產生大於準備金增加量若干倍的存款貨幣。此擴張的數額，主要決定於兩大因素：一是新增準備金量的多少；二是法定準備率的高低。新增準備金越多，創造的存款貨幣量越多；反之則反是。法定準備率越高，擴張的數額越小；反之則反是。這種由銀行體系的準備增加而導致的存款多倍擴張關係，可用公式表示如下：

$$\Delta D = \frac{1}{r_d} \times \Delta R \qquad (9-1)$$

其中，ΔD 為銀行體系中支票存款總量的變動，r_d 為法定準備率（例子中為 0.01 = 100/1,000），ΔR 為銀行體系準備額的變動（例子中為 1,000 元）。

從存款貨幣創造的基本模型中，我們還可以導出以下兩個概念：

第一，增量派生存款總額應為增量支票存款總額減去增量初始存款額。例子中的派生存款總額為 10,000 元 - 1,000 元 = 9,000 元。

第二，在一定法定準備率下，增量支票存款總額的擴張變動與增量初始存款之間存在著一種倍數關係（Multiple Relationship），令 k 代表擴張倍數，即存款乘數（Deposit Multiplier），從基本公式可以推導出：

$$k = \frac{\Delta D}{\Delta R} = \frac{1}{r_d} \qquad (9-2)$$

可見存款乘數是法定準備率的倒數。在上述法定準備率為 10% 的例子中，k 為 10。這是存款多倍創造的最大值。存款貨幣的收縮過程與創造過程的原理相似，不同之處在於方向相反，即在創造過程中，存款和貸款的變動為正數，而在收縮過程中，存款和貸款的變動是負數。假設 A 銀行缺少 1,000 元準備，它將通過要求客戶償還貸款或出售證券的方式補充短缺的準備，其他銀行將被迫做出連鎖反應，其結果是銀行體系資產方的貸款或持有的證券將減少 10,000 元，負債方的支票存款也將減少同樣的數額，準備金缺乏的情況將消失。也就是說，在法定準備率為 10% 的情況下，A 銀行短缺的 1,000 元準備將以其 10 倍的數額收縮銀行體系的支票存款。

四、存款倍數的修正

上面的分析是在一些假設條件下進行的，只考慮了法定準備率對銀行體系存款創造的限制。事實上，上述假設條件中有一些與現實不太相符。因此，需要考慮這些因素對分析結論的影響。這種影響恰恰是限制了整個銀行體系的存款創造能力，使其變得有限。現在我們來分析這些因素進而對存款乘數進行修正。

（一）現金漏損率

前面曾假定銀行客戶一律使用支票，不提取現金。然而，在現實生活中，是存在著現金漏損（Loss of Cashes）的。由於現金流出了銀行體系，銀行可用於放款部分的資金減少，因而削弱了銀行體系創造存款貨幣的能力。就整個銀行系統和經濟社會而言，現金的數量（c）同存款的數量之間在一定時期大致存在某種比率關係，我們把這種比率稱為現金漏損率，用 c 表示。這種現金漏損對銀行創造存款的限制與法定準備率相同，因而把現金漏損考慮之後，銀行體系創造存款的擴張倍數，即存款貨幣創造乘數 K（Creation Multiplier），公式修正為：

$$K = \frac{1}{r_d + c'} \tag{9-3}$$

（二）超額準備率

銀行在實際經營中為了保持流動性，所提留的準備金絕不可能恰好等於法定準備金，事實上銀行實際擁有的準備金總是大於法定準備金，這種差額稱為超額準備金。從實證分析表明，銀行保留不用的超額準備金（E）同支票存款在數量上也保持著某種有規律的關係，這種比率關係可用超額準備率（e）來表示。超額準備率的變化對銀行創造存款的限制與法定準備率及現金漏損率相同。如果超額準備率大，則銀行存款創造的能力就小；反之則反是。因此，再把超額準備金的因素考慮進去，銀行體系創造存款的擴張倍數公式可再修正為：

$$K = \frac{1}{r_d + c' + e} \tag{9-4}$$

（三）定期存款準備金

前面假定銀行只經營支票存款。實際上，社會公眾基於各種動機會以定期存款的形式保持一部分存款。當社會公眾將活期存款轉入定期存款時，儘管不致使原持有的準備金額有何下降，但這種變動會對存款乘數產生影響，因為銀行對定期存款（D_t）也要按一定的法定準備率提留準備金（定期存款的法定準備率（r_t）往往不同於活期存款的法定準備率）。定期存款 D_t 同活期存款總額（D_d）之間也會保有一定的比例關係，當令 $t = D_t / D_d$ 時，則 $r_t \cdot D_t / D_d = r_t \cdot t$。因為按 $r_t \cdot t$ 提存的準備金是用於支持定期存款，雖然它仍保留在銀行，即仍包括在其實有準備金之中，但卻不能用於支持活期存款的進一步創造，故這部分 $r_t \cdot t$ 或 $r_t \cdot D_t / D_d$ 對存款乘數 K 的影響，便可視同為法定準備率的進一步提高，應在 K 的分母中加進此項數值，以做進一步的修正，即：

$$K = \frac{1}{r_d + c' + e + r_t \cdot t} \tag{9-5}$$

式中：c' = 流通中現金與存款的比率；

r_d = 活期存款的法定準備金率；

r_t = 定期存款的法寶準備金率；

t = 定期存款與活期存款的比率；

e = 超額準備金與支票存款的比率。

如上例，我們假定 c' 為 10%，e 為 10%，r_t 為 5%，t 為 10%，那麼 K 就不會是 10，而是 $3.28 = \dfrac{1}{(10\% + 10\% + 10\% + 5\% \times 10\%)}$ 了。顯然，派出倍數大大變小了。上面幾種情況是用抽象的方法分別說明 r_d、c'、e、$r_t \cdot t$ 等因素對存款乘數 K 的影響關係。就實際情況來說，存款貨幣的創造究竟能達到多少倍數，還得視整個國民經濟所處的經濟發展階段而定。如果公眾的支付方式發生了變化，現金漏損率也會隨之出現變化，從而對 K 值產生影響。當經濟發展處於不同的景氣狀態及利率水準發生變動，銀行會調整所保留的超額準備金數額，從而 e 值會改變，也會影響到 K 值的大小。

在經濟處於停滯和預期利潤率下降的情況下，社會公眾對貸款沒有需求，銀行想貸也貸不出去，因而也就不能創造貨幣。也就是說，銀行體系能創造多少貨幣最終還

是取決於客觀經濟過程對貨幣的需求。

拓展閱讀：中國 M2 增速創歷史新低首現「個位數」央行稱不必過度解讀中國人民銀行

2017 年 6 月 14 日公布的最新貨幣信貸數據顯示，2017 年 5 月份中國人民幣貸款和社會融資規模增長較快，但其中關鍵數據廣義貨幣（M2）同比增速為 9.6%，這是有統計以來中國 M2 增速首次出現個位數，創下歷史新低。

2017 年 5 月份，M2 增速分別比上月末和上年同期低 0.9 個百分點和 2.2 個百分點。中國人民銀行有關負責人對此解釋說，近期 M2 增速有所放緩，主要是金融體系降低內部槓桿的反應。金融體系主動調整業務降低內部槓桿，與同業、資管、表外以及「影子銀行」活動高度關聯的商業銀行股權及其他投資等科目擴張放緩，由此派生的存款及 M2 增速也相應下降。總體來看，金融體系控制內部槓桿對於降低系統性風險、縮短資金鏈條有積極作用，對金融支持實體經濟沒有造成大的影響。「估計隨著去槓桿的深化和金融進一步迴歸為實體經濟服務，比過去低一些的 M2 增速可能成為新的常態。」中國人民銀行的一位負責人說，隨著市場深化和金融創新，影響貨幣供給的因素更加複雜，M2 的可測性、可控性以及與經濟的相關性亦有下降，對其變化可不必過度關注和解讀。中國人民銀行認為，當前中國貨幣信貸運行總體正常，金融對實體經濟支持力度較為穩固。數據表明，金融尤其是信貸對中國實體經濟的支持力度依然較大。中國人民銀行將靈活運用多種貨幣政策工具組合，把握好去槓桿與維護流動性基本穩定之間的平衡，為供給側結構性改革營造中性適度的貨幣金融環境。

資料來源：中國 M2 增速創歷史新低首現「個位數」央行稱不必過度解讀［EB/OL］.（2017-06-14）［2017-08-14］.http://www.chinanews.com/cj/2017/06-14/8250815.shtml.

第二節　中央銀行與基礎貨幣

中央銀行作為國家貨幣當局，在貨幣供給中發揮關鍵作用，其發揮作用主要是通過兩個渠道，即控制基礎貨幣和影響貨幣乘數。同時，中央銀行處於貨幣壟斷發行地位，在通貨的發行中獨立發揮作用。

一、基礎貨幣

基礎貨幣特指中央銀行發行的貨幣，是中央銀行發行的債務憑證，也稱貨幣基數（Monetary Base）、強力貨幣、初始貨幣，因其具有使貨幣供應總量成倍放大或收縮的能力，又稱為高能貨幣（High-Powered Money）。

基礎貨幣是指能創造存款貨幣的商業銀行在中央銀行的存款準備金（R）與流通於銀行體系之外的現金（C）這兩者的總和。存款準備金（R）包括商業銀行持有的庫存現金、在中央銀行的法定準備金以及超額準備金。基礎貨幣（B 或 H）常以下式表示：

$$B = R + C \qquad (9\text{-}6)$$

在國際貨幣基金組織的報告中，基礎貨幣被稱為「Reserve Money」。基礎貨幣是

整個商業銀行體系借以創造存款貨幣的基礎，是整個商業銀行體系的存款得以成倍擴張的源泉。基礎貨幣的概念之所以如此重要，是因為它比銀行準備金更易為中央銀行所控制，因此只要掌握了它與貨幣供給之間的聯繫，中央銀行就可以利用這種聯繫對貨幣供給進行控制。

二、中央銀行的貨幣發行

壟斷貨幣發行權曾經是中央銀行的標誌性功能，儘管隨著商業銀行體系發揮存款貨幣創造功能，金融創新推動各種新型貨幣工具出現，中央銀行貨幣發行的影響力有所下降，但貨幣發行畢竟是法定貨幣體系下最終流動性的提供者，貨幣發行仍然是貨幣供應的重要組成部分。

（一）貨幣發行的兩種性質

貨幣發行（Currency Issue）按其發行的性質可以分為兩種：經濟發行和財政發行。

（1）經濟發行是指中央銀行根據國民經濟發展的客觀需要增加現金流通量。

（2）財政發行是指為彌補國家財政赤字而進行的貨幣發行。

由於財政發行沒有經濟增長基礎，因此增加的貨幣發行容易導致市場供求失衡和物價上升。傳統的看法認為，貨幣發行僅指通貨發行。但是，隨著金融創新和電子技術的發展，存款貨幣作為流通手段的重要性不斷提高，擴展了貨幣的範圍，貨幣不僅包括現金，還包括存款貨幣。因此，貨幣的經濟發行應該擴展到包括增加存款貨幣的貨幣供應總量。在貨幣經濟發行的條件下，貨幣的投放適應流通中貨幣需要量增長的需要，既滿足經濟增長對貨幣的需要，又避免貨幣投放過多。為保證貨幣的經濟發行，必須要建立健全貨幣發行制度。貨幣發行制度包括貨幣發行的程序、最高限額和發行準備。

（二）貨幣發行準備

在不同的貨幣制度下，貨幣發行的準備是不同的。在金屬貨幣制度下，貨幣的發行準備是貴金屬，如白銀、黃金等。在現代信用貨幣制度下，貨幣發行往往使用現金和有價證券做準備。現金準備包括黃金、外匯等具有極強流動性的資產，使貨幣具有現實的價值基礎，有利於幣值穩定。但若全部以現金做準備，則不利於中央銀行根據經濟水準和發展的需要進行彈性發行。因此，中央銀行還往往使用有價證券做準備，即證券準備。證券準備包括短期商業票據、短期國庫券、政府公債等，這些證券必須是在金融市場上進行交易和流通的證券。使用證券做發行準備，有利於中央銀行進行適應經濟需要的彈性發行。

中央銀行主要的發行準備制度有如下幾種：

（1）現金準備發行制，即貨幣的發行100%以黃金和外匯等現金做準備。這種制度的優點是能夠防止貨幣發行過量，但缺點是缺乏彈性。

（2）證券準備發行制，即貨幣發行以短期商業票據、短期國庫券、政府公債做準備。這種制度的優點是給予中央銀行較大的利用貨幣發行調節宏觀經濟的餘地。缺點是貨幣發行的調控需要發達的金融市場和較高的控制技術。

（3）現金準備彈性比例發行制，即貨幣發行數量超過規定的現金準備比率時，國

家對超過部分的發行徵收超額發行稅。這種發行制度兼顧了信用保證原則和彈性原則。但是，貨幣過度發行的效果如何，取決於超額發行稅的制約作用和中央銀行的獨立性。一般來說，超額發行稅對貨幣發行有制約作用。因為當超額發行時，中央銀行往往會通過提高再貼現率將部分稅負轉移到商業銀行，降低商業銀行對中央銀行的借款需求，從而減少貨幣發行。但是，當商業銀行對中央銀行的借款需求具有非常強的剛性需求，中央銀行提高再貼現率並不能減少商業銀行的借款需求時，超額發行稅就不能起到制約貨幣發行的作用。或者如果中央銀行的獨立性很差，嚴重依附於政府，不管形式上有沒有超額發行稅，貨幣的發行完全依據於政府財政的狀況。

（4）證券準備限額發行制，即在規定的發行限額內，可全部用規定證券做發行準備，超過限額的發行必須以十足的現金做發行準備。

（三）貨幣發行對貨幣供應量的影響

在現代銀行制度下，中央銀行被授權為唯一的貨幣發行機構。流通中的現金貨幣是中央銀行的負債。各國中央銀行均有自己一套嚴謹的現金發行程序。當然，中央銀行掌握現金的發行權並非意味著中央銀行能夠完全控制現金的發行數量，現金發行數量的多少最終取決於各經濟部門對現金的需求量。在現金與存款貨幣可以完全自由轉換的經濟體中，使用 M1 中的哪一種貨幣形式，取決於經濟主體的意願。經濟活動主體需要較多的現金，表現為對商業銀行的提現量增加，使商業銀行在中央銀行的超額準備減少和流通中現金增加；反之，則表現為商業銀行的存款增加，流通中現金減少。可見，從整個過程看，中央銀行對現金發行的控制處於被動的位置。這也說明銀行體系最終能向社會供給多少貨幣，取決於社會對貨幣的需求。隨著電子貨幣的發展，現金使用的減少，貨幣發行對於貨幣供應量的影響越來越小。這一點在中國近幾年移動支付突飛猛進地推動下表現得更加明顯。

三、中央銀行對基礎貨幣的影響

基礎貨幣特指中央銀行發行的貨幣，有兩種基本存在形態。一種是實物現金貨幣，包括流通中的現金和存款類金融機構的庫存備付現金兩部分。以現金形態存在的基礎貨幣對應於中央銀行資產負債表負債方中的「貨幣發行」科目。另一種是央行存款貨幣。嚴格地講，中央銀行資產負債表中的所有存款負債，都應歸入以央行存款形態存在的基礎貨幣的統計範疇。它們包括商業銀行、信用社和財務公司在中央銀行的準備金存款，其他金融性公司、非金融性公司在央行的存款，政府在央行的國庫存款等。因此，經濟體中的基礎貨幣總量等於央行發行的所有現金貨幣和央行存款貨幣之和。各國中央銀行對基礎貨幣的表述各有不同。在中國人民銀行資產負債表上，基礎貨幣體現為儲備貨幣（Reserve Money），包括央行的貨幣發行（Currency Issue）與其他存款性公司存款（Deposits of Other Depository Corporations）。

與基礎貨幣的兩種存在形態相對應，基礎貨幣發行方式也有兩種：一種是直接向發行對象（企業、個人和金融機構）支付現金。例如，央行用現金向企業或個人購匯、商業銀行從中央銀行提取現金等。另一種是在發行對象（通常是存款類金融機構）在央行開設的存款準備金帳戶中記入一筆存款。例如，央行從金融機構手裡購買

了 200 億元政府債券，會在其存款準備金帳戶記入 200 億元的存款。

基礎貨幣的兩種存在形態可以相互轉化。如果金融機構持有的現金過多，那麼它們可以將多餘的現金存入中央銀行，變成它們在中央銀行存款準備金帳戶中的存款；反之，如果現金出現短缺，它們可以向中央銀行申請提現，這時它們在央行的存款相應減少。隨著金融體系中現金使用的減少，金融機構持有的現金水準基本是可預測的，因此現金水準在基礎貨幣中的變化對於整個貨幣供給和宏觀經濟幾乎不產生影響。中央銀行作為貨幣供給主體，其對貨幣供應量的作用主要是通過公開市場操作、貼現貸款以及調整法定存款準備金率來調控商業銀行準備金水準，從而調控商業銀行創造存款貨幣能力得以實現的。

（一）公開市場操作

公開市場操作是中央銀行控制基礎貨幣水準的主要手段。中央銀行可以按照規定公開市場上按照交易相應的政府債券，中央銀行買賣證券並不是為了盈利，而是為了控制基礎貨幣、監控市場上的流動性水準。作為中央銀行解決流動性過剩的特有手段，中國人民銀行除了進行普通的證券交易，還通過發行央行票據來調控市場流動性。

例如，當中央銀行在市場上買入證券 100 億元，央行的資產負債同時增加如表 9-7 所示，可見中央銀行在公開市場上的購買行為增加了基礎貨幣。

表 9-7　　　　　　　　　　央行資產負債表

資產	負債
政府債券+100 億元	準備金+100 億元

與此同時，若交易對手是商業銀行 A，則其在中央銀行的準備金帳戶上增加了 100 億元，商業銀行自身的資產負債表發生如表 9-8 所示的變化。

表 9-8　　　　　　　　商業銀行 A 資產負債表

資產	負債
準備金　+100 億元	
政府債券-100 億元	

若交易對手是非銀行金融機構 B，則其開戶銀行的存款帳戶上增加了 100 億元。如果該機構仍然以存款形式持有所獲得的交易款，則準備金和基礎貨幣同時增加 100 億元。其資產負債表的變化如表 9-9 所示。

表 9-9　　　　　　　非銀行金融機構 B 資產負債表

資產	負債
存款　+100 億元	
政府債券-100 億元	

其開戶銀行 C 資產負債表的變化如表 9-10 所示。

表 9-10　　　　　　　　　　商業銀行 C 資產負債表

資產	負債
準備金+100 億元	存款+100 億元

但是，如果非銀行金融機構 B 將所得交易款部分以現金形式持有，將對準備金水準產生不同的影響。當該機構將其中 10 億元以現金形式持有，其資產負債表則表現如表 9-11 所示。

表 9-11　　　　　　　　　非銀行金融機構 B 資產負債表

資產	負債
存款　+90 億元	
現金　+10 億元	

其開戶銀行 C 資產負債表的變化如表 9-12 所示。

表 9-12　　　　　　　　　　商業銀行 C 資產負債表

資產	負債
準備金+90 億元	存款+90 億元

此時中央銀行的資產負債表的變化如表 9-13 所示。

表 9-13　　　　　　　　　　　央行資產負債表

資產	負債
政府債券+100 億元	貨幣發行+10 億元
	準備金　+90 億元

從以上可以看出，中央銀行在公開市場上的購買行為可以增加基礎貨幣，基礎貨幣的增加額等於所購買債券的金額。但中央銀行購買行為對於銀行體系的準備金水準的影響並不確定，增加的準備金等於或者小於中央銀行的購買金額。因此，中央銀行通過公開市場購買對基礎貨幣水準的控制要強於對準備金水準的控制。與之相對應地是，當中央銀行在公開市場上出售所持有的政府債券時，對基礎貨幣的影響方向正好相反。

(二) 貼現貸款

中央銀行作為特殊的銀行金融機構，並不向社會居民和企業發放貸款，但是作為商業銀行最後貸款人，中央銀行的貼現貸款發揮著重要作用。中央銀行通過向商業銀行發放貼現貸款，可以增加商業銀行的準備金，由此形成的準備金被稱為借入準備金，這部分準備成為商業銀行的負債。

當中央銀行向商業銀行 S 通過發放 100 億元貼現貸款增加準備金時，中央銀行的資產負債表變化如表 9-14 所示。

表 9-14　　　　　　　　　　　央行資產負債表

資產	負債
貼現貸款+100 億元	準備金+100 億元

該商業銀行的資產負債表變化如表 9-15 所示。

表 9-15　　　　　　　　　　商業銀行 S 資產負債表

資產	負債
準備金+100 億元	貼現貸款+100 億元

可以看出，中央銀行向商業銀行發放貼現貸款，可以直接增加基礎貨幣和準備金，並且基礎貨幣和準備金是同方向、同數量的增加。但是，中央銀行是否向商業銀行發放貼現貸款，首先要取決於商業銀行的態度，如果商業銀行沒有提出申請，中央銀行不可能發放貸款，也就不能通過發放貼現貸款來增加基礎貨幣。中央銀行向商業銀行發放的貼現貸款到期後，商業銀行償付時，商業銀行的準備金將相應減少，中央銀行的負債和基礎貨幣也將同樣減少。比較中央銀行通過公開市場操作和發放貼現貸款對基礎貨幣的影響可以發現，中央銀行通過公開市場業務可以完全實現自己的基礎貨幣目標，但是發放貼現貸款的效果不完全受中央銀行的控制。

（三）調整法定存款準備金率

中央銀行還可以運用調整商業銀行法定存款準備金率的手段，通過改變商業銀行法定存款準備金率來改變商業銀行超額準備金水準，在不調整基礎貨幣的情況下，通過影響商業銀行存款貨幣創造能力來影響貨幣供應量。

第三節　貨幣乘數與貨幣供給

一、貨幣供給

貨幣供給量即一定時點上一國經濟中的貨幣存量。在當代不兌現信用貨幣制度下，貨幣供給作為與貨幣需求相對應的概念，體現為經濟生活中多種形態信用貨幣的集合，主要包括現金和各種銀行存款。其中，現金是中央銀行的債務，各種銀行存款則是商業銀行等金融機構的債務。

貨幣供給量與貨幣需求量的一個不同在於，貨幣需求雖然也有一個客觀的數量界限，卻是一個預測值；貨幣供給量則是一個確切的數值，可以通過對中央銀行和商業銀行等金融機構資產負債表中的相關數據統計得出。把握貨幣供給量的概念首先要區分貨幣存量（Stock of Money）與貨幣流量（Flow of Money）。存量是與一定時點相對應的變量，而流量是與一定時期相對應的變量。貨幣供給量是一個存量概念（貨幣需求量亦如此），是某一時點的貨幣量，具體來講，是反應在銀行資產負債表中的一定時點上（如年末、月末）的現金與存款總額。而貨幣流量則是指在一定時期內貨幣週轉的總額，貨幣流量的大小等於貨幣供給量乘以同一時期的貨幣流通速度。其次按照是否考慮物價因素的影響，貨幣供給量還可以分為名義貨幣供給量（Nominal Money Supply）與實際貨幣供給量（Real Money Supply）。名義貨幣供給量，是指一定時點上不考慮物價因素影響的貨幣存量；實際貨幣供給量就是指剔除了物價影響之後的一定時點上的貨幣存量。如果我們用 M_S 表示名義貨幣供應量，則實際貨幣供應量為 M_S/P。

二、貨幣乘數

（一）貨幣乘數的概念

基礎貨幣可以引出數倍於自身的可為流通服務的信用貨幣。把貨幣供給量與基礎貨幣相比，其比值稱為貨幣乘數（Money Multiplier）。用 MS 代表貨幣供給，B 為基礎貨幣，則可列出下式：

$$MS = m \times B \tag{9-6}$$

式中，m 為貨幣乘數。

基礎貨幣雖然是由通貨（也即處於流通中的現金 C）和存款準備 R 兩者構成，但在貨幣乘數中的作用並不一樣。通貨 C 雖然是創造存款貨幣不可或缺的根據，但它本身的量，中央銀行發行多少就是多少，不可能有倍數的增加，引起倍數增加的只是存款準備 R。

（二）貨幣乘數的決定

根據（9-6）式，我們要計算貨幣乘數 m，只需分別寫出貨幣供給 MS 和基礎貨幣 B 的表達式，再令二者相除就可以了。根據定義，則有：

$$m = \frac{MS}{B} = \frac{D + C}{R + C} \tag{9-7}$$

如果把這個式子中的分子、分母各項均除以 D，則有：

$$m = \frac{1 + \dfrac{C}{D}}{\dfrac{R}{D} + \dfrac{C}{D}} \tag{9-8}$$

式（9-8）中有個 C/D，稱為通貨—存款比，這個比率的大小取決於私人部門——包括個人與公司的行為。（9-8）式中有個 R/D，稱為準備—存款比，這個比率的大小取決於存款貨幣銀行的行為。這兩個比率決定乘數的大小，再加上基礎貨幣，即決定貨幣供給量。而基礎貨幣的多少，在一定意義上說取決於中央銀行的行為。

根據（9-8）式，貨幣乘數 m 必然大於 1，因此基礎貨幣的增減將導致數倍的貨幣供給增減。即如果 $m=2.4$，則基礎貨幣每增減 1 元，貨幣供給 MS 將增減 2.4 元。

拓展閱讀：1930—1933 年大蕭條時期的銀行業危機

我們可以使用貨幣供給模型來幫助我們理解發生在過去的貨幣供給的主要變動。在這個應用例子中，我們使用模型來解釋發生在大蕭條時期——美國歷史上最嚴重的經濟低迷時期的貨幣收縮。大蕭條時期銀行業危機使信用市場的信息不對稱問題變得更加嚴重，從而對整個經濟運行造成傷害。銀行業危機的另一個後果，就是它可以引起貨幣供給的急遽減少，從而對整體經濟造成危害。在米爾頓·弗里德曼（Milton Friedman）和安娜·施瓦茨（Anna Schwartz）的經典名著《美國貨幣史，1867—1960》

(A Monetary History of the United States, 1867—1960)中,描述了1930年年末第一次銀行業危機爆發的情景:

1930年10月之前,停業的(倒閉的)商業銀行的存款比1929年的大部分時間都稍多一點,但是和前10年的經驗相比,還是不協調的。1930年11月,這類存款是自1921年有月度數據記錄以來的最高數額的兩倍多。大批銀行的倒閉,特別是在密蘇里州、印第安納州、伊利諾伊州、艾奧瓦州、阿肯色州和北卡羅來納州,引起了廣泛的試圖將支票存款和定期存款轉換為通貨,或至少轉換為郵政儲蓄存款的浪潮。恐懼像傳染病一樣在存款者之間蔓延,最早從農業領域開始,它們在20世紀20年代已經經歷了銀行倒閉的沉重打擊。但是,1930年11月有18,000萬美元存款的256家銀行的倒閉很快就被12月擁有超過37,000美元存款的532家銀行的倒閉所代替(所有數字每季未調整),最嚴重的是12月11日美洲銀行的倒閉,該銀行擁有超過20,000美元的存款。那次倒閉事件非同尋常。以存款數額衡量,美洲銀行是到那時為止美國歷史上倒閉的最大的商業銀行。雖然它只是一家普通的商業銀行,美洲銀行的聲望卻使得國內外許多人士將它當作帶有官方性質的銀行,因此它的倒閉所帶來的對信心的打擊,比起名聲平平的銀行的倒閉所引起的打擊要大得多。

從1930年10月到1931年1月的第一次銀行業危機,那時倒閉銀行的存款數額有所增加。因為那時沒有存款保險(聯邦存款保險公司直到1934年才建立),當一家銀行倒閉時,存款者只能得到相當於他們存款的一部分的賠償。因此,當銀行在銀行業危機中倒閉時,存款者十分清楚他們將可能遭受巨大的存款損失,因而存款的預期收益為負。根據資產需求理論,隨著第一次銀行危機的爆發,存款者從銀行帳戶取出通貨,將他們持有的支票存款轉換為通貨,所以C/D提高。我們先前對超額存款準備金率的分析表明,存款流出的劇增會引起銀行大幅提高超額存款準備金率(ER/D)以保護自己。在第一次銀行危機(1930年10月—1931年1月)期間,C/D開始升高。更顯著的是ER/D,1930年11月到1931年1月,其值是原來的2倍多。

貨幣供給模型認為,當ER/D和C/D上升時,貨幣供給會減少。C/D的上升導致多倍存款擴張的整體水準下降,從而導致較小的貨幣乘數和貨幣供給的減少;而ER/D的上升會降低可用來支持存款的存款準備金的數額,也會引起貨幣供給減少。於是,我們的模型指出,在第一次銀行危機爆發以後,ER/D和C/D的上升會導致貨幣供給的減少。在第一次銀行危機期間,1930年12月到1931年1月,貨幣供給急遽減少。1931—1933年,銀行危機持續發生,C/D和ER/D繼續上升。到1933年3月危機末期,貨幣供給($M1$)下降了超過25%——美國歷史上最大的下降——與此對應的是國家最嚴重的經濟收縮。更為顯著的是,儘管基礎貨幣水準上升了20%,貨幣供給還是下降——這就證明了在銀行危機期間C/D和ER/D的變動對貨幣供給決定的重要性。它也證明了存款者和銀行的行為使美聯儲實施貨幣政策的工作更加複雜。

第四節 貨幣供給理論

貨幣供給理論是研究貨幣供給量由哪些因素所決定以及如何決定的理論。在過去

較長的時期內，貨幣供給量這一重要的經濟變量和政策指標被視為可由金融當局絕對加以控制的外生變量。20世紀60年代以後，隨著貨幣主義的興起和貨幣政策日益被人們所重視，經濟學家和金融學家們普遍重視貨幣供給理論的研究，使之迅速發展。因此，西方貨幣供給理論經歷了凱恩斯及凱恩斯學派和貨幣供給分析、新古典綜合派對貨幣供給理論的分析、貨幣學派的貨幣供給理論分析和新經濟自由主義學派的貨幣供給理論分析的主流沿革。

一、凱恩斯學派和新劍橋學派

（一）凱恩斯及凱恩斯學派

凱恩斯對貨幣供給的分析相對於貨幣需求的分析來說比較簡單。在貨幣供給方面，凱恩斯認為，貨幣供給是由中央銀行控制的外生變量，它的變化影響經濟運行，但自身並不受經濟因素的制約。他認為，貨幣的生產（貨幣供應的來源）對私人企業來說是可望而不可即的。一般有以下兩種情況：

（1）商品貨幣（金屬幣）的生產受自然力量主要是資源稀缺性限制。在絕大多數非產金國裡，私人企業即使投入大量的勞動力和設備，貨幣生產能力的擴大也是微乎其微，貨幣供應量的增加也是微不足道的。

（2）管理貨幣或法定貨幣不是私人企業所能產生的，唯有依靠國家的權力才能發行，強制流通。任何私人企業都無力與之抗衡。無論貨幣需求有多大，或經濟中其他變量的刺激有多麼強烈，由於貨幣特徵的存在，貨幣供應不會受它們的影響而自行變化。貨幣供應的控制權由政府通過中央銀行牢牢地掌握在手裡，中央銀行根據政府的金融政策，考慮到經濟形勢變化的需要，可以人為地進行控制，增減貨幣供應量。

（二）新劍橋學派

新劍橋學派不完全贊成凱恩斯的外生貨幣供應理論。他們認為，雖然從形式上看，現有的貨幣供應量都是從中央銀行渠道出去的，但實質上這個量的多少並不完全由中央銀行決定，在很大程度上是中央銀行被動地適應公眾貨幣需求的結果。這是因為，公眾的貨幣需求經常並大量地表現為貸款需求，而銀行的貸款和貨幣供應量是聯繫在一起的。當經濟前景光明時，企業將增加貸款需求，銀行只要找到理想的借款人，在無信用風險、有還款保證和能夠獲利的情況下，總會貸出款項。銀行的貸款即可轉成存款，每個存款的所有人可以隨意支付或提取現金。可見，銀行存款的增加實際上擴大了貨幣供應量，中央銀行只能被動地適應。同樣，隨著物價的上漲和工資額的提高，銀行貸款也會相應增多。只要經濟活動增加，貨幣供應就會擴大；反之，則相反。因此，對現有貨幣量發生決定性影響的主要是貨幣需求，而貨幣需求的大小取決於經濟的盛衰以及人們的預期。

在貨幣供應的控制問題上，新劍橋學派一方面贊同凱恩斯的觀點，即中央銀行能夠控制貨幣供應；另一方面又認為中央銀行對貨幣的控制能力和效果不像凱恩斯認為的那樣絕對。

他們主張中央銀行對貨幣供應的控制是有限度的。其原因有以下幾點：第一，當貨幣需求旺盛時，銀行體系會想方設法逃避中央銀行的控制，主動增加貸款，擴大貨

幣供應。第二，中央銀行在貨幣供應方面存在著漏區，使中央銀行不可能嚴密地控制住貨幣供應總量。例如，在經濟高漲時，中央銀行企圖限制貨幣供應的增長但是金融界可以採取一些信用形式，變相地增加貨幣供應。比如，銀行參與的商業信用為基礎的票據流通，就是合法貨幣的替代品，擴大票據流通，等於增加了貨幣供應。另外，在中央銀行直接控制的銀行體系以外，還存在著許多非銀行金融機構，它們不受中央銀行的嚴格控制。由於中央銀行在控制上存在漏區，使中央銀行對貨幣供應控制能力大大減少。同時，他們認為，中央銀行對貨幣供應的控制能力，在貨幣供應的增加或減少方面的分佈是不均勻的。中央銀行增加貨幣供應的能力遠遠大於其減少貨幣供應的能力。也就是說，如果中央銀行要增加貨幣供給，它完全有能力達到目標，但要減少貨幣供應量它未必有能力實現目標。這種控制力的差異不完全是中央銀行本身的問題。

總之，新劍橋學派雖然沒有明確地提出內生貨幣供應理論，但在論述中包含了這層涵義，其理論分析也已經脫離了凱恩斯的外生貨幣供應論。

二、對凱恩斯貨幣供給理論的發展

（一）新古典綜合派對貨幣供給理論的發展

新古典綜合學派對凱恩斯貨幣供給理論的發展，是隨著20世紀60年代以來的西方國家金融創新的大量湧現，傳統的金融理論、金融體制受到衝擊，中央銀行的貨幣政策效果被擾亂這一背景而產生的。新古典綜合學派對貨幣是否外生變量，貨幣供給量的決定因素和各經濟主體的行為對貨幣供應量的影響等問題進行了研究，提出了有別於凱恩斯貨幣供給理論的內生貨幣供應論。他們認為，貨幣供應量主要由銀行和企業的行為決定，而銀行和企業的行為又取決於經濟體系內的許多變量，中央銀行不可能有效地限制銀行和企業的支出，更不可能支配它們的行動，因此，貨幣供應量主要是內生的。其主要理由可歸納如下：

（1）在存貸關係上，他們認為銀行的負債是由銀行的資產決定的，認為在金融體系高度發達的當代，只要有貸款要求，銀行就能提供信貸並由此創造出存款貨幣，致使貨幣供應量增加，形成從銀行體系到實業部門的信貸——貨幣流。

（2）金融媒介方面的創新能夠起到動用閒置資金、節約頭寸、改變貨幣流通速度的作用。因此，如果中央銀行只是部分地提供所需貨幣，通過金融創新也可相對地擴大貨幣供應量。

（3）以創造非銀行形式的支付，擴大信用規模。當企業決定增加投資時，融資問題很少會成為限制因素。因為銀行信貸不是滿足新增投資支出的唯一途徑，企業可以通過發行或交換期票，甚至通過不履行還款義務等創造出非自願商業信貸的方式來支付投資項目。當原材料價格或工資上漲、生產成本上升時，需求相應增加的流動資金也可以用同樣的方式解決。

（二）貨幣學派對凱恩斯貨幣供給理論的發展

貨幣學派的貨幣供給理論主要體現在對通貨膨脹的分析和政策主張上。弗里德曼對貨幣需求研究的結果認為，貨幣需求是相對穩定的，要保證貨幣需求與供給的平衡，

就必須保證貨幣供給的穩定性。因此，他反對凱恩斯提出的需求管理，認為應當把重點放在貨幣供給上。貨幣政策應該是一切經濟政策中唯一重要的法寶，其他經濟政策如果不通過貨幣政策或沒有貨幣政策的配合，不可能取得預期的效果。弗里德曼認為控制貨幣供應量的最佳選擇是實行單一規則，即公開宣布並長期採用一個固定不變的貨幣供應增長率。

實行單一規則需要解決三個問題：①如何界定貨幣數量的範圍？②如何確定貨幣數量的增長率？③貨幣數量增長率在年內或季節內是否允許有所波動？

關於貨幣數量的範圍，弗里德曼認為，應確定為流通中的通貨加上所有商業銀行的存款，也即 M_2；關於貨幣增長率的確定，他認為應與經濟增長率大體相適應；關於貨幣增長率在每年內或每季度內是否允許波動，貨幣供應增長率一經確定，是不能任意變動的，若遇特殊情況必須更改時，應該事先宣布並盡量縮小變動的範圍。

(三) 新經濟自由主義學派的貨幣供給理論

由於德國中央銀行在歐洲的核心地位及其成功的貨幣政策實踐，德國新經濟自由主義學派的貨幣供給理論受到重視。該理論認為，要保證社會市場經濟模式的協調和穩定，必須首先穩定貨幣。貨幣供應的總原則應該是保證幣值穩定。要保證幣值的穩定，貨幣供應必須與商品相聯繫。據此，提出了兩條貨幣供應的條件：①貨幣供應與社會生產能力相適應。一個國家的社會生產能力決定了該國能夠生產出多少商品，由此決定了需要多少貨幣進行交易，因此，以現價計算的社會生產能力除以貨幣流通速度，就是貨幣供應的最佳量。②保持商品追逐貨幣的局面。他們認為，在商品和貨幣的對應關係上，如果貨幣量多，商品量少，就會出現貨幣追逐商品的局面，表現為物價上漲、商品短缺、市場緊張。但若使貨幣量相對略少於商品，則形成商品追逐貨幣的局面，吸引商品源源不斷地流入市場，通過公眾所投的貨幣來判斷商品的優劣，以此來提高商品的數量和質量。貨幣略小於商品的局面，為開展自由競爭和提高社會市場經濟效率提供必要的環境。他們提出了貨幣目標公布制，並進一步提出貨幣供應增長率的區間論，就是把貨幣供應增長率從一個具體數值變為一個特定範圍。這樣，中央銀行調控貨幣供應就有了一定的機動性。

三、貨幣供給理論的比較

綜上所述，凱恩斯認為貨幣供給是中央銀行控制的外生變量，其變化影響經濟運行，而自身不受經濟因素的制約。新劍橋學派認為，從實質上看貨幣供給並不完全由中央銀行決定，在很大程度上是被動地適應貨幣需求的結果。因此，中央銀行雖然能夠控制貨幣供給，但它的控制能力和效果不是絕對的。新古典綜合學派提出了和凱恩斯觀點相反的內生貨幣供應論，認為貨幣供給量主要是一個受經濟體系內諸多因素影響而自行變化的內生變量，它主要是由經濟而不是中央銀行所決定的。據此，新古典綜合學派提出中央銀行的政策目標不能放在貨幣供應量上，反而應放在利率、對商業銀行及各類金融機構的資產結構和信用規模管理上。貨幣學派也十分重視貨幣供給穩定，他們主張保證貨幣供給的穩定性。弗里德曼主張把貨幣供應增長率固定在一個合理的水準上；合理預期學派基本贊同貨幣學派關於穩定貨幣供應增長率的觀點。德國

學派的理論也和貨幣學派的觀點相近，認為中央銀行應控制貨幣供給，貨幣供應的增長應與社會生產能力的增長相一致。貨幣供應由潛在的生產能力增長即社會正常的經濟增長決定。他們還認為，貨幣供給增長率應該是一個區間，在時間上應分為短期目標和中期目標，並建議通過實施「貨幣目標公布制」實現既定目標。

習題

概念解釋：

  原始存款　派生存款　法定存款準備金　超額準備金　基礎貨幣　貨幣供給　貨幣乘數

思考題：

（1）簡述商業銀行的貨幣創造過程。
（2）簡述中央銀行兩種不同性質的貨幣發行。
（3）分析中央銀行對基礎貨幣的影響。
（4）簡述凱恩斯貨幣供給理論。

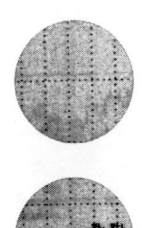

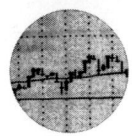

第十章　通貨膨脹與通貨緊縮

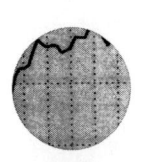

通貨膨脹和通貨緊縮現已是當今世界各國在經濟發展中普遍存在的問題，並且倍受全世界經濟學家的關注。因此如何科學地定義和度量通貨膨脹和通貨緊縮、深入挖掘其形成的原因和影響以及如何有效地防止和治理已成為當今經濟學研究的重要課題。

第一節　通貨膨脹的定義及其度量

一、通貨膨脹的定義

在歷史上，西方經濟學家關於通貨膨脹的定義主要有以下幾種：哈耶克認為，通貨膨脹一詞的原意和本意是指貨幣數量的過度增長，這種增長會合乎規律地導致物價的上漲。薩繆爾森指出，通貨膨脹的意思是物品和生產要素的價格普遍上漲。弗里德曼指出，通貨膨脹是一種貨幣現象，起因於貨幣量的急遽增加超過了生產的需要，如果貨幣數量增加的速度超過能夠買到的商品和勞務增加的速度，就會發生通貨膨脹。

現如今中西方的經濟學家對通貨膨脹普遍的定義是：通貨膨脹是商品和勞務的貨幣價格總水準持續明顯上漲的經濟現象，一般的通貨膨脹表現為貨幣持續貶值或貨幣購買力持續大幅下降。在這一定義中通貨膨脹有以下四個要點：①通貨膨脹並不是局部性的個別商品和勞務價格的上漲，而是指價格總水準的上漲；②通貨膨脹不是季節性、暫時性或偶發性的價格上漲，而是具有一定趨勢的「持續」價格上漲；③通貨膨脹是價格總水準明顯的上漲，而不是輕微的價格水準上升，但這個概念是一個較為主觀性的概念，取決於不同時期人們對通貨膨脹的敏感程度；④通貨膨脹是用貨幣數量標出的貨幣價格的上漲，而不是商品、勞務與商品、勞務之間的對比關係的變化。

通貨膨脹發生時的主要特徵是明顯的物價上漲。但是，通貨膨脹與物價上漲也並非完全一樣，其原因如下：

第一，通貨膨脹並不一定表現為物價上漲。雖然發生通貨膨脹時，物價水準通常會明顯上漲，但在一些實行高度集中計劃經濟體制的國家裡，價格受到國家的嚴格控制，物價長期被凍結，大部分商品既不漲價也不降價。在這些國家中，即使貨幣超量發行，市場貨幣流通量過多，物價水準也會因為政府的管制而不會出現明顯的上漲。這種不以價格信號（物價上漲）形式表現的通貨膨脹是一種隱蔽的通貨膨脹，也被人們稱為抑制型或隱蔽型通貨膨脹。

第二，通貨膨脹是物價普遍、持續地上漲。這種物價上漲不是單指某個或某類商品或勞務的價格上漲，而是指物價的總水準的上漲，即各類商品和勞務價格加總的平均數的持續上漲。若是由於季節性、暫時性或偶然性的價格上漲，則不能視為通貨膨脹。但是，價格上漲究竟要持續多長時間，才能被稱為通貨膨脹？對這個問題的回答卻帶有一定的隨意性或爭議，有的學者認為1年或半年，有的學者認為3年。

第三，通貨膨脹按其程度可以根據物價上漲的具體數量界限來做更細緻的定義，但這個數量界限卻是變化的。一般地，經濟學家將發達國家的通貨膨脹再細分為爬行的或溫和的通貨膨脹、嚴重的通貨膨脹、奔騰式通貨膨脹。20世紀60年代，發達國

家一般認為年通貨膨脹率達6%就已忍無可忍，可視為嚴重的通貨膨脹，達到兩位數則是惡性通貨膨脹。到了20世紀70年代以後，世界範圍的通貨膨脹使人們改變了惡性通貨膨脹的標準。20世紀80年代末期開始，拉丁美洲的債務危機、蘇聯及東歐的漸進式改革、亞洲金融風暴等，使相當多國家出現了三位數以上的通貨膨脹。這樣，如何衡量通貨膨脹的程度（尤其是對於發展中國家來說）變得更困難。

二、通貨膨脹的度量

根據通貨膨脹的定義，通貨膨脹的程度可以用物價上漲的幅度來衡量。目前世界各國普遍採用物價指數作為度量通貨膨脹的主要指標，但物價指數有很多種，世界各國主要選擇了以下幾種指標。

（一）消費者物價指數

消費者物價指數（Consumer Price Index，CPI）也稱為居民消費價格指數或零售物價指數，是對一個固定的消費品籃子價格的衡量，其主要反應的是消費者支付商品和勞務的價格變化情況。構成該指數的主要商品共分為八大類，其中包括食品和酒及飲品、住房、衣服、教育和通信、交通、醫藥健康、娛樂、其他商品及服務。居民消費價格指數是一個滯後性的數據，但它往往是市場經濟活動與政府貨幣政策的一個重要參考指標，也是一種度量通貨膨脹水準的工具。它的計算公式如下：

CPI＝（一籃子商品按當期價格計算的價值－一籃子商品按基期價格計算的價值除以一組固定商品按基期價格計算的價值）×100%

（二）生產價格指數

生產價格指數（Producer Price Index，PPI）是衡量工業企業產品出廠價格變動趨勢和變動程度的指數，是反應某一時期生產領域價格變動情況的重要經濟指標，也是制定有關經濟政策和國民經濟核算的重要依據。生產者物價指數與消費者物價指數不同，主要目的是衡量企業購買的一籃子物品和勞務的總費用。由於企業最終要把它們的費用以更高的消費價格的形式轉移給消費者，所以，通常認為生產物價指數的變動對預測消費物價指數的變動是有用的。

（三）批發物價指數

批發物價指數（Wholesale Price Index，WPI）是根據大宗物資批發價格的加權平均價格編製而得的物價指數，包括的產品有原料、中間產品、最終產品與進出口商品，但並不包括各類勞務。批發物價指數只計算了商業在生產環節和批發環節上的價格變動，沒有包括商品最終銷售時的價格變動，其波動幅度通常小於居民消費價格指數。批發物價指數是討論通貨膨脹時最常提及的物價指數之一，可以作為通貨膨脹發生的徵兆。

（四）國民生產總值平減指數

國民生產總值平減指數（GNP Deflator）又稱國民生產總值縮減指數或國民生產總值折算指數，是用報告期價格計算的國民產生總值除以基期不變價格計算的國民生產總值得出的。國民生產總值平減指數是衡量一國在不同時期內所生產的最終產品和勞務的價格總水準變化程度的價格指數。國民生產總值平減指數的優點之一是其包含的

範圍較廣，但缺點也較為明顯，在編製此指數的時候需要收集大量的資料，還需要投入大量的時間，很難及時更新和公布，在時效上無法滿足政府制定經濟決策時的需要。

以上用來度量通貨膨脹水準的四種指數中，居民消費價格指數和生產價格指數使用最為普遍。但是這兩種指數的編製缺少一些實物資產和金融資產的統計，如房地產、金融資產、藝術品等價格，因此對不擁有此類資產的消費者來說，通貨膨脹的程度會被遠遠低估。

第二節　通貨膨脹形成的原因

美國經濟學家、貨幣主義的主要代表人物、諾貝爾經濟學獎獲得者米爾頓・弗里德曼曾發表著名論斷：「通貨膨脹永遠是一種貨幣現象。」價格是商品價值的貨幣表現形式。沒有過高的、持續不斷的貨幣供給，價格水準無論如何也不可能持續不斷地漲上去。如果通貨膨脹不利於一國的經濟發展，那為什麼還會看到世界各國政府都在超發貨幣從而誘發了高貨幣增長率和高通貨膨脹率呢？因為，各國政府為了保持穩定和較低的失業率便開始採取更為積極的貨幣政策。這可能會導致三種類型的通貨膨脹，即需求拉動型通貨膨脹、成本推動型通貨膨脹、供求混合推進型通貨膨脹和結構型通貨膨脹。

一、需求拉動型通貨膨脹

需求拉動型通貨膨脹是指由於社會總需求的過度增大，超過了現行價格水準下商品和勞務總供給的增長，致使過多的貨幣追逐過少的商品和勞務，從而引起貨幣貶值、物價上漲的經濟現象。在西方經濟學中，需求拉上論是產生最早、流傳最廣，從而也是影響最大的通貨膨脹理論。20世紀50年代中期以後，儘管出現了許多新的理論，需求拉上理論仍不失其原有的統治地位，只是其理論結構和分析方法有了很大變化。需求拉上論是解釋通貨膨脹成因的早期學說，主要從總需求的角度尋找通貨膨脹的原因。該學說認為，經濟生活中之所以產生一般性物價上漲，其直接原因來自貨幣因素，即貨幣的過量發行，如果政府採用了擴張性財政政策與貨幣政策，增加了貨幣供給量，導致了總需求膨脹。當貨幣需求大於商品供給時，就形成了膨脹性缺口，牽動物價上漲，導致通貨膨脹。所謂膨脹性缺口，也就是一國總需求超過商品和勞務總供給的部分。需求拉上論是凱恩斯學派特別是現代凱恩斯主義的一個重要學說。

二、成本推動型通貨膨脹

20世紀50年代後期，一些國家出現了物價持續上升而失業率卻居高不下的情況，甚至失業率與物價有時同時上升。於是一些經濟學家開始探討其緣由，認為通貨膨脹和物價上漲的根源在於商品供給或成本方面。

成本推進理論認為，是由於總供給曲線移動所引起的一般物價水準的上漲，從這種通貨膨脹引起的原因來看，主要有四個方面推動其上漲：工資成本推動、利潤推動、原材料價格上升、間接成本推動。

（一）工資成本推動

工資的提高會引起生產成本的增加，導致物價上漲。而物價上漲後，工人又要求增加工資，從而再度引發物價上漲。如此反覆，造成工資－物價螺旋上升。但這種工資推進通貨膨脹發生的前提條件是工資的增長超過了勞動生產率的增長，只能發生在不完全的勞工市場，其最重要的特徵便是工會的存在。由於工會可以將相當多的勞動力組織起來，通過強有力的工會鬥爭，使得貨幣工資的增長超過勞動生產率的增長，於是企業便減少對勞動力的需求並使就業量減少，而就業量的減少必將使產量降低，使總供給落後於總需求，導致物價上漲，進而引發通貨膨脹。

（二）利潤推動

利潤引發通貨膨脹，必須以商品和勞務銷售的不完全競爭市場的存在為前提條件。因為在完全競爭的產品市場上，價格完全取決於商品的供求，任何企業都不能通過控制產量來改變市場價格。只有在不完全競爭的市場上，商品供應者才能操縱價格。壟斷企業和寡頭企業為了謀取高額利潤，利用市場權利操縱價格，使產品價格上漲速度超過其成本的增長速度，從而引發通貨膨脹。

（三）原材料價格上升

原材料價格上升會導致商品生產成本上升，企業為維持利潤水準會相應地提高商品價格，進一步帶動其他商品價格上漲。原材料價格上升有各種因素：氣候原因導致產品歉收，使價格上升；石油輸出國聯合組織大幅提高價格，使得成千上萬以石油或其加工產品為原料的企業成本上升。

（四）間接成本推動

現代企業為了加強競爭、擴張市場，必須增加技術改進費、廣告費等許多間接成本開支，將這些間接成本轉嫁到產品價格中，就會引起物價上漲。

無論是哪一種原因，提出成本推動型通貨膨脹理論，旨在揭示不存在需求拉上型條件下也能產生物價上漲。在需求給定的前提下，物價水準上漲時取得供給均衡的條件只能是實際產出下降，相應地，則必然是就業率的降低。所以，在成本推動通貨膨脹的條件下，實現的均衡是非充分就業的均衡。也就是說，成本推動通貨膨脹理論解釋了在整個經濟還未達到充分就業的情況下物價上漲的原因。這種理論也試圖被用來解釋「滯脹」的成因。

三、供求混合推進型通貨膨脹

供求混合型通貨膨脹的論點是將供求兩個方面的因素綜合起來，認為通貨膨脹是由需求拉上和成本推動共同起作用引發的。

這種觀點認為，在現實經濟社會中，通貨膨脹的原因究竟是需求拉上還是成本推進很難分清：一方面，既有來自需求方面的因素，又有來自供給方面的因素，即所謂「拉中有推，推中有拉」。例如，通貨膨脹可能從過度需求開始，但由於需求過度所引起的物價上漲會促使工會要求提高工資，因而轉化為成本（工資）推進的要素。另一方面，通貨膨脹也可能從成本方面開始，如迫於工會的壓力而提高工資等。但如果不存在需求和貨幣收入的增加，這種通貨膨脹過程是不可能持續下去的。因為工資上升

會使失業增加或產量減少，結果將會使成本推進的通貨膨脹過程終止。可見，成本推進只有加上需求拉上才有可能產生一個持續的通貨膨脹。現實經濟中，這樣的論點也得到了論證：當非充分就業均衡嚴重存在時，則往往會引出政府的需求擴張政策，以期緩解矛盾。這樣，成本推進與需求拉上並存的混合型通貨膨脹就會成為經濟生活的現實。

四、結構型通貨膨脹

此外，還有一種通貨膨脹與經濟結構有關，這種由經濟結構不平衡等原因造成的通貨膨脹，經濟學家將其稱為結構型通貨膨脹。

結構失衡的核心思想是在一個經濟的不同部門中，勞動生產率的增長率是不同的，而貨幣工資的增長率卻是相同的。結構型通貨膨脹理論的基本特徵是強調結構因素對通貨膨脹的影響。而所謂結構，在各種理論模型中又有不同的解釋，即各種模型對整個經濟的劃分是各不相同的。其主要有以下幾種：

（一）希克斯和托賓的相對工資理論

希克斯和托賓認為，不同部門之間在生產率存在差異的條件下具有貨幣工資增長率的一致性，其主要原因是工人對相對工資的關心。所謂相對工資，是指本人或本行業的工資水準與別的行業的工資水準相比，在相對意義上的高低，或者說工資增長率在相對意義上的快慢。正因為存在著對這種相對工資的關係，所以某一部門的工資上升將導致其他部門的攀比，以致引起整個經濟活動中的工資、物價的普遍上漲。

（二）斯堪的納維亞通貨膨脹模型

因為提出和發展這一模型的主要是挪威、瑞典等斯堪的納維亞地區的國家的經濟學家，所以這一模型由此得名。該模型又稱北歐模型，是結構型通貨膨脹理論中影響最大的一種理論模型。斯堪的納維亞模型的分析對象是那些小國開放經濟。所謂小國開放經濟，是指這樣一類國家：它們參與國際貿易，但其進出口總額在世界市場上所占的份額微乎其微、無足輕重，因而它們進口或出口某種商品對該種商品在世界市場上的價格不會產生任何影響。不過，世界市場上的價格變化對這類國家的國內價格水準卻有著舉足輕重的影響。因此，這些國家的通貨膨脹在很大程度上要受世界通貨膨脹的制約。

提出這一模型的經濟學家們把這種小國開放經濟大致分為兩個部門：一個是開放部門，是指那些生產的產品主要用於出口的，或產品雖然用於國內消費，但有進口替代品與之競爭的行業，即那些易受到國外競爭壓力的行業；二是非開放部門，是指那些因受政府保護或者因產品本身的性質而免受國外競爭壓力的行業，當然，並不排除它們在國內市場上互相競爭的可能。

第三節　通貨膨脹的經濟效應

雖然通貨膨脹既是國民經濟出現嚴重問題的結果，又對經濟、社會產生不良影響。但是通貨膨脹經常與經濟快速增長、失業率降低相伴而行，因此，一定程度的通貨膨

脹可以加以容忍。關於通貨膨脹對社會經濟會產生怎樣的影響，現代經濟學家爭論頗多，現可以將其歸納為經濟增長效應、收入再分配效應、財富再分配效應和強制儲蓄效應。

一、通貨膨脹的經濟增長效應

關於通貨膨脹對經濟增長的效應，西方經濟學界在20世紀60年代曾有過激烈的討論，最終形成三種觀點：一是促進論，認為通貨膨脹可以促進經濟增長；二是促退論，認為通貨膨脹會損害經濟增長；三是中性論，認為通貨膨脹對經濟增長既有正效應，也有負效應。

（一）通貨膨脹促進論

促進論的基本理論依據是凱恩斯的有效需求不足理論。該理論認為當現實經濟中的實際產出水準低於充分就業產出水準時，政府可以運用增加預算、擴大投資支出和增加貨幣供給等手段刺激有效需求，促進經濟增長，其理由如下：

1. 彌補投資資金不足

資金缺乏、投資不足是造成一國產出水準不高的主要原因。而採用增加稅收的方式來提高產出則會產生擠出效應。因此，政府通過財政赤字政策保持適當比例的通貨膨脹率能有效地彌補投資資金的不足，以促進經濟增長。

更主要地是通過通貨膨脹政策，通過增加貨幣供應相應地增加有效需求，能使那些受到有效需求不足限製造成的閒置資源得到有效利用，增加就業和產出。

2. 鑄幣稅的正效應

鑄幣稅是指由於國家對貨幣供給的壟斷地位而流入國家的所有收入。因此，鑄幣稅並非通常意義上的稅，它是一個特定的經濟概念。不同的文獻在確認哪些收入屬於鑄幣稅收入時可能是不同的定義，如有些經濟學家把中央銀行上交給財政部的收益看作政府的鑄幣稅收入；有的經濟學家認為中央銀行大部分貨幣的創造是通過購買有價證券產生的，但中央銀行由此增發的基礎貨幣（通貨和準備金存款），通常是無息的或只是支付很低的利息，其低於國家在資本市場上舉債時必須支付的利息部分就是國家的鑄幣稅收入，所以經濟學家把鑄幣稅定義為政府發行無息負債而不是帶息債券所節約的利息支出。

鑄幣稅通常被稱為通貨膨脹稅，其稅率為通貨膨脹率。政府以鑄幣稅的形式得到了一部分資金，其可將這部分資金用於增加投資。如果居民的消費不變或消費的下降量小於投資的增加量，產出仍能通過乘數效應上升。

3. 調高儲蓄率

通貨膨脹通過收入再分配效應，使工人的實際工資減少，從而使企業家的利潤增加。通貨膨脹把國民收入進行了有利於利潤所得者而不利於工資所得者的再分配。由於公認的邊際儲蓄傾向往往較低，而企業家傾向較高，從而有利於企業家用這部分儲蓄資金來增加社會投資支出，促進經濟增長。

4. 貨幣幻覺的正效應

在通貨膨脹初期，全社會都存在貨幣幻覺，對於企業家而言，由於公眾對通貨膨

脹預期的調整存在時滯，此時物價上漲了，而名義工資不會發生變化，企業利潤會相應提高，通貨膨脹使資本家更加樂意進行投資。對於工人而言，他們通常將名義價格、名義工資、名義收入的上漲看成實際的上漲。於是勞動者願意提供更多的勞動，企業家願意擴大投資，增加雇傭工人，從而擴大再生產。

（二）通貨膨脹促退論

促退論認為通貨膨脹會損害市場運行效率，阻礙經濟增長，其理由如下：

1. 資源配置失調

通貨膨脹會造成價格信號失真，導致資源配置失調，經濟效率降低，使經濟處於不穩定狀態。而且，在高通貨膨脹率下，持有現金的成本大大上升，需要花費大量的時間管理現金，造成社會資源的浪費。我們知道，假設現金的名義收益率為零，如果通貨膨脹率為20%，則意味著現金的實際收益率將下降20%。此時，公眾會覺得現金「燙手」，他們將不遺餘力地將現金轉化為實物資產或名義收益率隨通貨膨脹上升的存款和債券。企業也會花費大量的精力進行現金管理，盡可能地避免在自己的帳戶上保留過多的現金餘額。西方經濟學家將人們因此而花費的大量時間和精力形象地稱為皮鞋成本。

2. 誘發過度的資金需求

通貨膨脹使銀行的實際利率低於名義利率，企業投資成本降低，因而極易誘發過度的資金需求。而過度的資金需求往往會迫使貨幣當局加強信貸管理，從而削弱金融體系的營運效率。

3. 生產性投資成本和風險加大

從長期來看，通貨膨脹最終會引起名義工資率上升和銀行利率上調，生產性投資成本和風險加大，泡沫經濟升溫。在市場經濟中，價格是商品生產的調節器。價格機制發揮著引導資源流動、分配社會資源的作用，使社會各種生產要素最有效地發揮其功能。但是，當發生通貨膨脹時，特別是在非預期通貨膨脹的情況下，各種生產要素、商品、勞務的相對價格隨之發生不穩定的變化，致使資源分配被扭曲，因而也增大了生產性投資的風險。

4. 邊際儲蓄傾向降低

通貨膨脹意味著貨幣購買力下降、人們的實際收入水準降低。實際收入水準的下降會引起人們的邊際儲蓄傾向降低，社會儲蓄率下降，從而使投資率和經濟增長率下降。在高通貨膨脹率下，實際利率往往會下降，甚至出現負利率，引起儲蓄減少，從而使投資者無法獲得足夠的資金來源。

儘管根據費雪效應，名義利率會根據預期通貨膨脹率進行調整，但事實上這種調整往往是不充分的。而且許多國家都不同程度地存在對利率的管制，利率的上升受到很多因素的限制。因此，在通貨膨脹較為嚴重時，實際利率往往會下降，甚至會出現負利率，在這種情況下，人們會增加當前消費，減少儲蓄，致使投資者無法得到足夠的投資資金。

5. 助長投機

通貨膨脹發生時，人們不願意持有貨幣，不願意從事生產活動，而是紛紛搶購實

物資產，囤積貨物，搶購黃金、外匯和其他奢侈品，甚至從事房地產等投機活動，結果嚴重阻礙了經濟的發展。當發生嚴重通貨膨脹時，人們會放棄貨幣，改用實物作為交易媒介，使得交易成本升高，經濟效率嚴重受損。

（三）通貨膨脹中性論

中性論認為通貨膨脹與經濟增長不相關。在長期內，公眾會形成通貨膨脹預期，事先提高各種商品的價格，做出相應的儲蓄、投資決策，從而抵消通貨膨脹帶來的各種影響。

二、通貨膨脹的收入再分配效應

由於社會各階層的收入來源不同，物價水準上漲對收入水準的影響也不同：有些人的收入水準會下降，有些人的收入水準反而會上升。這種由物價上漲造成的收入再分配，就稱為通貨膨脹的收入分配效應。其影響如下：

（一）固定收入者實際收入下降

在通貨膨脹期間，通常固定收入者的收入調整滯後於物價水準，實際收入會因通貨膨脹而減少；而非固定收入者能夠及時調整其收入，從而可能從物價上漲中獲益。比如，依賴工資收入的工薪階層，工資調整總是落後於物價上漲，所以該階層是通貨膨脹的受害者。依賴退休金生活的退休人員，退休金不易隨通貨膨脹的發生而增長或增長滯後，所以也會深受通貨膨脹之苦。

（二）企業家利潤先升後降

對於非固定收入的企業家而言，在通貨膨脹初期企業家會因產品價格上漲、利潤增加而獲益。但當通貨膨脹持續發生時，隨著工資和原材料價格的調整，企業利潤的相對收益就會消失。

（三）政府是通貨膨脹的最大受益者

通貨膨脹的最大受益者是政府。在累進所得稅制度下，名義收入的增長使納稅人所適用的邊際稅率提高，應納稅額的增長高於名義收入增長。而且，政府往往是一個巨大的債務人，向公眾發行了巨額的國債，價格水準的上漲使政府還本付息的負擔相對減輕。正是從這個角度，有人認為：政府具有誘發通貨膨脹的利益動機。

三、通貨膨脹的財富再分配效應

當發生通貨膨脹時，社會財富的一部分會從債權人手中轉移到債務人手中，即通貨膨脹使債權人的部分財富流失，而使債務人的財富相應增加，從而形成了財富再分配效應。這是因為通貨膨脹使得貨幣的實際購買力下降，而債權人未來收回的本息之和名義價值不變，所以其實際收入下降，財富流失；同時債務人所償還本息的名義價值不變，其實際負擔減小，財富增加。

在現實生活中，人們的財富並不僅僅由貨幣資產構成，還包括實物資產和負債，其財產淨值為資產價值與債務價值之差。在通貨膨脹環境下，實物資產的貨幣價值大體隨著通貨膨脹率的變動而相應升降，金融資產的價值變化則比較複雜。在通貨膨脹中股票的行市可能會上升，但影響股票價格的因素是多樣化的，所以股票絕非抵禦通

貨膨脹的理想保值資產形式。至於以貨幣表示的債權債務，其共同特徵是確定的貨幣金額，其名義貨幣金額不會隨著通貨膨脹的存在與否而變化，物價上漲會使貨幣的實際餘額減少。同時，我們根據經濟主體資產負債餘額的不同，將貨幣資產大於貨幣負債的經濟主體稱為淨貨幣債權人，將貨幣負債大於貨幣資產的經濟主體稱為淨貨幣債務人。

四、通貨膨脹的強制儲蓄效應

通貨膨脹的強制儲蓄效應是指政府以鑄幣稅的形式取得的一筆本應屬於公眾的消費資金。強制儲蓄有兩層含義：一是強制儲蓄是由消費的非自願減少或強制性減少造成；二是強制儲蓄的形成伴隨收入在不同主體之間的轉移。這裡所說的儲蓄，是指用於投資的貨幣累積。作為投資的儲蓄累積主要來源於三部分：一是家庭，二是企業，三是政府。

在正常情況下，上述三個部門的儲蓄有各自的形成規律：家庭部門的儲蓄來源於收入減去消費後的部分；企業儲蓄來源於其用於擴大再生產的淨利潤和折舊基金；政府的投資如果是用稅收的辦法從家庭和企業中取得的，那麼，這部分儲蓄是從其他兩部門的儲蓄中擠出來的，全社會的儲蓄總量並不增加。如果政府通過向中央銀行借款解決投資資金，則直接或間接導致增發貨幣，這種籌措建設資金的辦法就會強制增加全社會的儲蓄總量，結果將是物價上漲。在公眾名義收入不變的條件下，如果公眾仍按原來的模式和數量進行消費和儲蓄，則兩者的實際總額會隨著物價的上漲而相應減少，其減少的部分大體相當於政府運用通貨膨脹實現的強制儲蓄部分。這就是所說的通貨膨脹的強制儲蓄效應，這種強制儲蓄效應帶來的結果是物價水準的持續上漲。

促進論者認為，通貨膨脹的強制儲蓄效應是動員資金的有效途徑之一。它會引起國民收入在政府與公眾之間再分配，從而使整個社會儲蓄投資流量增加，使公共投資增加。投資的增加通過乘數效應使實際產量得到倍增。

促進論者堅持通貨膨脹能優化資源配置，因為政府通過通貨膨脹增加的資金主要用於投資基礎設施和基礎產業，創造很大的外部經濟和社會效益，從而對資源配置產生影響。當然，上面的分析是基於充分就業的假定的。如果一國未達到充分就業水準，實際 GDP 低於潛在 GDP，生產要素大量閒置，此時，如果政府通過擴大貨幣發行來擴張有效需求，雖然也是一種強制儲蓄，但並不會引起持續的物價水準上漲。

第四節　通貨緊縮的含義及成因

一、通貨緊縮的含義

世界各國的經濟學家對於通貨緊縮目前有 3 種不同觀點：第一種觀點認為，通貨緊縮是物價的普遍持續下降。這種觀點和經濟學界關於通貨緊縮的主流觀點比較接近。第二種觀點認為，通貨緊縮是物價持續下跌，貨幣供應量持續下降，與此相伴隨的是經濟衰退。第三種觀點認為，通貨緊縮是經濟衰退的貨幣表現，因而必須具有 3 個特徵：物價持續下跌，貨幣供應量持續下降；有效需求不足，失業率高；經濟全面衰退。

加拿大一家投資公司的首席經濟學家萊斯根認為通貨緊縮不只是價格下降，還包括貨幣數量減少、貨幣流通速度下降以及經濟蕭條。

人們認為，通貨緊縮是與通貨膨脹相反的一種經濟現象。通貨膨脹是貨物與服務價格普遍持續地上升，通貨緊縮則是貨物和服務價格的普遍持續下跌。價格是貨物和服務價值的貨幣表現，價格普遍持續下降，表明單位貨幣所反應的商品價值在增加，即通貨在收縮，因而通貨緊縮與通貨膨脹一樣，也是一種貨幣現象。通貨緊縮所反應的物價下跌，必須是普遍的、持續的。個別貨物和服務價格的下降，是由於某些貨物或服務供大於求或技術進步、市場開放、生產效率提高降低了成本所致，反應了不同貨物和服務之間比價的變化，不是通貨緊縮。貨物和服務價格的暫時或偶然下跌，是受諸如消費心理變化、季節性因素等某些非貨幣因素影響而引起的價格變化，它們與貨幣本身沒有必然聯繫，也不是通貨緊縮。

在經濟實踐中，判斷某個時期的物價下跌是否是通貨緊縮，一看通貨膨脹率是否由正轉變為負；二看這種下降的持續是否超過了一定時限。有的國家以一年為界，有的國家以半年為界，中國通貨膨脹潛在壓力較大，則以一年為界。只要具備兩條中的一條，就可以認為是通貨緊縮。通貨緊縮依其程度不同，可分為輕度通貨緊縮、中度通貨緊縮和嚴重通貨緊縮三類。通貨膨脹率持續下降，並由正值變為負值，此種情況可稱為輕度通貨緊縮；通貨膨脹率負增長超過年且未出現轉機，此種情況應視作中度通貨緊縮；中度通貨緊縮繼續發展，持續時間達到兩年左右或物價降幅達到兩位數，此時就是嚴重通貨緊縮。

以物價普遍持續下跌判斷通貨緊縮，並不排斥對貨幣供應量和經濟增長率的分析。通貨緊縮是一種貨幣現象，但物價總水準的持續下跌有可能與廣義貨幣供應量（$M2$）適度增長並存。這一現象的出現與特定的貨幣結構有關，如貨幣供應的流動性（$M1/M2$）下降，即$M2$中儲蓄存款比重大。例如，中國1998年下半年以來$M2$增量中幾乎全部是儲蓄存款，而企業存款（特別是活期存款）則是零增長或負增長。這種特定的貨幣結構下的通貨緊縮現象，實質上是通貨中強流動性部分發生了緊縮。嚴重的通貨緊縮往往伴隨經濟衰退。20世紀30年代美國經濟大蕭條是最典型的例子。從1929年10月24日股票市場崩潰開始，美國經濟陷入嚴重的通貨緊縮和衰退之中，一直延續到1933年，這期間消費價格指數年均下降67%，實際美國國內生產總值年均下降8.2%，失業率連續幾年超過20%。但是，不能據此認為只有出現經濟衰退才可判定為通貨緊縮。通貨緊縮並不一定導致經濟衰退，輕度通貨緊縮一般不會造成經濟下滑，中度通貨緊縮可以引起經濟下滑，如得不到治理，發展成嚴重的通貨緊縮，就可能導致經濟衰退。但是，通貨緊縮只是經濟下滑或經濟衰退的一個原因，而不是唯一的原因。人們可以用經濟下滑或衰退來判斷通貨緊縮的嚴重程度和危害程度，但不能用經濟是否下滑、是否衰退作為判斷通貨緊縮是否存在的依據。

發達國家多屬效益型經濟，且經濟基數大，年經濟增長3%~4%已相當可觀。中國是一個發展中國家，屬數量型經濟，經濟增長中水分較大，不僅無法忍受經濟負增長這種明顯的衰退，即使年均增長低於7%，各方面問題也會非常突出。因此，判斷中國經濟是否出現衰退，不能完全參照發達國家的增長率，總之，儘管關於經濟增長和

貨幣供應狀況的分析對於判斷通貨緊縮非常重要，但通貨緊縮的最終判斷標準還是物價的普遍持續下跌。從某種意義上說，經濟下滑是通貨緊縮的結果，貨幣供應收縮是通貨緊縮的原因之一，但它們都不是通貨緊縮本身。

二、通貨緊縮的成因

通貨膨脹更多是一種貨幣現象，但縱觀世界各國在各時期發生的通貨緊縮，卻更多是由非貨幣因素即實際因素引起的。可以發現導致通貨緊縮發生的原因主要有如下幾種：

（一）有效需求不足

在實體經濟中，如果總需求持續低於總供給，往往就會出現通貨緊縮。因為消費需求、投資需求、政府支出和出口等所構成的總需求不足時，正常的供給就會顯得過剩，價格水準就會下跌，利潤下降，投資就會減少，進而造成通貨緊縮。在經濟發展處於低谷，預期資本邊際收益率下降時，需求不足的結果更甚。

（二）供給過剩

不管是相對過剩，還是絕對過剩，都會造成價格下降的壓力，形成通貨緊縮。各種新發明、新創造、新技術的應用都會導致勞動生產率提高，單位商品成本降低或產量增加，生產能力過剩，從而使價格下降。管理創新或融資成本降低等也有助於降低商品成本。這種從供給方面來解釋通貨緊縮形成的觀點常被歸納為重大技術進步論。在經濟繁榮時，這種影響更甚。

（三）緊縮政策

弗里德曼認為，價格水準的變動是貨幣供給量變動的結果。貨幣供給量減少必然導致物價水準下降。一國採取緊縮性貨幣政策與財政政策，減少貨幣發行或壓縮財政支出，會導致貨幣供給不足和需求下降，使部分商品和勞務不能實現其價值，使追加投資無法進行，最終形成通貨緊縮。

（四）金融體系脆弱或效率低下

在某些特定時期，如經濟低谷時，金融機構為了規避金融風險，不願擴大貸款，結果造成信貸萎縮，進而形成通貨緊縮。信貸萎縮又會使利率提高，導致投資支出減少，並通過乘數效應抑制總需求，最終使產量和價格雙雙下降。

三、通貨緊縮的經濟效應

（一）產出效應

縱觀歷史上的通貨緊縮，往往與產出減少、經濟衰退相伴隨，因而常被稱為經濟衰退的加速器。這是因為物價持續下降，其一會使市場銷售困難，生產者利潤減少，投資減緩。通貨緊縮往往伴隨證券市場的萎縮，使企業融資面臨較大困難，企業減產或停產使就業下降，失業增加，經濟增速受到抑制。其二會使實際利率提高，加重債務人負擔，還款難度加重，新的信用需求減少。債權收回遇困，使銀行不良貸款增加，風險增大，經營環境惡化，不利於信貸規模擴大，貨幣供給增長減緩，貨幣政策傳導出現困難，進一步加劇通貨緊縮，從而對經濟增長帶來負面影響。其三會使貨幣購買

力提高。面對不斷下降的物價，人們會增強對物價下降的預期，從而持幣待購，增加當前儲蓄，導致個人消費支出受限，阻礙經濟增長。

(二) 財富分配和再分配效應

在通貨緊縮中，實物資產的價值會隨物價水準下降而降低。金融資產中的股票由於其價值取決於市場價格，價格變化取決於多種因素，這樣股票收益在通貨緊縮中較難確定。而現金、存款和債券價值卻會提高。因此，通貨緊縮影響財富分配。通貨緊縮時就業減少，失業增加，人們的收入水準下降，從而使可支配財富減少。此外還將使得債務人的債務加重，債權人的資產相對增加，從而加大貧富差距。如果說通貨膨脹是通過降低貨幣的購買力影響人們生活水準的話，通貨緊縮則是通過減少人們可支配的社會財富影響人們的生活水準。

第五節　治理通貨膨脹和通貨緊縮的對策

一、通貨膨脹的治理

通貨膨脹嚴重影響了國家經濟的正常發展，為此，世界各國都十分重視抑制止通貨膨脹，將其視為經濟工作的主要任務之一，制定並採取了一系列措施抑制通貨膨脹。概括而言，主要治理措施有下列幾種：

(一) 緊縮性貨幣政策

由於通貨膨脹是紙幣流通條件下出現的經濟現象，引起物價總水準持續上漲的主要原因是流通中的貨幣量過多。因此，各國在治理通貨膨脹時，所採取的重要措施之一就是緊縮貨幣政策，即中央銀行實行抽緊銀根政策，即通貨緊縮或緊縮貨幣，通過減少流通中貨幣量的辦法以提高貨幣購買力，減輕通貨膨脹壓力。掌握貨幣政策工具的中央銀行一般採取下列措施。

(1) 出售政府債券，這是公開市場業務的一種方法，中央銀行在公開市場上出售各種政府債券，就可以縮減貨幣供應量和貨幣供應量潛在的膨脹，這是最重要且經常被利用的一種政策工具。

(2) 提高貼現率和再貼現率，以影響商業銀行的貸款利息率，這勢必帶來信貸緊縮和利率上升，有利於控制信貸的膨脹。

(3) 提高商業銀行的法定準備金率，以減少商業銀行放款，從而減少貨幣供應。

(4) 直接提高利率，緊縮信貸。利率的提高會增加使用信貸資金的成本，借貸就將減少，同時利率提高，還可以吸收儲蓄存款，減輕通貨膨脹壓力。

(二) 緊縮性財政政策

用緊縮性財政政策治理通貨膨脹就是緊縮財政支出、增加稅收、謀求預算平衡、減少財政赤字。

(三) 收入政策

收入政策就是政府為了降低一般物價水準上漲的幅度而採取的強制性或非強制性的限制貨幣工資和價格的政策。其目的在於力圖控制通貨膨脹而不至於陷於「滯脹」。收入政策一般包括以下幾個方面的內容：

1. 確定工資—物價指導線

政府將根據此指導線作為指標，限制工資和物價的上升，這種指導線是由政府當局在一定年份內允許總貨幣收入增加的一個目標數值線，即根據統計的平均勞動生產率的增長，政府當局估算出貨幣收入的最大增長限度，而每個部門的工資增長率應等於全社會勞動生產率增長趨勢。只有這樣，才能維持整個經濟中每單位產量的勞動成本的穩定，因而預定的貨幣收入增長就會使物價總水準保持不變。

2. 以納稅為基礎的收入政策

此政策是指通過一種增加工資的企業，按工資增長超額比率徵以特別稅款的辦法，來抑制通貨膨脹。一般認為，實行這種稅收罰款辦法，可以使企業有所約束，拒絕工資超額提高，並同工會達成工資協定，從而降低工資增長率，減緩通貨膨脹率。

3. 價格政策

通過反托拉斯法限制價格壟斷，這是價格政策的基本內容。價格壟斷有可能出現定價過高和哄抬物價的現象，為了治理通貨膨脹，就必須限制價格壟斷。

4. 供應政策

提高勞動生產率，降低商品成本，增加有效供給。供應政策的主要內容包括：①減稅，即降低邊際稅率；②削減社會福利開支；③穩定幣值；④精簡規章制度、給企業鬆綁、刺激企業創新積極性、提高生產率等。

二、通貨緊縮的治理

治理通貨緊縮就是要採用各種政策措施使過低的物價恢復到正常的均衡水準。其政策措施大致包括以下幾種：

（一）擴張性財政政策

擴張性財政政策主要包括擴大財政支出、增加赤字規模，以及降低投資和消費方面的稅收、刺激投資和消費需求的增長等。而且，從理論上講，財政政策產生效應的時滯小於貨幣政策的時滯，能較快地克服和消除經濟中的通貨緊縮現象。但是，運用擴張性財政政策面臨著兩個問題：一是債務負擔問題。因為減稅會使財政收入減少，而擴張性財政政策又會使財政支出增加。解決這一問題的主要辦法是發行國債，但國債累積到一定規模時，就會加大政府償債負擔，甚至引起債務危機；二是財政支出的擠出效應。所謂擠出效應是指政府開支的增加如果沒有貨幣供應量的相應增長，那麼在支出增加和貨幣供應量不變的情況下，必然導致利率的上升，由此引起私人投資和消費的縮減。因此，在對付通貨緊縮時，要注意財政政策和貨幣政策的相互配合。

（二）擴張性貨幣政策

在通貨緊縮時期，擴張性的貨幣政策主要是通過降低法定存款準備金率、再貼現率、再貸款利率和在公開市場上買進有價證券，增加貨幣供應量，以刺激經濟發展。但在通貨緊縮時期，一方面，由於貨幣流動性下降，削弱了貨幣供給對產出的拉動作用，增加貨幣供給的擴張功能下降；另一方面，由於貨幣供給的內生性，使得中央銀行擴張性貨幣政策效果並不明顯，因為，中央銀行無法強迫商業銀行擴大貸款，也不能主動改變貨幣的流動性，貨幣政策只能起指導性作用。因此，在通貨緊縮時期，貨

幣政策對經濟增長的拉動作用下降，其作用主要體現在穩定宏觀經濟環境方面。

習題

概念解釋：

　　通貨膨脹　鑄幣稅　通貨膨脹的收入分配效應　通貨緊縮

思考題：

　　（1）通貨膨脹的度量指標是哪幾方面？
　　（2）簡述通貨膨脹的收入分配效應的影響。
　　（3）簡述通貨緊縮的成因。
　　（4）簡述通貨膨脹和通貨緊縮的治理措施。

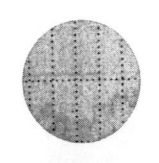

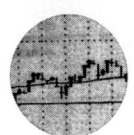

第十一章　**貨幣政策**

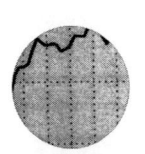

貨幣政策在國家宏觀經濟政策中居於很重要的地位，同財政政策一起構成國家調節經濟的兩大宏觀政策。貨幣政策是指中央銀行為實現特定的經濟目標而採用的各種控制和調節貨幣、信用及利率等變量的方針和措施的總和。一項完善的貨幣政策包括最終目標、中間目標、政策工具、傳導機制或作用過程和效果監控或評價。貨幣政策對經濟發生作用，就是通過這五大要素的逐級傳遞關係來實現的。本章主要闡述貨幣政策目標與工具。

第一節　貨幣政策目標

一、貨幣政策的含義、特徵與功能

（一）貨幣政策的含義

貨幣政策指中央銀行為實現既定的經濟目標（穩定物價、促進經濟增長、實現充分就業和平衡國際收支）運用各種工具調節貨幣供應量和利率，進而影響宏觀經濟的方針和措施的總和。

（二）貨幣政策的特徵

貨幣政策通常具備以下特徵：

1. 貨幣政策是宏觀經濟政策

貨幣政策是涉及整個國民經濟運行中的貨幣供應量、信用量、利率、匯率以及金融市場等宏觀經濟指標，進而涉及社會總需求與總供給的一項宏觀經濟政策，而不直接涉及單個銀行或企業、個人的金融行為。

2. 貨幣政策是調節社會總需求的政策

任何現實的社會總需求，都是一種有貨幣支付能力的需求，貨幣政策調節宏觀經濟是通過調整社會總需求而實現的。貨幣政策通過對社會總需求的調整間接地影響社會總供給的變動，從而促進社會總需求與總供給的平衡。

3. 貨幣政策主要是間接調控政策

貨幣政策主要採用經濟手段和法律措施，通過調整經濟當事人的經濟行為實施間接調控。只是在特定的經濟和金融環境下，才採取必要的直接控制措施。

4. 貨幣政策是長期連續的經濟政策

貨幣政策的終極目標是一種長期性的政策目標，而特定時期、特定條件下的貨幣政策卻總是短期性的、不斷變動的，但與最終目標是一致的。

（三）貨幣政策的功能

貨幣政策作為國家重要的宏觀調控的工具之一，主要具有以下5個方面的功能：

1. 促進社會總需求與供給平衡，保持幣值穩定

社會總需求與總供給的均衡是社會經濟平衡運行的重要前提。社會總需求是有支付能力的需求，它是由一定時期的貨幣供給量決定的。中央銀行通過貨幣政策的實施，調節貨幣供給量，影響社會總需求，從而促進社會總需求與總供給的平衡，有利於幣

值穩定。

2. 促進經濟的穩定增長

由於各種因素的影響，經濟增長不可避免地會出現各種波動。劇烈的波動對經濟的持續穩定增長是有害的。「逆風向行事」的貨幣政策具有促進經濟穩定增長的功能。在經濟過度膨脹時，通過實施緊縮性貨幣政策，有利於抑制總需求的過度膨脹和價格總水準的急遽上漲，實現社會經濟的穩定；在經濟衰退和蕭條時，通過實施擴張性貨幣政策，有利於刺激投資和消費，促進經濟的增長和資源的充分利用。

3. 促進充分就業，實現社會穩定

非充分就業既不利於勞動力資源的充分利用，又可能導致社會的不穩定。因而，促進充分就業、實現社會穩定就成為宏觀經濟調控的重要目標之一。就業水準的高低受經濟規模、速度和結構等因素的影響。貨幣政策通過一般性貨幣政策工具的運用可對貨幣供給總量、經濟規模和速度產生重要影響，從而對就業水準產生影響；通過選擇性貨幣政策工具的運用可對貨幣供給結構、經濟結構從而對就業水準產生影響。

4. 促進國際收支平衡，保持匯率相對穩定

在經濟和金融日益全球化、國際化的宏觀環境，一個國家匯率的相對穩定是保持其國民經濟穩定健康發展的必要條件。而匯率的相對穩定又是與國際收支平衡密切相關的。貨幣政策通過本外幣政策協調、本幣供給的控制、利率和匯率的適時適度調整等，對促進國際收支平衡，保持匯率相對穩定具有重要作用。

5. 保持金融市場穩定，防範金融危機

保持金融市場穩定是防範金融危機的重要前提。貨幣政策通過一般性政策工具和選擇性政策工具的合理使用，可以調控社會信用總量，有利於抑制金融泡沫和經濟泡沫的形成，避免泡沫的突然破滅對國民經濟，特別是金融部門的猛烈衝擊，有利於保持金融市場穩定和防範金融危機。

二、貨幣政策的仲介目標

從貨幣政策工具的運用到貨幣政策目標的實現有一個相當長的作用過程，在這過程中有必要及時瞭解政策工具是否得力，估計政策目標能不能實現，這就需要借助於仲介目標的設置。事實上，中央銀行本身並不能直接控制和實現諸如經濟穩定增長這些貨幣政策目標。它只能借助於貨幣政策工具，並通過對仲介指標的調節和影響最終實現政策目標。因此，仲介指標就成了貨幣政策作用過程中一個十分重要的中間環節，對它們的選擇是否正確以及選定後能否達到預期調節效果，關係到貨幣政策最終目標能否實現。通常認為仲介目標的選取要符合如下 5 個標準：

（一）可控性

可控性即是否易於為中央銀行所控制。通常要求仲介指標與所能適用的貨幣政策工具之間要有密切的、穩定的和統計數量上的聯繫。

（二）可測性

其含義包括兩個方面：一是中央銀行能夠迅速獲取有關仲介指標的準確數據；二是可測性的定義並便於觀察、分析和監測。

（三）相關性

相關性是指要能達到仲介指標與貨幣政策的最終目標之間要有密切的、穩定的和統計數量上的聯繫。

（四）抗干擾性

貨幣政策在實施過程中常會受到許多外來因素或非政策因素的干擾。只有選取那些受干擾程度較低的仲介指標，才能通過貨幣政策工具的操作達到最終目標。

（五）與經濟體制、金融體制有較好的適應性

隨著經濟及金融環境的不同，中央銀行為實現既定的貨幣政策目標而採用的政策工具也不同，選擇作為仲介指標的金融變量也必然有區別。

根據以上5個條件，尤其是前3個條件所確定的仲介指標一般有利率、貨幣供應量、超額準備金和基礎貨幣等。根據這些指標對貨幣政策具有反應的先後和作用於最終目標的過程，又可分為兩類：一類是近期指標，即中央銀行對它的控制力強，但距離貨幣政策的最終目標較遠；另一類是遠期指標，即中央銀行對它的控制力較弱，但距離貨幣政策最終目標較近。

（一）利率作為仲介指標的優點

第一，可控性強，中央銀行可直接控制再貼現率，而通過公開市場業務或再貼現政策，也能調節市場利率的走向。

第二，可測性強，中央銀行在任何時候都能觀察到市場利率的水準及結構。

第三，相關性強，中央銀行能夠通過利率影響投資和消費支出，從而調節總供求。

但是利率作為仲介指標也有不理想之處，即利率指標往往具有雙重性質：一方面，作為經濟內生變量，它們的變動會受到社會經濟狀況的影響；另一方面，作為政策變量，它們的變動又帶有政策性因素，這種狀況往往會給中央銀行的判斷帶來麻煩，使中央銀行分辨不清這種變動是來自社會經濟狀況的影響，還是政策產生的效果，有時甚至會產生「誤診」。

（二）貨幣供應量

以貨幣供應量作為仲介指標，首先遇到的困難是確定哪種口徑的貨幣供應量作為仲介指標：是現金，是狹義貨幣供應量，還是廣義貨幣供應量。就可測性、可控性來說，3個指標均可滿足，它們隨時都分別反應在中央銀行和商業銀行及其他金融機構的資產負債表上，可以進行測算和分析。現金直接由中央銀行發行並注入流通，通過控制基礎貨幣，中央銀行也能有效地控制狹義貨幣供應量和廣義貨幣供應量。問題在於相關性，到底是哪一個指標更能代表當期的社會總需求和購買力，並從而通過對它的調控就可直接影響總供求。現金在現代經濟生活中已經起不了這種作用，問題是狹義貨幣供應量和廣義貨幣供應量的優劣比較，對此有頗不相同的見解。至於就抗干擾性來說，貨幣供應量的變動作為內生變量是順循環的，而作為政策變量則應是逆循環的。因此，政策性影響與非政策性影響，一般說來不會互相混淆。

以上兩種指標一般視為遠期目標。這類仲介指標距離貨幣政策最終目標較近，但中央銀行對這些指標的控制力弱於像超額準備金和基礎貨幣這樣的短期指標。

（三）超額準備金和基礎貨幣

超額準備金對商業銀行的資產業務規模有著直接決定作用。存款準備金、公開市

場業務和再貼現業務等貨幣政策工具，都是通過影響超額準備金的水準而發揮作用的。但是，作為仲介指標，超額準備金往往因其取決於商業銀行的意願和財務狀況而不易為貨幣當局測度和控制。

基礎貨幣是流通中的現金和商業銀行的存款準備金的總和，它構成了貨幣供應量倍數伸縮的基礎。不像超額準備金能滿足可測性和可控性的要求，數字一目了然，數量也易於調控，不少國家把它視為較理想的近期指標。

三、貨幣政策的最終目標

貨幣政策的最終目標包括以下幾點：

（一）幣值穩定

抑制通貨膨脹，避免通貨緊縮，保持價格穩定和幣值穩定是貨幣政策的首要目標。通貨膨脹特別是嚴重通貨膨脹，將導致嚴重後果，主要包括：①社會分配不公。一些人的生活水準因此而下降，社會矛盾尖銳化。②借貸風險增加。通貨膨脹突然加速時貸出資金的人將遭受額外的損失；通貨膨脹突然減速時借入資金的人將遭受額外的損失，正常的借貸關係將遭受破壞。③相對價格體系遭到破壞。價格信號作為市場機制有效配置資源的基礎遭到破壞，經濟秩序混亂，並最終影響經濟的穩定增長。④嚴重的通貨膨脹導致貨幣的嚴重貶值，可能導致其貨幣體系的徹底崩潰。通常，通貨膨脹與貨幣供給的過度擴張緊密相關，抑制通貨膨脹，保持價格穩定和幣值穩定就成為貨幣政策的首要目標。

但是，抑制通貨膨脹的目標並非通貨膨脹率越低越好。價格總水準的絕對下降，即負通脹率，將會帶來通貨緊縮。通貨緊縮將嚴重地影響了企業和公眾的投資和消費預期，制約其有效的投資需求和消費需求的增長，使企業銷售下降，存貨增加，利潤下降，企業倒閉和失業率上升，經濟增長停滯甚至嚴重衰退，陷入經濟危機。因此，抑制通貨膨脹和避免通貨緊縮是保持幣值穩定的貨幣政策目標不可分割的兩個方面。

（二）經濟增長

經濟增長是提高社會生活水準的物質保障，任何國家都要不斷地提高其人民的生活水準，必須保持一定速度的經濟增長。經濟增長也是保護國家安全的必要條件，一個國家的經濟實力是決定其在國際經濟和政治、軍事競爭中的競爭能力的重要因素。因此，加速經濟發展對發展中國家尤為重要。一國經濟為了有效地競爭並且快速增長，必須有效地利用自己的資源，並為了增加生產潛力而進行投資。低於潛在水準的增長將會導致資源的浪費，高於潛在水準的增長將會導致通貨膨脹和資源的破壞。

作為宏觀經濟目標的增長應是長期穩定的增長。過度追求短期的高速甚至超高速增長可能導致經濟比例的嚴重失調和經濟的劇烈波動。貨幣政策作為國家干預經濟的重要手段，保持國民經濟的長期穩定增長是其不可推卸的責任。

（三）充分就業

所謂充分就業，是指任何願意工作並有能力工作的人都可以找到一個有報酬的工作，這是政府宏觀經濟政策的重要目標。非充分就業，表明存在社會資源特別是勞動力資源的浪費，失業者生活質量下降將會導致社會的不穩定。因此，好多國家都把充

分就業作為最重要的宏觀經濟目標之一。但是，充分就業並不是追求零失業率。由於摩擦性失業、結構性失業、季節性失業和過渡性失業的存在，一定程度的失業在經濟正常運行中是不可避免的，這種失業被稱為自然失業。由於總需求不足所導致的失業則是應該盡量避免的。因此，充分就業的目標就是要把失業率降低到自然失業率水準。就業水準受經濟發展的規模、速度和結構以及經濟週期的不同階段等眾多因素的影響。貨幣政策對國民經濟發展的規模、速度、結構以及經濟週期變動等方面具有重要影響，特別是在經濟衰退、失業嚴重的時候，實行擴張性的貨幣政策，對擴大社會總需求、促進經濟發展、降低失業率具有重要意義。

（四）國際收支平衡

國際收支既是一國國民經濟的一個重要組成部分，反應該國經濟結構的性質、經濟活動的範圍和經濟發展的趨勢，同時又反應一國對外經濟活動的規模和特點以及該國在世界經濟中所處的地位和所起的作用。一國的國際收支是一國同其他國家之間在一定時期（通常為一年）全部經濟交往的貨幣價值記錄，它通過經常帳戶、資本帳戶和黃金帳戶來反應一國商品、勞務、利息、長短期投資和黃金的流入流出情況。由於黃金通常是作為國際結算的最後手段，因此國際收支平衡主要是指經常帳戶和資本帳戶的收支平衡。而這兩個帳戶的平衡與否主要反應在國家外匯和黃金儲備數量的是否變動上。一國國際收支如果出現失衡，無論是順差或逆差，都會對本國經濟造成不利影響。國際收支平衡實際上是指一國對其他國家的全部貨幣收入和貨幣支出持平或略有順差、略有逆差。此外，當中央銀行討論貨幣政策目標時，還會不斷地提到金融市場穩定、利率穩定和外匯市場穩定等目標。

貨幣政策最終目標之間既有統一性，又有矛盾性。其具體關係如下：

（一）充分就業與經濟增長的關係

按照奧肯定律，GDP 增長比潛在 GDP 增長每快 2%，失業率下降 1 個百分點；GDP 增長比潛在 GDP 增長每慢 2%，失業率上升 1 個百分點。失業與經濟增長之間通常存在負相關關係，因而，充分就業與經濟增長之間通常存在正相關關係。但是，由於經濟增長可以採取勞動密集型、資本密集型、資源密集型或知識密集型等不同的發展模式，除勞動密集型外，其他幾種增長模式都與充分就業有一定的矛盾。

（二）穩定幣值與經濟增長和充分就業的關係

根據菲利普斯曲線和奧肯定律，通貨膨脹與經濟增長和就業之間通常存在正相關關係。但過高的通貨膨脹將破壞正常的經濟秩序，從而迫使經濟進行緊縮調整，從而降低經濟增長和就業。

（三）穩定幣值與國際收支平衡的關係

幣值穩定和匯率穩定，有利於國際收支平衡。但為了貿易平衡而對外貶值則可能導致國內通貨膨脹加劇。有時為拯救瀕臨破產的銀行而增發貨幣，可能導致通貨膨脹。國際收支平衡有利於金融的穩定。國際收支失衡，如貿易赤字和資本大量外流，將導致貨幣危機。金融市場的穩定也有利於國際收支的平衡，金融市場動盪將加劇資本外流，加劇國際收支失衡。表 11-1 介紹了西方各主要國家貨幣政策最終目標的發展變化情況。

表 11-1　　　　第二次世界大戰後西方各國貨幣政策最終目標選擇比較

國別	20 世紀 50~60 年代	20 世紀 70~80 年代	20 世紀 90 年代
美國	以充分就業為主	以穩定貨幣為主	以反通貨膨脹為唯一目標
英國	以充分就業兼顧國際收支平衡為主	以穩定貨幣為主	以反通貨膨脹為唯一目標
加拿大	充分就業，經濟增長	以物價穩定為主	以反通貨膨脹為唯一目標
德國	以穩定通貨，兼顧對外收支平衡為主		
日本	對外收支平衡，物價穩定	物價穩定、對外收支平衡	
義大利	經濟增長，充分就業	貨幣穩定兼顧國際收支平衡	

第二節　貨幣政策工具

一、貨幣政策工具概括

　　貨幣政策工具是中央銀行為了實現貨幣政策的終極目標而採取的措施和手段。為了實現貨幣政策的終極目標，中央銀行不僅要設置用於觀測和跟蹤的仲介目標，還需要有強有力的貨幣政策工具。判斷一項貨幣政策工具是否強有力，有以下幾個標準：

　　（一）控制貨幣供應量的能力

　　由於貨幣供應量的增減變動能直接影響總支出，也能影響金融市場資金的鬆緊，甚至影響利率及資產重估，再間接影響整個經濟活動，所以，貨幣政策工具的優劣主要看對貨幣供應量的影響力如何。優良的貨幣政策工具對貨幣供應量的控制力強，相反則對貨幣供應量的控制力弱。

　　當然，不能期望貨幣政策工具對貨幣供應量有完全的控制力，因為商業銀行和一般大眾的活動對貨幣供應量都或多或少發揮影響，但貨幣當局所能操作的政策工具具有更大的影響力。

　　（二）對利率的影響程度

　　利率也是貨幣政策的一個仲介目標，它是借貸市場上資金的價格，利率水準的變動在一定程度上影響支出意向。所以，貨幣政策工具的任務之一是影響利率水準，從而影響經濟活動。

　　貨幣政策工具不僅應當對利率總水準有所影響，還應當影響長短期利率的結構變化，從而影響資金的使用方向。大體上說，提高短期利率，將減少大眾持有貨幣及向銀行借款的需求量；提高長期利率，將產生長期投資支出趨減的效果。所以，貨幣政策工具必須產生對利率結構的影響力。

　　（三）對商業銀行行為的影響

　　商業銀行創造的存款是貨幣供應量的主要部分，商業銀行的經營活動直接影響企業和個人的支出，如果貨幣政策工具不能強有力地影響商業銀行的行為，那麼實現貨幣政策的終極目標就是一句空話。貨幣政策工具對商業銀行行為的影響主要是通過商業銀行的準備金變動來實現的，因此，貨幣政策工具必須能有效地制約準備金的變動。

(四) 對大眾預期的影響

貨幣政策對大眾預期心理有著十分重要的影響。貨幣政策工具，經過實施之後，就會立刻產生「告示作用」，從而對企業及大眾發生心理影響。而這種心理預期變化，有可能加深貨幣政策的效果，也有可能抵消貨幣政策的效果。因此在選擇貨幣政策工具時，必須注意它的反向作用。對大眾心理預期影響的方向，如果產生的影響是正方向的，則可視為工具。

(五) 伸縮性

貨幣政策當然要以解決經濟問題、實現貨幣政策目標為任務。但是經濟形勢是即時變化的，有時貨幣政策必須隨時進行調整，以適應經濟形勢的變化。因此貨幣政策工具具備充分的伸縮性，可以根據任何經濟形勢的新變化而進行調整，當然這是有限制的，如果伸縮性太大，就會引起貨幣政策多變，使一些的經濟部門無所適從。

二、貨幣政策工具

(一) 再貼現政策

再貼現政策也稱銀行利率政策，是中央銀行最先採用的用於控制貨幣供給量的貨幣政策工具。該工具是央行通過提高或降低再貼現率，影響商業銀行等存款貨幣機構從央行獲得再貼現貸款的能力，進而達到調節貨幣供應量和利率水準的目的。在中國，中國人民銀行通過適時調整再貼現總量及利率，明確再貼現票據選擇，達到吞吐基礎貨幣和實施金融宏觀調控的目的，同時發揮調整信貸結構的功能。再貼現可採取回購和買斷兩種方式，最長期限6個月。

自1986年中國人民銀行在上海等中心城市開始試辦再貼現業務以來，再貼現業務經歷了試點、推廣到規範發展的過程。再貼現作為中央銀行的重要貨幣政策工具，在完善貨幣政策傳導機制、促進信貸結構調整、引導擴大中小企業融資、推動票據市場發展等方面發揮了重要作用。此外，該政策工具還有中央銀行對金融機構的貸款，簡稱再貸款（包括扶貧再貸款、支農再貸款和信貸資產質押再貸款等）。借鑑國際經驗，中國人民銀行於2013年年初創設了常備借貸便利（Standing Lending Facility，SLF）。它是中國人民銀行正常的流動性供給渠道，主要功能是滿足金融機構期限較長的大額流動性需求。其對象主要為政策性銀行和全國性商業銀行，期限為1~3個月，利率水準根據貨幣政策調控、引導市場利率的需要等綜合確定。常備借貸便利以抵押方式發放，合格抵押品包括高信用評級的債券類資產及優質信貸資產等。2014年9月，中國人民銀行又創設了中期借貸便利（Medium-Term Lending Facility，MLF），這是中央銀行提供中期基礎貨幣的貨幣政策工具，對象為符合宏觀審慎管理要求的商業銀行、政策性銀行，可通過招標方式開展。發放方式為質押，並需提供國債、央行票據、政策性金融債、高等級信用債等優質債券作為合格質押品。在美國，美聯儲給銀行的貼現貸款有三種類型：一級信貸、次級信貸和季節性信貸。一級信貸是在貨幣政策中發揮最重要作用的貼現貸款。健康的銀行可以在短期內（通常是一個晚上）通過一級信貸方式借貸任意數量的資金，因此一級信貸也被稱為經常性貸款便利，也就是中國的SLF。次級信貸是發放給出現財務困境、遭遇嚴重流動性困難的銀行。次級信貸的利率被定為高於貼現率50個基點（0.5個百分

點)。這一利率被設定為一個更高的懲罰利率,以反應這些借款人欠佳的經營狀況。季節性信貸用於滿足那些位於度假或農業地區、具有季節性特點的少數銀行的需求。季節性信貸利率與月度平均的聯邦基金利率以及定期存單的利率掛鉤。由於信貸市場的不斷完善,美聯儲開始質疑季節性信貸存在的必要性,因此正考慮在將來取消這一工具。

除了使用貼現貸款作為影響存款準備金、基礎貨幣和貨幣供給工具之外,貼現貸款對於防止金融危機發生也很重要。當聯邦儲備體系建立起來的時候,其最重要的作用就是充當最後貸款人角色。為防止銀行倒閉失去控制,美聯儲要向銀行提供存款準備金,從而阻止發生金融恐慌。貼現貸款是在銀行業危機期間向銀行體系提供存款準備金的特別有效的方法,因為存款準備金可以立即被注入最需要它的銀行。中國人民銀行也為幫助發生支付危機的城市商業銀行、城市信用合作社和農村信用合作社等金融機構緩解支付壓力、恢復信譽,防止出現系統性或區域性金融風險而發放人民幣貸款。但中央銀行的最後貸款人功能和存款保險一樣,會引起嚴重的道德風險問題。

(二) 法定存款準備金政策

根據貨幣供給基本模型,貨幣供應量的改變取決於貨幣乘數與基礎貨幣的調整。而調整法定存款準備金比率直接影響貨幣乘數,兩者之間成反比。以中央銀行實施緊縮政策為例,當法定存款準備金比率提高時,一方面,貨幣乘數變小;另一方面,由於法定存款準備金比率的提高使商業銀行等金融機構的應繳法定存款準備金增加,超額準備金則相應減少,從而降低了商業銀行創造信用與派生存款的能力,信用規模和貨幣供應量成倍收縮。根據同樣的道理,降低法定存款準備金比率會使信用規模和貨幣供應量得以成倍擴張。存款準備金政策具有較強的控制貨幣供給和信貸規模的能力,只要變動比率的半個百分點,都會對超額準備和貨幣擴張倍數產生很大的影響,而且中央銀行操作這一工具極其簡便。

存款準備金政策作為一種強有力政策工具具有很強的局限性。主要表現如下:

(1) 如果中央銀行經常提高法定存款準備率,會導致商業銀行和金融機構迅速調整準備金以符合提高的法定限額。因為商業銀行一般只保留少量超額準備金,即使法定準備金略有變動,也會使銀行的超額準備金大為減少或準備金達不到法定比率的要求,這時商業銀行將被迫重新調整其資產項目,從而對商業銀行產生很大的強制力,甚至極大地影響到商業銀行的利潤等。

(2) 由於調整法定存款比率產生的效果和影響巨大,使其不具備充分的伸縮性,因此其不能作為一項日常的調節工具,無法供中央銀行頻繁運用。

三、公開市場操作

公開市場業務(公開市場操作)是最重要的常規性貨幣政策工具,因為公開市場業務是利率和基礎貨幣變動的主要決定因素,而基礎貨幣又是貨幣供給波動的主要原因。目前在西方發達國家中,公開市場業務已成為中央銀行執行貨幣政策的主要工具。

(一) 公開市場操作的目的與類型

一般情況下,中央銀行利用公開市場操作要達到兩個目的:一是積極性的調節目的。為達到此目的的操作稱為主動型公開市場操作,即主動變動存款準備金和基礎貨幣水準。

二是防禦性的中和目的。為達到此目的的操作稱為防禦型公開市場操作，即被動抵消其他影響存款準備金和基礎貨幣的因素的變動。例如，美聯儲想抵消財政部在其存款及在途資金的變動等；中國人民銀行想抵消太大的外匯順差對準備金和基礎貨幣的影響。公開市場購買使存款準備金和基礎貨幣增加，進而增加貨幣供給，降低短期利率。公開市場出售則使存款準備金和基礎貨幣減少，進而減少貨幣供給，提高短期利率。

（二）公開市場業務的作用

公開市場業務可以調控商業銀行等金融機構準備金和貨幣供應量。當經濟出現蕭條，金融市場上資金比較匱乏時，中央銀行在公開市場買進有價證券，實質是注入一筆基礎貨幣，商業銀行在新增超額準備金的同時也增加了放款，其結果必然是信用規模的擴大和貨幣供應量的增加。反之，當市場貨幣量過多，中央銀行可以出售有價證券以減少商業銀行的超額準備金，使商業銀行減少或收回貸款，貨幣供應量也相應減少。公開市場業務可以影響利率水準和利率結構。中央銀行通過公開市場業務影響利率水準有兩個渠道：當中央銀行購入有價證券時，一方面，證券需求增大，從而推動證券價格上升，利率則下降；另一方面，商業銀行超額準備增加，貨幣供給增加，引起利率下降。反之則反是。此外，中央銀行在公開市場買賣不同期限的證券，可以直接改變社會公眾對不同期限證券的需求額，使利率結構發生變化。

（三）公開市場業務優點

公開市場業務被視為最重要的常規性貨幣政策工具，因為和其他工具相比，公開市場業務具有以下四個優點：

1. 主動性

公開市場業務由中央銀行主動進行，它能夠完全控制交易的規模，而貼現貸款操作就不能完全實現這種控制。中央銀行可以通過改變貼現率鼓勵或限制銀行獲得貼現貸款，但是不能直接控制貼現貸款的規模。

2. 及時、靈活且精確

中央銀行可以根據當時經濟形勢的需要，及時操作公開市場業務，並可以自主決定其買賣證券的規模，從而能非常精確地控制銀行體系的準備金和基礎貨幣，使之達到合理的水準。不論要求存款準備金或基礎貨幣變動幅度多麼小，公開市場業務都可以通過購買或出售少量證券來實現。相反，如果存款準備金或基礎貨幣要發生很大的變化，公開市場業務工具也足夠強大，能通過大規模購買或者出售證券來實現目標。

3. 可逆性，容易對沖

如果在實施公開市場業務中出現錯誤，美聯儲可以立即實施對沖。如果美聯儲認為聯邦基金利率太低是因為進行了大量的公開市場購買，那麼就可以立刻實施修正，進行公開市場出售。

4. 快速執行，不會有行政性的延誤

當中央銀行決定變動基礎貨幣或存款準備金時它只要向證券交易商下達指令，這一交易就立刻被執行。但公開市場業務的隨時發生和持續不斷，使其告示效果較弱，而再貼現政策與存款準備金政策則具有明確的政策導向和告示效果；各種市場因素的存在及各種民間債券的增減變動，也會減輕或抵消公開市場業務的影響力。

四、其他貨幣政策工具

（一）直接信用控制

直接信用控制是指中央銀行從質和量兩個方面以行政命令或其他方式對金融機構尤其是商業銀行的信用活動進行直接控制。其手段包括利率最高限額、信用配額、流動性比率管理和直接干預等。

1. 利率控制

規定存貸款利率或最高限額是最常用的直接信用管制工具。例如，1980年以前，美國的Q條例和M條例，規定活期存款不準付息，定期存款及儲養存款不得超過最高利率限額等。其目的在於防止商業銀行用提高利率的辦法在吸收存款方面進行過度競爭，以及為牟取高利進行風險存貸活動。

中國在計劃經濟時期執行嚴格的利率管制。隨著金融改革的逐步深化，中央銀行對利率的管制逐步放鬆，但目前仍然實行計劃為主的利率管理體制。中國的利率有3個層次：第一層次為中央銀行基準利率，即中國人民銀行對金融機構的存貸款利率（包括準備金存款利率、對金融機構貸款利率、再貼現利率等）；第二層次為金融機構法定存款和貸款利率（包括儲蓄存款利率、企事業單位存款利率、大額可轉讓定期存款利率、各種貸款利率等）；第三層次為金融市場利率，主要為銀行間拆借市場利率。由於實行以計劃利率為主的管理體制，中央銀行在制定基準利率的同時，也規定金融機構的存貸款利率及浮動幅度。金融市場利率則由市場決定，但也受到計劃利率的影響。中央銀行通過對計劃利率的控制，基本控制了整個社會的資金利率水準，通過對計劃利率的調整，即可實現對社會資金供求和社會經濟活動的調節。中國中央銀行從20世紀80年代中期開始運用利率調整來調節經濟，20世紀90年代後更加注重利率工具的應用，在實施適度從緊的貨幣政策，抑制通貨膨脹和保持經濟的穩定增長方面發揮了積極作用。

以計劃為主的利率管理體制雖然使中央銀行對利率的控制較為直接和迅速，但它也存在許多弊端，突出的就是，利率隨資金供求變化自動調整的作用得不到正常的發揮，計劃利率很難準確地反應資金市場的供求狀況。隨著中國金融體制改革的逐步深化和金融市場的逐步發育和完善，利率市場化將是一種必然趨勢。

2. 信用配額管理

信用配額管理就是中央銀行根據金融市場的供求狀況和經濟發展的需要，分別對各個商業銀行的信用規模加以分配和控制，從而實現其對整個信用規模的控制。信用配額管理是種計劃控制手段，在資金供給相對緊張的大多數發展中國家相當廣泛地被採用。它也是中國計劃經濟時期和從計劃經濟向市場經濟轉軌初期主要的信用控制手段。但是，隨著社會經濟從計劃經濟向市場經濟的逐步轉變，金融市場的逐步發展，金融工具的逐步增加，信用規模控制的作用已大大降低。1998年1月1日，中國人民銀行取消對國有商業銀行的貸款規模限額控制，只對國有商業銀行按年（季）下達貸款增量的指導性計劃，實行「計劃指導、自求平衡、比例管理、間接調控」的信貸資金管理體制。中央銀行對貨幣供給總量的控制轉變為通過對基礎貨幣的調控來實現。

3. 流動性比率管理和直接干預

規定商業銀行的流動性比率，也是限制信用擴張的直接管制措施之一。流動性比率是指流動資產與存款的比率。規定的流動比率越高，商業銀行能夠發放的貸款特別是長期貸款的數量就越少，因而可以起到限制信用擴張的作用。此外，提高流動性比率還具有降低商業銀行經營風險的作用。由於流動性與盈利性的矛盾，過高的流動性比率也不利於商業銀行的經營。

直接干預則是指中央銀行直接對商業銀行的信貸業務、放款範圍等加以干預。例如，對業務經營不當的商業銀行拒絕再貼現或採取高於一般利率的懲罰性利率，直接干預商業銀行對存款的吸收等。

(二) 間接信用指導

中央銀行還可通過道義勸告和窗口指導的方式對信用變動方向和重點實施間接指導。

道義勸告是指中央銀行利用其聲望和地位、對商業銀行和其他金融機構經常發出通告、指示或與各金融機構的負責人進行面談，交流信息，解釋政策意圖，使商業銀行和其他金融機構自動採取相應措施來貫徹中央銀行的政策。這個方法不僅在西方國家採用，在中國也較多地被採用，如各種工作會議。這對於各金融機構正確地理解中央銀行的貨幣政策意圖，正確地貫徹和實施貨幣政策都具有積極的意義。

窗口指導則是中央銀行根據產業行情、物價趨勢和金融市場動向，規定商業銀行的貸款重點投向和貸款變動數量等。這些規定雖然沒有法律強制力，但其作用有時也很大。中國在取消貸款規模控制以後，更加注重窗口指導的作用，在1998年國家就頒發了產業投資指導政策，以指導商業銀行的貸款方向。此外，還定期（按年和季）對國有商業銀行下達貸款增量的指導性計劃，引導其貸款規模控制。

間接信用指導的優點是較為靈活，但其發揮作用的大小取決於中央銀行在金融體系中是否具有較強的地位、較高的威望和控制信用的足夠的法律權力和手段。中國在從計劃經濟向社會主義市場經濟轉軌過程中，宏觀調控方式逐步以直接控制手段為主向以間接調控手段為主轉變，道義勸告和窗口指導具有重要作用。

第三節　貨幣政策的傳導機制

一、貨幣政策傳導機制的一般模式

貨幣政策傳導機制是中央銀行運用貨幣政策工具影響仲介指標，進而最終實現既定政策目標的傳導途徑與作用機理。

貨幣政策傳導途徑一般有3個基本環節，其順序是：①從中央銀行到商業銀行等金融機構和金融市場。中央銀行的貨幣政策工具操作，首先影響的是商業銀行等金融機構的準備金、融資成本、信用能力和行為，以及金融市場上貨幣供給與需求的狀況。②從商業銀行等金融機構和金融市場到企業、居民等非金融部門的各類經濟行為主體。商業銀行等金融機構根據中央銀行的政策操作調整自己的行為，從而對各類經濟行為主體的消費、儲蓄、投資等經濟活動產生影響。③從非金融部門經濟行為主體到社會

各經濟變量，包括總支出量、總產出量、物價、就業等。

金融市場在整個貨幣的傳導過程中發揮著極其重要的作用。首先，中央銀行主要通過市場實施貨幣政策工具，商業銀行等金融機構通過市場瞭解中央銀行貨幣政策的調控意向；其次，企業、居民等非金融部門經濟行為主體通過市場利率的變化，接受金融機構對資金供應的調節進而影響投資與消費行為；最後，社會各經濟變量也通過市場反饋信息，影響中央銀行、各金融機構的行為。

有些基本的東西可以被視為公認的：①貨幣數量增加後，對金融市場上的利率會產生影響，同時對股票價格或債券價格也會產生影響；②正是由於利率或股票價格、債券價格的變化，企業家的投資熱情和個人的消費慾望以及現實支出就會改變；③當投資和消費發生變化後，國民生產總值自然會發生相應的變化。

二、貨幣政策時滯

貨幣政策能否取得預期的效果，固然與中央銀行決策的正確與否、與作為政策傳導體的商業銀行對中央銀行政策的配合程度等有關，但也往往受制於貨幣政策自身傳導機制是否順暢，這就是通常所說的貨幣政策的作用時滯問題。有些西方學者認為不宜採用貨幣政策作為維持經濟增長的主要政策的一個重要理由，是貨幣政策效果的滯後。貨幣政策的滯後效應，就是指從需要制定貨幣政策，到這一政策最終發生作用，其中每一個環節都需要占用一定的時間，常被稱之為貨幣政策的作用時滯。就總體過程而言，貨幣政策時滯可分為內部時滯和外部時滯。

（一）內部時滯

內部時滯是指作為貨幣政策操作主體的中央銀行從制定政策到採取行動所需要的時間。當經濟形勢發生變化，中央銀行認識到應當調整貨幣政策到著手制定政策再到實施政策，每一步都需要耗費一定的時間。內部時滯又可以細分為認識時滯和決策時滯兩段。

1. 認識時滯

認識時滯是指有實行某種政策的需要，到貨幣當局認識到存在這種需要所需耗費的時間。比如，通貨膨脹已經開始，客觀上需要實行緊縮銀根的政策。但中央銀行要認識到有實行這種政策的必要，需要一定的觀察、分析和判斷的時間；這段時滯之所以存在，主要有兩個原因：一是搜集各種信息資料需要耗費定的時間；二是對各種複雜的社會經濟現象進行綜合性分析，做出客觀地、符合實際地判斷也需要耗費一定的時間。

2. 決策時滯

決策時滯是制定貨幣政策的時滯，即從認識到需要改變貨幣政策，到提出一種新的政策所需耗費的時間。中央銀行一旦認識到客觀經濟過程需要實行某種政策，就要著手擬定政策實施方案，並按規定程序報批，然後才能公布、實施。這段時滯之所以存在，是因為中央銀行根據經濟形勢研究對策，擬訂方案，並對所提方案做可行性論證，最後審定批准，整個制定過程的每一個步都需要耗費一定的時間。這部分時滯的長短，取決於中央銀行對作為決策依據的各種信息資料的佔有程度和對經濟形勢的分

析、判斷能力，決策時滯的長短體現著中央銀行決策水準的高低和對金融調控能力的強弱。

（二）外部時滯

外部時滯是指從中央銀行採取行動到採用的貨幣政策工具對經濟活動發生作用所耗費的時間，這也是作為貨幣政策調控對象的金融部門及企業部門對中央銀行實施貨幣政策的反應過程。當中央銀行開始實施新政策後會有如下過程：金融部對新政策的認識，金融部門對政策措施所做的反應；企業部門對金融形勢變化的認識企業部門的決策；新政策發生作用等，其中每步需要耗費一定的時間。外部時滯也可以細分為操作時滯和市場時滯兩段。

1. 操作時滯

操作時滯是指從調整貨幣政策工具到其對仲介指標發生作用所需的時間。銀行一旦調整政策工具的操作方向或力度，就會通過操作變量的反應，傳導到仲介變量。這段時滯之所以存在，是因為在實施貨幣政策的過程中，無論使用何種政策工具，都要通過操作變量的變動來影響仲介變量而產生效果。而政策是否能夠生效，主要取決於商業銀行及其他金融機構對中央銀行政策的態度、對政策工具的反應能力以及金融市場對央行政策的敏感程度。

2. 市場時滯

市場時滯是指從仲介變量發生反應到其對目標變量產生作用所需的時間。貨幣政策要通過利息率的變動，經由投資的利率彈性產生效應，或者通過貨幣供應量的變動，經由消費的收入彈性產生效應。不僅企業部門對利率的變動、私人部門對貨幣收入的變動做出反應有一個滯後過程，投資或消費的實現也有一個滯後過程。各種政策工具對仲介變量的作用力度大小不等，社會經濟過程對中央銀行的宏觀金融調控措施的反應也是具有彈性的。因此，仲介變量的變動是否能夠對目標變量發生作用，還取決於調控對象的反應程度。

外部時滯的長短，主要取決於政策的操作力度和金融部門、企業部門對政策工具的彈性大小。外部時滯較為客觀，不像內部時滯那樣由中央銀行掌握，它是由社會經濟結構與產業結構、金融部門和企業部門的行為等多種因素綜合決定的複雜變量。因此，中央銀行對外部時滯很難進行實質性的控制。

第四節　貨幣政策的效應

一、貨幣政策的效果檢驗

考核政策實施效果是制定貨幣政策的一項重要的研究工作。在實際工作中，常使用一些標誌來進行分析、判斷。這類標誌就是用來表明經濟現象某種特徵的數量指標，其具有兩方面的含義：第一，必須是宏觀經濟運行狀況的自身特徵，是國民經濟是否恢復或保持均衡的基本表現形式；第二，必須是可以計量的因素，通過不同數據的對比分析，可以反映出宏觀經濟運行過程是否保持均衡或不均衡的程度。以中央銀行為主體，按內部效應和外部效應劃分，貨幣政策的效果檢驗指標可分為外部效應指標和

內部效應指標兩類。

(一) 外部效應指標

1. 反應總體社會經濟狀況的指標

貨幣政策主要為解決經濟增長、就業和國際收支等宏觀經濟問題服務。因此，利用一組國民經濟發展比例和效益指標，可以考核貨幣政策對解決宏觀經濟問題、實現預期經濟目標的效果。具體使用的指標主要有 3 個：①國內生產總值（GDP）指數和國民生產總值（GNP）指數。這兩個按不變價格編製的總量指數反應了一國在一定時期內的經濟增長狀況。②失業率。失業率在一定程度上可以反應經濟增長的潛力。③國際收支狀況。它反應一定時期內的對外經濟關係和對外經濟依存程度。

2. 反應通貨膨脹程度的指標

在不兌現的信用貨幣制度下，物價水準波動的主要原因在於貨幣供給過多。過多投放貨幣，必然引起物價上漲。因此，利用物價水準指標，可以直接考核通貨膨脹程度。具體使用的指標主要有居民消費價格指數、商品零售價格指數、農業生產資料價格指數、農產品生產價格指數、工業生產者出廠價格指數、工業生產者購進價格指數、固定資產投資價格指數、國民生產總值平減指數等。

(二) 內部效應指標

1. 反應貨幣供給數量及結構變化的指標

貨幣政策操作變量的調整是否有效，取決於仲介變量，主要是貨幣供應量是否發生相對應的變化。反應貨幣供給數量及結構變化的指標主要有兩個。①貨幣供應量增長率。貨幣供應量增長率指標是反應在一定時期內貨幣供應量增量變動情況的相對數指標，包含 M0、M1 和 M2 三個層次。通過不同時期的貨幣供應量增長率的比較分析，可考核貨幣政策操作變量對仲介變量的實施效果。②貨幣供應量結構比率。這主要是指 M0 佔 M1 的比重和 M1 佔 M2 的比重。M0 和 M1 體現現實的社會購買力，M2 還包括了一部分儲蓄性質的潛在的或未來的社會購買力。很明顯，有效需求過度問題在於現實社會購買力過剩，主要與 M1 的增長率過高有關。

2. 反應幣值情況的指標

貨幣供給的數量變化，總是會體現在貨幣的幣值。如果貨幣供給過度，引起物價上漲，單位貨幣所能購買的商品或勞務減少。因此貨幣的幣值能夠通過商品的物價水準變動情況反應出來。反應貨幣幣值變動的指標主要是貨幣購買力指數。在不兌現的信用貨幣制度下，貨幣的幣值主要是指每單位貨幣能夠在一定的價格水準下買到包含多少價值量的商品或勞務，即通常所說的貨幣購買力。貨幣購買力指數是反應不同時期同貨幣購買商品、支付勞務費用等能力的相對數指標，也就是指單位貨幣的幣值。它一般用物價指數的例數來衡量：貨幣購買力指數＝物價指數。

二、改革開放以來中國的貨幣政策實踐

在傳統的計劃經濟體制下，事實上只有信貸管理、現金管理政策等概念，貨幣政策作為一個完整的政策概念，是經濟體制改革以來，實行社會主義市場經濟，借鑑西方國家的貨幣信貸管理經驗而形成的。

中國的貨幣政策作為個完整的概念，從一般意義上講，與西方經濟學中貨幣政策概念一樣，由操作工具、操作指標、仲介目標和最終目標4個基本要素構成。貨幣政策對中國宏觀經濟運行發生作用，是通過這4個要素的逐級傳遞關係來實現的。

（一）貨幣政策的宏觀經濟目標

中國現行的貨幣政策可以概括為保持貨幣幣值的穩定，並以此促進經濟增長。通貨穩定是經濟發展的前提條件，如果貨幣投放過多，導致出現嚴重通貨膨脹，市場物價就難以控制，人民生活就難以安定，國民經濟就難以穩定增長。同時，經濟發展又為穩定通貨提供了物質基礎。穩定貨幣不是消極的方針，而是積極的方針，只有通過積極支持生產建設的合理資金需要，增加市場適銷對路商品的供給，貨幣穩定才有可靠的物質基礎。

（二）貨幣政策的仲介目標和操作目標

貨幣政策的仲介目標與操作目標分別是信貸規模限額和現金發行量。1984年以後，中央銀行對金融機構的貸款被納入操作目標，並且地位逐漸上升。1993年，《國務院關於金融體制改革的決定》規定仲介目標和操作目標為貨幣供應量、信用總量、同業拆借利率和銀行各付金率。1994年第三季度，中國人民銀行開始向社會按季度公布貨幣供應量。1995年中國人民銀行開始把M1、M2作為仲介目標。1996年，中國人民銀行正式將M1和M2作為貨幣政策的仲介目標的組成部分。

（三）關於貨幣政策工具

長期以來，信貸計劃現金計劃一直是中國貨幣政策的基本工具，但自改革開放，尤其是1984年以來，法定存貸款利率、基準利率、法定存款準備金率、存款備付金率、再貸款、再貼現、特種存款、公開市場操作也先後成為貨幣政策工具並且發揮著越來越重要的作用。1995年《中華人民共和國中國人民銀行法》規定貨幣政策工具為法定存款準備金及其比率、基準利率、再貸款、再貼現率、公開市場操作和國務院確定的其他貨幣政策工具。1998年，中央銀行的貨幣調控方式向市場化又邁出了關鍵的一步，從這年開始，中央銀行取消對商業銀行的信貸規模控制，商業銀行實行資產負債管理。

結合中國的貨幣政策實踐，我們可以看到，如果與成熟的市場國家和發達國家相比，中國的貨幣政策有著自己獨特的特點：

第一，中國的貨幣政策採用多目標制。《中華人民共和國中國人民銀行法》規定，貨幣政策的目標是穩定人民幣幣值，並以此促進經濟增長。經濟增長目標間接對應著就業目標以及國際收支目標。目標主要是基於以下兩個方面的考慮：一方面，中國經濟正處於轉軌過程中，一些資源類商品、服務要素的生產價格正在進一步市場化；另一方面，中國作為低收入的發展中國家，改革和發展是國家的一個重要目標。因此，中國的貨幣政策目標既要關注通貨膨脹，又要考慮經濟增長、國際收支平衡、就業等重要問題。

第二，貨幣政策操作中綜合、靈活地運用一些數量型和價格型的貨幣政策工具，並不是單一的貨幣政策工具。在貨幣政策操作過程中中國的貨幣政策較好地掌握了數量型和價格型貨幣政策工具的混合使用和有效使用。中國在貨幣政策操作中除了重視貨幣供應量等數量型貨幣政策工具外，也非常重視價格工具的使用，利率、匯率、金

融市場、金融微觀組織結構都處於不斷改進的過程中，價格彈性也由低向高演進。

第三，中國在貨幣政策實施過程中把改革放在優先的地位。可以說中國貨幣政策目標的實現，如幣值的穩定或者實現促進經濟增長的目標在很大程度上和中國經濟的轉軌及改革開放的進度有關係。如果金融危機處於危機的狀況，幣值不可能穩定；如果傳導機制不暢，很難有效依賴那些理論上很誘人的貨幣政策。從中央銀行的角度，貨幣政策的實施有賴於一個有效運作的經濟金融體系，因此中國政府把推動中國金融體制改革、建立現代金融制度等改革放在優先的位置來考慮。只有一個持續穩定的經濟體系、完善的金融體制和現代金融制度，才能從根本上防範未來金融危機的衝擊，這點與成熟的市場經濟國家的情況也有所不同。

綜上所述，隨著社會主義市場經濟體制的確立，中國中央銀行的宏觀調控已逐漸從直接的、主要依靠行政措施的方式向間接的、主要運用經濟手段的方式轉變。但是由於各種影響貨幣政策因素的存在，中國貨幣政策的效果並不理想，貨幣政策作用及其作用機制與西方國家不完全一樣。中國的特殊情況決定了不能照搬西方國家的做法，只有立足於中國現實，認識中國貨幣政策構成要素的實際內容及各要素之間的特殊作用機制，才能充分發揮貨幣政策對宏觀經濟運行的調節作用，提高貨幣政策的有效性。

習題

概念解釋：

貨幣政策　貨幣政策工具

思考題：

(1) 貨幣政策的特徵有哪些？
(2) 公開市場業務的優點有哪些？
(3) 簡述貨幣政策傳導途徑的基本環節。

國家圖書館出版品預行編目（CIP）資料

貨幣金融學 / 秦洋, 黃滔 主編. -- 第一版.
-- 臺北市：財經錢線文化, 2019.10
　　面；　公分
POD版

ISBN 978-957-680-356-7(平裝)

1.金融市場 2.金融貨幣 3.貨幣學

561.7　　　　　　　　　　　　108016335

書　　名：貨幣金融學
作　　者：秦洋、黃滔 主編
發 行 人：黃振庭
出 版 者：財經錢線文化事業有限公司
發 行 者：財經錢線文化事業有限公司
E-mail：sonbookservice@gmail.com
粉 絲 頁：　　　　　網　址：
地　　址：台北市中正區重慶南路一段六十一號八樓815室
8F.-815, No.61, Sec. 1, Chongqing S. Rd., Zhongzheng Dist., Taipei City 100, Taiwan (R.O.C.)
電　　話：(02)2370-3310 傳　真：(02) 2370-3210

總 經 銷：紅螞蟻圖書有限公司
地　　址：台北市內湖區舊宗路二段 121 巷 19 號
電　　話:02-2795-3656 傳真:02-2795-4100　　網址：

印　　刷：京峯彩色印刷有限公司（京峰數位）

　本書版權為西南財經出版社所有授權崧博出版事業股份有限公司獨家發行電子書及繁體書繁體字版。若有其他相關權利及授權需求請與本公司聯繫。

定　　價：350元
發行日期：2019 年 10 月第一版

◎ 本書以 POD 印製發行